●収録内容一覧

■2025年度中学受験用

開智未来中学校

3年間スーパー過去問

入試問題と解説・解答の収録内容

2024年度　T未来	算数・理科・国語
2024年度　算数１科	算数 （解答のみ）
2024年度　２回	※算数・社会・理科・国語
2024年度　探究	出題例 （問題全体の掲載はありません）
2023年度　T未来	算数・理科・国語
2023年度　算数１科	算数 （解[illegible]
2023年度　２回	※算数・社[illegible]
2023年度　探究	出[illegible] （問題全体の掲載[illegible]ん）
2022年度　T未来	算数・理科・国語
2022年度　算数１科	算数 （解答のみ）
2022年度　２回	※算数・社会・理科・国語
2022年度　探究	出題例 （問題全体の掲載はありません）

※各年度の２回で選択できる英語については，それぞれの解説の最後に出題の概要を載せております。

～本書ご利用上の注意～　以下の点について，あらかじめご了承ください。

★別冊解答用紙は巻末にございます。本書に収録している試験の実物解答用紙は，弊社サイトの各校商品情報ページより，一部または全部をダウンロードできます。
★編集の都合上，学校実施のすべての試験を掲載していない場合がございます。
★当問題集のバックナンバーは，弊社には在庫がございません（ネット書店などに一部在庫あり）。

合格を勝ち取るための『スーパー過去問』の使い方

本書に掲載されている過去問をご覧になって，「難しそう」と感じたかもしれません。でも，多くの受験生が同じように感じているはずです。なぜなら，中学入試で出題される問題は，小学校で習う内容よりも高度なものが多く，たくさんの知識や解き方のコツを身につけることも必要だからです。ですから，初めて本書に取り組むさいには，点数を気にしすぎないようにしましょう。本番でしっかり点数を取れることが大事なのです。

過去問で重要なのは「まちがえること」です。自分の弱点を知るために，過去問に取り組むのです。当然，まちがえた問題をそのままにしておいては意味がありません。

本書には，長年にわたって中学入試にたずさわっているスタッフによるていねいな解説がついています。まちがえた問題はしっかりと解説を読み，できるようになるまで何度も解き直しをしてください。理解できていないと感じた分野については，参考書や資料集などを活用し，改めて整理しておきましょう。

このページも参考にしてみましょう！

◆どの年度から解こうかな　「入試問題と解説・解答の収録内容一覧」

本書のはじめには収録内容が掲載されていますので，収録年度や収録されている入試回などを確認できます。

※著作権上の都合によって掲載できない問題が収録されている場合は，最新年度の問題の前に，ピンク色の紙を差しこんでご案内しています。

◆学校の情報を知ろう!!「学校紹介ページ」

このページのあとに，各学校の基本情報などを掲載しています。問題を解くのに疲れたら息ぬきに読んで，志望校合格への気持ちを新たにし，再び過去問に挑戦してみるのもよいでしょう。なお，最新の情報につきましては，学校のホームページなどでご確認ください。

◆入試に向けてどんな対策をしよう？「出題傾向＆対策」

「学校紹介ページ」に続いて，「出題傾向＆対策」ページがあります。過去にどのような分野の問題が出題され，どのように対策すればよいかをアドバイスしていますので，参考にしてください。

◇別冊「入試問題解答用紙編」

本書の巻末には，ぬき取って使える別冊の解答用紙が収録してあります。解答用紙が非公表の場合などを除き，（注）が記載されたページの指定倍率にしたがって拡大コピーをとれば，実際の入試問題とほぼ同じ解答欄の大きさで，何度でも過去問に取り組むことができます。このように，入試本番に近い条件で練習できるのも，本書の強みです。また，データが公表されている学校は別冊の1ページ目に過去の「入試結果表」を掲載しています。合格に必要な得点の目安として活用してください。

本書がみなさんの志望校合格の助けとなることを，心より願っています。

株式会社　声の教育社　編集部

開智未来中学校

所在地	〒349-1212 埼玉県加須市麦倉1238
電　話	0280-61-2021（代）
ホームページ	https://www.kaichimirai.ed.jp
交通案内	JR宇都宮線「栗橋駅」「古河駅」/東武伊勢崎線「加須駅」「羽生駅」「館林駅」/JR高崎線「鴻巣駅」よりスクールバス，東武日光線「柳生駅」より徒歩20分

トピックス

★開智系列校はすべて受験料20,000円で併願可（参考：昨年度）。
★5/11・6/1・9/7・10/5・11/9にオープンスクール，6/16・7/21・9/23に体験授業を実施予定。

創立年 平成23年　男女共学　高校募集あり

応募状況

年度	試験名		応募数	受験数	合格数	倍率
2024	探究１	男	50名	41名	34名	1.2倍
		女	32名	23名	18名	1.3倍
	第１回	男	156名	140名	118名	1.2倍
		女	132名	117名	96名	1.2倍
	探究２	男	63名	47名	35名	1.3倍
		女	49名	33名	30名	1.1倍
	Ｔ未来	男	101名	65名	34名	1.9倍
		女	82名	53名	24名	2.2倍
	算数１科	男	93名	42名	25名	1.7倍
		女	57名	25名	10名	2.5倍
	第２回	男	101名	45名	31名	1.5倍
		女	83名	40名	28名	1.4倍
	開智併願	男	793名	368名	284名	1.3倍
		女	681名	318名	241名	1.3倍

本校に入学する生徒に求める力

本校の入学者には次のような力を求めています。
①ねばり強く考えることができる。
②論理的に考えることができる。論理的に説明することができる。
③文章や用語を正しく読み取ることができる。自分の言葉で説明することができる。
④学習に対して意欲をもち，普段から興味・関心をもっている。
⑤さまざまな視点・観点から考えることができる。

入試情報（参考：昨年度）

・入試日程：
探究１　2024年１月10日10：00集合
第１回　2024年１月10日14：10集合
探究２　2024年１月11日10：00集合
Ｔ未来　2024年１月11日14：10集合
算数１科　2024年１月12日14：10集合
第２回　2024年１月14日９：30集合
開智併願　2024年１月15日午前集合

・試験科目：
探究１　…３領域〔計算基礎・読解基礎・探究(科学)〕
第１回　…２科〔国算〕
探究２　…３領域〔計算基礎・読解基礎・探究(社会)または英〕
Ｔ未来　…３科〔国算理〕
算数１科…１科〔算〕
第２回　…４科〔国算社理〕または３科〔国算英〕または２科〔国算〕
開智併願…４科〔国算社理〕※開智中「第２回」の試験

2024年春の主な大学合格実績

<国公立大学・大学校>
東北大，北海道大，筑波大，千葉大，お茶の水女子大，埼玉大，東京学芸大，電気通信大，防衛医科大

<私立大学>
慶應義塾大，早稲田大，上智大，東京理科大，明治大，青山学院大，立教大，中央大，法政大

※2024年３月25日現在

編集部注一本書の内容は2024年4月現在のものであり，変更されている場合があります。正式な情報は，学校のホームページ等で必ずご確認ください。

算数 出題傾向＆対策

◆基本データ(2024年度2回)

試験時間／満点	40分／100点
問題構成	・大問数…6題 計算・応用小問2題(8問) ／応用問題4題 ・小問数…18問
解答形式	解答のみを記入する形式が大半だが，式や考え方を書くものもある。単位などはあらかじめ印刷されている。
実際の問題用紙	A4サイズ，小冊子形式
実際の解答用紙	B4サイズ

◆出題傾向と内容

▶過去3年の出題率トップ3
1位：四則計算・逆算13％　2位：角度・面積・長さ11％　3位：場合の数10％
▶今年の出題率トップ3
1位：四則計算・逆算，約数と倍数14％　3位：角度・面積・長さ12％

計算問題は例年2問。□にあてはまる数を求める逆算がふくまれます。大問1には計算以外に応用小問が2問ありますが，ここは基本レベルの問題になっています。

大問2は，大問1よりもやや手強い応用小問が並んでいます。

大問3以降は応用問題です。速さや立体図形のほかに，条件を整理していろいろな場合をためすものが出題されています。これらの問題の中には，かなり難しい問題もふくまれています。

◆対策～合格点を取るには？～

本校の入試対策としては，速くて正確な計算力を養うとともに，速さや割合，図形に関しての深い理解力をつけることが必要です。売買損益や濃度の問題については，難問対策も必要になります。また，速さなどでは，グラフや比を利用する問題に慣れておきましょう。

さらに，場合の数を中心として，単に計算だけでは求められないものが多く出されています。複雑で面倒な問題でも，くふうする方法を考えるようにしなければなりません。

問題量に対して試験時間はやや短めなので，確実に得点できる問題だけは絶対に落とさないという気持ちで本番にのぞみましょう。

分野 ＼ 年度		2024			2023		
		T未来	算1	2回	T未来	算1	2回
計算	四則計算・逆算	◎	◎	◎	◎	◎	◎
	計算のくふう			○			
	単位の計算						
和と差	和差算・分配算						
	消去算						
	つるかめ算						
	平均とのべ						○
	過不足算・差集め算						
	集まり	○					
	年齢算						
割合と比	割合と比	○		◎		○	◎
	正比例と反比例						
	還元算・相当算						
	比の性質						
	倍数算					○	
	売買損益	○					
	濃度		○				○
	仕事算						○
	ニュートン算						
速さ	速さ				○		
	旅人算		◎		○	○	
	通過算						
	流水算						
	時計算				○		
	速さと比				○	○	
図形	角度・面積・長さ	◎	○	◎	◎	◎	●
	辺の比と面積の比・相似	◎	◎		◎	○	
	体積・表面積		○	○	○		
	水の深さと体積						
	展開図						
	構成・分割		○		●		
	図形・点の移動				○		
表とグラフ							
数の性質	約数と倍数	●		●		○	
	N進数						
	約束記号・文字式		○				
	整数・小数・分数の性質					○	○
規則性	植木算						
	周期算		○				
	数列				○		
	方陣算						
	図形と規則						○
場合の数		○	◎	○	◎	○	
調べ・推理・条件の整理		◎	○			◎	◎
その他							

※　○印はその分野の問題が1題，◎印は2題，●印は3題以上出題されたことをしめします。

出題傾向＆対策

◆基本データ（2024年度２回）

試験時間／満点	理科と合わせて40分／50点
問題構成	・大問数…１題 ・小問数…10問
解答形式	記号選択と用記の記入が大半をしめる。１～２行程度の記述問題も数問出されている。
実際の問題用紙	Ａ４サイズ，小冊子形式
実際の解答用紙	Ｂ４サイズ

分野＼年度			2024	2023	2022
日本の地理		地図の見方			
		国土・自然・気候		○	★
		資源		○	
		農林水産業	○		
		工業		○	
		交通・通信・貿易			
		人口・生活・文化		○	
		各地方の特色			
		地理総合			
世界の地理					
日本の歴史	時代	原始～古代	○		○
		中世～近世	○		○
		近代～現代		○	
	テーマ	政治・法律史			○
		産業・経済史	○		
		文化・宗教史			○
		外交・戦争史			
		歴史総合			
世界の歴史					
政治		憲法			
		国会・内閣・裁判所			○
		地方自治			
		経済			
		生活と福祉			
		国際関係・国際政治			
		政治総合			
環境問題					
時事問題			○	○	○
世界遺産					
複数分野総合			★	★	★

※　原始～古代…平安時代以前，中世～近世…鎌倉時代～江戸時代，近代～現代…明治時代以降

※　★印は大問の中心となる分野をしめします。

◆出題傾向と内容

地理分野，歴史分野，政治分野について，はば広いことがらを問う総合問題形式になっていることが多いようです。

●**地理**…あるテーマにそった文章から，日本の食料自給率についての問題を中心として出題されています。また，日本の自然や産業をはじめ，地形図の読み取り，地域の特色や文化にも気を配る必要があるでしょう。

●**歴史**…地理との関連から，歴史上のできごとや人物についての問題が出題されているほか，政治や文化についての出題もよく見られます。また，写真などの資料を読み取る問題も出されています。

●**政治**…テーマごとのまとまった出題が多いのが特ちょうといえるでしょう。憲法をはじめ政治や選挙のしくみはもちろん，地方自治，経済などについても基本をしっかりおさえておく必要があります。また，国際政治についても関心を持ち，国内・海外の時事問題に日頃から気を配るようにしましょう。

◆対策～合格点を取るには？～

基礎をふまえたうえで，その深い理解を問われるため，ていねいな学習をする必要があります。

地理分野では，都道府県の位置や川，山脈などの位置について，地図帳を使って頭に入れておきましょう。また，農林水産業，工業の特色，気候に関する雨温図の読み取り問題など，その基礎を学ぶとともに，これらの抱えている課題やそれに対しての取り組みなどを，教科書や資料集を使って数多く読んでおくことが効果的な学習になります。

歴史分野では，時代ごとの重要人物や，その政策などの，基礎的な語句をきちんと覚えるようにしましょう。さらに，中世から近代の流通や交通など，経済についての学習を深めておくことが得点アップにつながるでしょう。

政治分野では，時事問題にとにかくアンテナをはりめぐらせておいてください。新聞やニュースなどで大きく取り上げられている社会の動向に関心を持ち，その内容と照らし合わせながら，政治や経済のしくみの基礎を理解しておきましょう。新聞の切りぬきなどを使い，その記事に関する語句の説明をまとめるようなノートづくりをするのもよいでしょう。

理科 出題傾向＆対策

◆基本データ（2024年度２回）

試験時間／満点	社会と合わせて40分／50点
問題構成	・大問数…３題 ・小問数…14問
解答形式	記号選択や計算問題，用語の記入が中心で，作図問題などは見られない。
実際の問題用紙	Ａ４サイズ，小冊子形式
実際の解答用紙	Ｂ４サイズ

◆出題傾向と内容

実験や観察の結果をもとにした問題が，多くの分野から出題されています。発展的な実験も出ています。

●生命…光の強さと光合成，花と実，種子のつくり，動物の呼吸，メダカの産卵，微生物，こん虫のなかま，鳥のなかま，食物連鎖などが出題されています。

●物質…物質のすがた，水溶液の性質，気体の性質，ものの溶け方，メスシリンダーの使い方などが取り上げられています。実験の問題が中心です。

●エネルギー…磁石・電磁石，ものの温まり方，ドップラー効果，斜面を転がる物体の運動，電気回路，手回し発電機などに関する問題が出されています。

●地球…太陽系の天体，星の明るさ，洗濯物の乾き方，飽和水蒸気量と湿度，月の満ち欠けと自転・公転，流水のはたらきと岩石の種類，１日の気温の変化，百葉箱，雲と天気などが取り上げられています。

分野 ＼ 年度		2024		2023		2022	
		T未来	２回	T未来	２回	T未来	２回
生命	植物	★			★		★
	動物		★			★	
	人体						
	生物と環境						
	季節と生物						
	生命総合						
物質	物質のすがた	○					★
	気体の性質					★	
	水溶液の性質			★	★		
	ものの溶け方	★			○		
	金属の性質						
	ものの燃え方						
	物質総合						
エネルギー	てこ・滑車・輪軸		★				
	ばねののび方						
	ふりこ・物体の運動			★			
	浮力と密度・圧力						
	光の進み方						
	ものの温まり方						○
	音の伝わり方	★					
	電気回路				★		○
	磁石・電磁石						★
	エネルギー総合						
地球	地球・月・太陽系					★	
	星と星座					○	
	風・雲と天候		○	★			
	気温・地温・湿度		★	○			
	流水のはたらき・地層と岩石						
	火山・地震						
	地球総合						
実験器具							○
観察							
環境問題							
時事問題							
複数分野総合							

※　★印は大問の中心となる分野をしめします。

◆対策～合格点を取るには？～

基礎力を問う標準的なものが大半なので，基本的な知識をしっかり身につけることが大切です。まず，各単元の教科書レベルの知識や解き方をしっかり確認しましょう。観察力と筋道を立てて考える力が理科の学習の基本です。

一般的に，理科の学習の中では，実験や観察が大きなウェートをしめています。そこで，植物や動物，ふりこや斜面を転がる物体の運動，ものの温まり方，水溶液の性質，地球・月・太陽など，入試でひんぱんに出題されるさまざまな実験・観察についてノートにまとめておきましょう。そのさい，実験・観察の方法と結果，そして，そこからどのような結論が導き出されるかなどについて，ていねいに整理しておくとよいでしょう。また，実験器具の使い方をおさえることはいうまでもなく，表やグラフの特ちょうを読み取れるようにしたうえで，計算問題の対策も忘れずに。

最後に，身近な自然現象に日ごろから目を向けることや，テレビの科学番組，新聞・雑誌の科学に関する記事，読書などを通じて多くのことを知るのも大切です。

出題傾向＆対策

◆基本データ（2024年度２回）

試験時間／満点	40分／100点
問題構成	・大問数…３題 文章読解題２題／知識問題１題 ・小問数…17問
解答形式	記号選択と適語の記入，本文中のことばの書きぬきのほかに，記述問題も見られる。記述問題には，字数制限のあるものとないものがある。
実際の問題用紙	Ａ４サイズ，小冊子形式
実際の解答用紙	Ｂ４サイズ

◆出題傾向と内容

▶近年の出典情報（著者名）
説明文：上枝美典　榎本博明　金杉武司
小　説：藤岡陽子　小手鞠るい　佐藤いつ子

●読解問題…説明文は内容理解に関する問い，小説は心情や行動の理由などを考える問いなどが多く見られます。また，文章を読み取り，絵や表を完成させる問題も出題されています。文章の内容や，自分の意見を一定字数以内で記述する問題形式が取り上げられていることも見のがせません。

●知識問題…漢字の書き取り，文の組み立て，慣用句・ことわざ，敬語などの出題がめだちます。文学作品の知識を問うものまでふくめて，はば広い出題となっています。

◆対策～合格点を取るには？～

ふだん文章をなにげなく読んでいますが，試験では文脈をきちんととらえ，ことばの意味を正確に理解しているかがためされます。よって，正しい答えを出せるようになるためには，なるべく多くの読解問題にあたり，出題形式に慣れながら，正しく内容を理解する練習が必要です。また，本番では制限時間があることも忘れてはいけません。文章を読むスピードはもちろんですが，答案作成にかける時間配分（特に記述問題）も意識して取り組みましょう。

知識問題については，慣用句やことわざ，ことばのきまりなどを分野ごとに，短期間に集中して覚えるのが効果的です。ただし，漢字については，毎日少しずつ練習することが大切です。

分野		年度	2024		2023		2022	
			T未来	２回	T未来	２回	T未来	２回
読解	文章の種類	説明文・論説文	★	★	★	★	★	★
		小説・物語・伝記	★	★	★	★	★	★
		随筆・紀行・日記						
		会話・戯曲						
		詩						
		短歌・俳句						
	内容の分類	主題・要旨						
		内容理解	○	○	○	○	○	○
		文脈・段落構成						
		指示語・接続語		○	○			
		その他	○	○	○	○	○	○
知識	漢字	漢字の読み						
		漢字の書き取り	○	○	○	○	○	○
		部首・画数・筆順						
	語句	語句の意味						
		かなづかい						
		熟語						
		慣用句・ことわざ	○	○	○	○	○	○
	文法	文の組み立て	○	○	○	○	○	○
		品詞・用法						
		敬語	○	○	○	○	○	○
	形式・技法							
	文学作品の知識		○	○	○	○	○	○
	その他							
	知識総合		★	★	★	★	★	★
表現	作文							
	短文記述		○	○	○	○	○	○
	その他							
放送問題								

※　★印は大問の中心となる分野をしめします。

2024年度 開智未来中学校

【算　数】〈T未来試験〉（40分）〈満点：100点〉

注　意　1．コンパス、分度器、その他の**定規類は使用しない**でください。
　　　　2．**円周率**が必要な場合、特に問題文に指示がない限り、**3.14**を用いてください。

1 次の□にあてはまる数を答えなさい。

（1）　$2\times4.25-3.75\div\left(\frac{1}{2}+\frac{1}{3}\right)=$□

（2）　□$\div2\frac{4}{7}+3=10$

（3）　8で割って3あまる整数のうち、100に最も近い数は□です。

（4）　下の図は、2つのおうぎ形をくみ合わせたものです。アの面積はイの面積の□倍です。

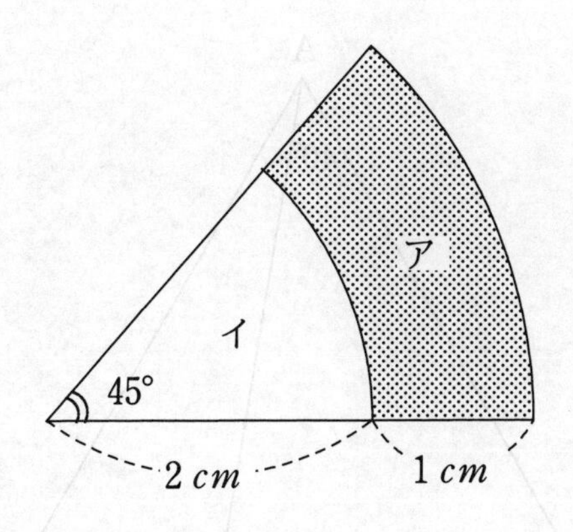

2 次の□にあてはまる数を答えなさい。

（1） ある2つの整数をかけると24になり、たすと11になります。この2つの整数の差は□です。

（2） みきおさんのクラスでは、通学に自転車を利用している生徒が6割、通学にバスを利用している生徒が5割います。また、通学に自転車とバスの両方を利用している生徒が2割います。通学に自転車もバスも利用していない生徒は□割います。

（3） [A]、[B]、[C]の3枚のカードがあり、これらのカードから何枚かを選んで同時に引きます。ただし、カードは1枚以上引くこととします。カードの引き方は全部で□通りあります。

（4） 下の図で、三角形ABCは正三角形です。アの大きさは□度です。

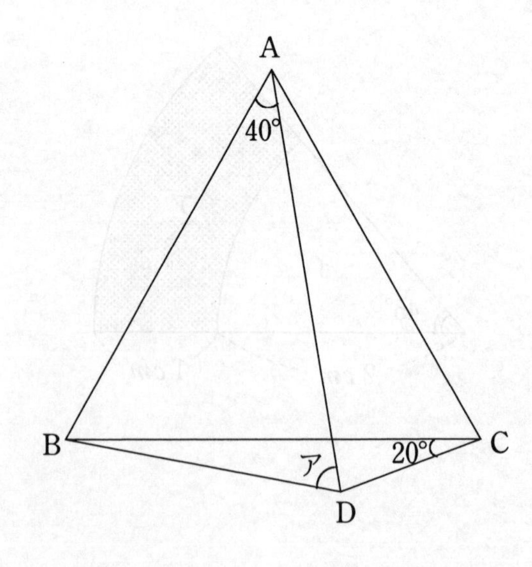

3 れおさんは、1000円以上の買い物をしにスーパーマーケットに行きます。

A店では、1300円以上の買い物をするときに300円値引きされ、B店では、1000円以上の買い物をするときに20％値引きされます。

（1） れおさんがB店で2000円の買い物をするとき、支払う金額は何円ですか。

（2） れおさんの支払う金額が900円になるのは、A店とB店のどちらで何円の買い物をするときですか。

（3） れおさんが何円の買い物をすると、A店で支払う金額とB店で支払う金額が等しくなりますか。

4 みらい中学校の入学式のために、新入生のいすを体育館に並べます。最初は、たての列の数とよこの列の数が同じになるようにいすを並べましたが、新入生が全員座るにはいすが8個足りませんでした。

（1） 最初の並べ方から、たての列を1列減らし、よこの列を1列増やすと、いすの数は何個減りますか。

最初の並べ方から、たての列を1列減らし、よこの列を2列増やすとちょうど全員が座れました。

（2） 新入生は全部で何人ですか。

（3） さらに、たての列を何列か減らして、よこの列を何列か増やしても、ちょうど全員が座れました。このとき、たての列は何列ですか。ただし、たての列は5列以上とします。

5 下の図で、同じ印をつけた長さは等しく、三角形ABEの面積は5 cm^2、四角形IFGHの面積は8 cm^2 です。

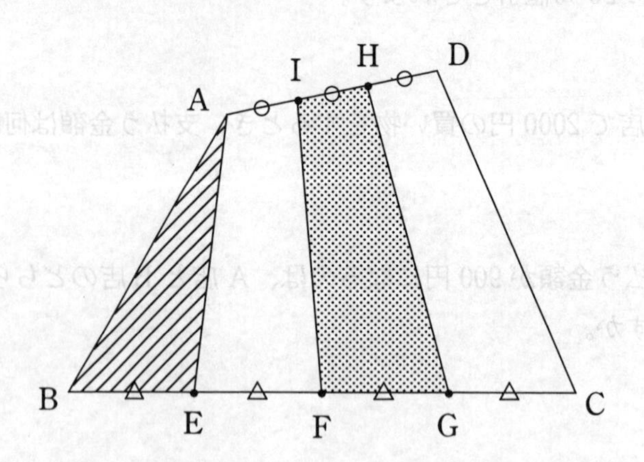

(1) 四角形AFCHの面積は何 cm^2 ですか。

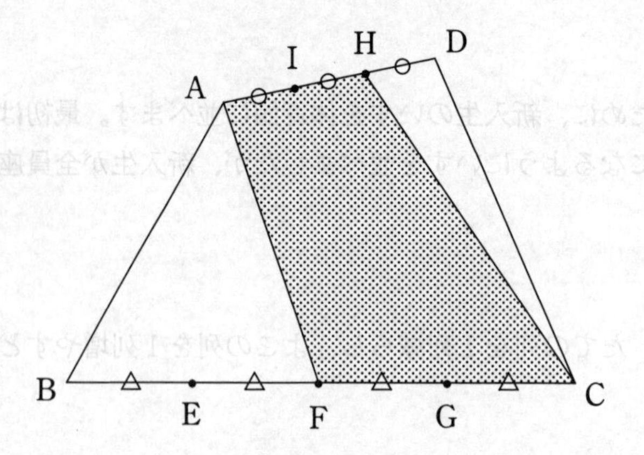

(2) 四角形AGCDの面積は何 cm^2 ですか。

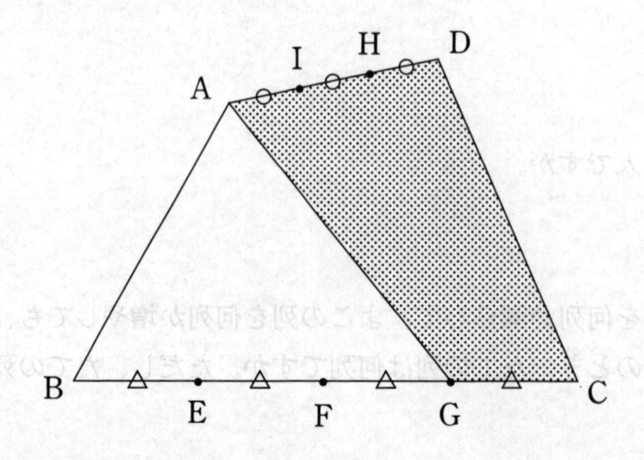

6 あるお店では、円形のテーブルの周りにお客さんを3人まで座らせます。

1人目が座った位置を基準にして、2人目は時計回りに90度の位置、3人目は反時計回りに120度の位置に座ります。4人目のお客さんは、すでに座っている3人のうち最もはなれて座っている2人のちょうど真ん中に座り、1人目はお店から出ます。これ以降、次に来たお客さんは、すでに座っている3人のうち最もはなれて座っている2人のちょうど真ん中に座り、来た順番が最も早いお客さんがお店から出ます。

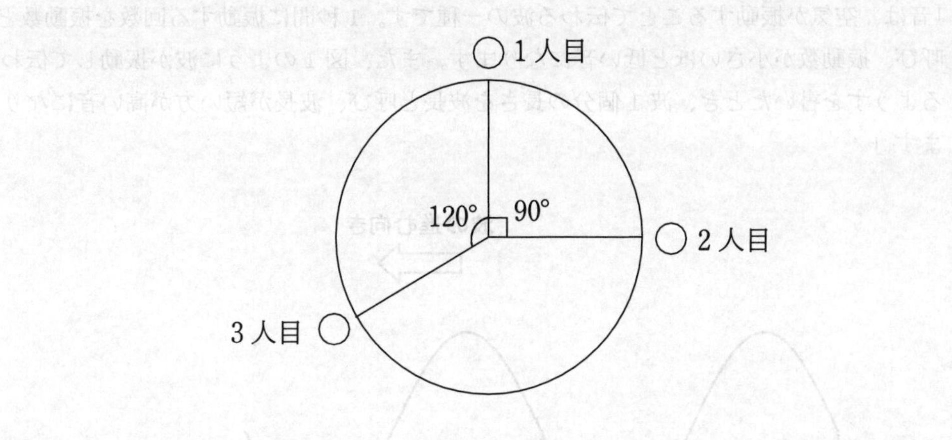

（1） 5人目は、1人目が座った位置を基準にして時計回りに何度の位置に座りますか。

（2） 30人目は、1人目が座った位置を基準にして時計回りに何度の位置に座りますか。

【理　科】〈T未来試験〉(40分)〈満点：100点〉

1 未来くんは、道路を走る救急車のサイレンの音が高くなったり低くなったりすることに気づき、そのしくみに興味を持ったため、開智先生に相談した。次の会話文を読み、後の問いに答えなさい。

開智先生：「未来くん、いいところに気づきましたね。その現象はドップラー効果といいます。」
未来くん：「ドップラー効果のしくみを知りたいです。」
開智先生：「それでは、まず音が伝わるしくみを知っているかな？」
未来くん：「音は波の一種ということぐらいしか知りません。」
開智先生：「音は、空気が振動(しんどう)することで伝わる波の一種です。１秒間に振動する回数を振動数と呼び、振動数が小さいほど低い音になります。また、図１のように波が振動して伝わるようすを書いたとき、波１個分の長さを波長と呼び、波長が短い方が高い音になります。」

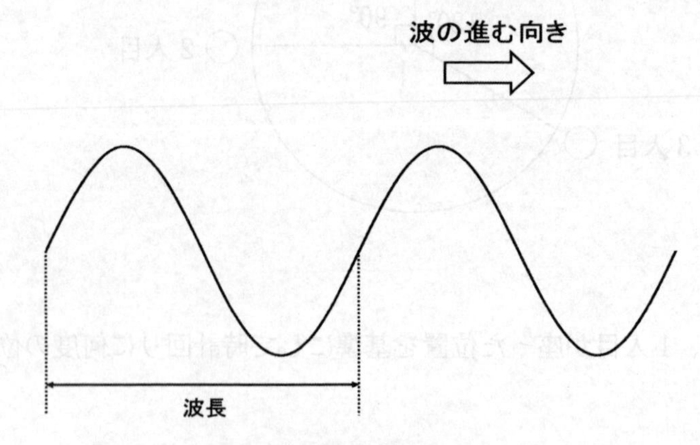

図1 波が振動して伝わるようす

未来くん：「救急車が近づいてくるとサイレンの音が高くなったから、振動数は［（あ）］なったということですね。もしくは、波長が［（い）］なったとも考えることができるのですよね。」
開智先生：「その通り。それでは、音を出す物体が近づいてくる場合のドップラー効果についての問題文を読んで、後の問いを考えてみよう。」

問１　会話文中の［（あ）］と［（い）］にあてはまる適切な言葉を、以下の【選択肢(せんたくし)】から１つずつ選び、言葉で答えなさい。

【選択肢】　大きく　　小さく　　長く　　短く

図2のように、振動数が1秒間に340回の音を出すことができるスピーカー(音を出す装置(そうち))と観測者が一直線上にある。それぞれ位置Aと位置Bに静止しており、位置Aと位置Bの間の距離(きょり)は3.4 kmである。音の速さは秒速340 mとする。

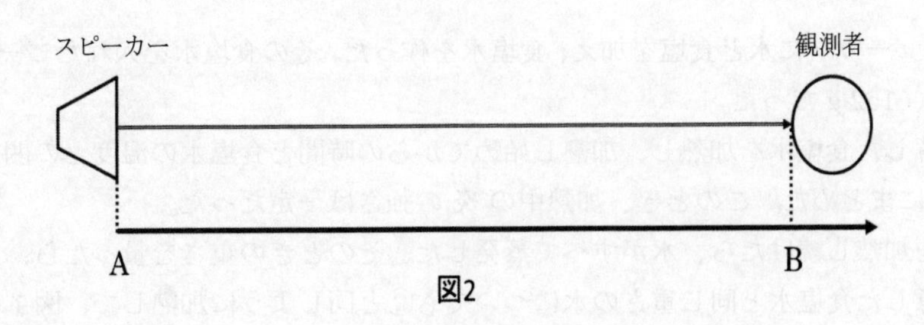

図2

問2　位置Aでスピーカーから発せられた音が観測者に届くまでの時間は何秒か答えなさい。

問3　「 波の個数 ＝ 振動数 × 波を発した時間 」という関係式を使うと、この音の波長は何mになるか答えなさい。

次に、図3のように、スピーカーが位置Aから秒速17 mで観測者に向かいながら音を10秒間出し、位置Cで停止した。

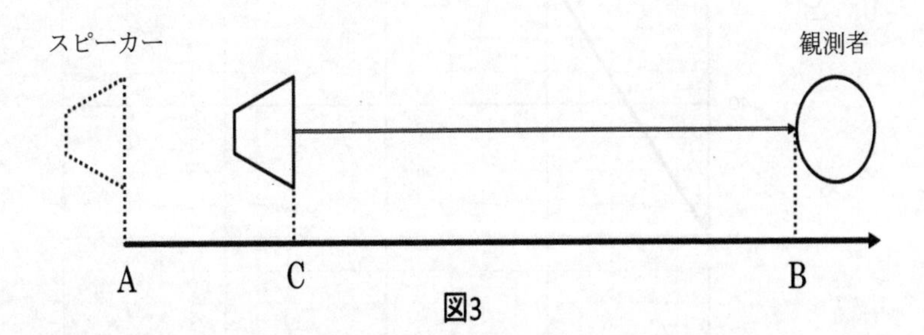

図3

問4　位置Bと位置Cの間の距離は何mか答えなさい。

問5　観測者は音を何秒間聞くか答えなさい。

問6　スピーカーで発せられた波はすべて観測者に届くことに注意して、観測者が聞く音は1秒間に何回振動するか。ただし、答えが割り切れない場合には、小数第1位を四捨五入して、整数で答えなさい。

問7　観測される音の波長は何mか答えなさい。

問1,問6,問7の答えからわかるように、スピーカーが観測者に近づいてくる場合は、音が高く聞こえることがわかる。

2 未来くんは食塩水を加熱し、そのときの温度変化を調べる実験を行った。次の【実験】を読み、後の問いに答えなさい。

【実験】

① 102 g のビーカーに水と食塩を加え、食塩水を作った。その食塩水を入れたビーカーの重さを、量ったら、152 g だった。

② ①で用意した食塩水を加熱し、加熱し始めてからの時間と食塩水の温度との関係を調べ、図1のグラフにまとめた。このとき、加熱中の炎(ほのお)の強さは一定だった。

③ 食塩水を加熱し続けたら、水がすべて蒸発した。そのときの重さを量ったら、103 g だった。

④ ①で用意した食塩水と同じ重さの水についても②と同じように加熱して、図1のグラフにまとめた。点線（…）が食塩水、実線（—）が水のグラフを表している。

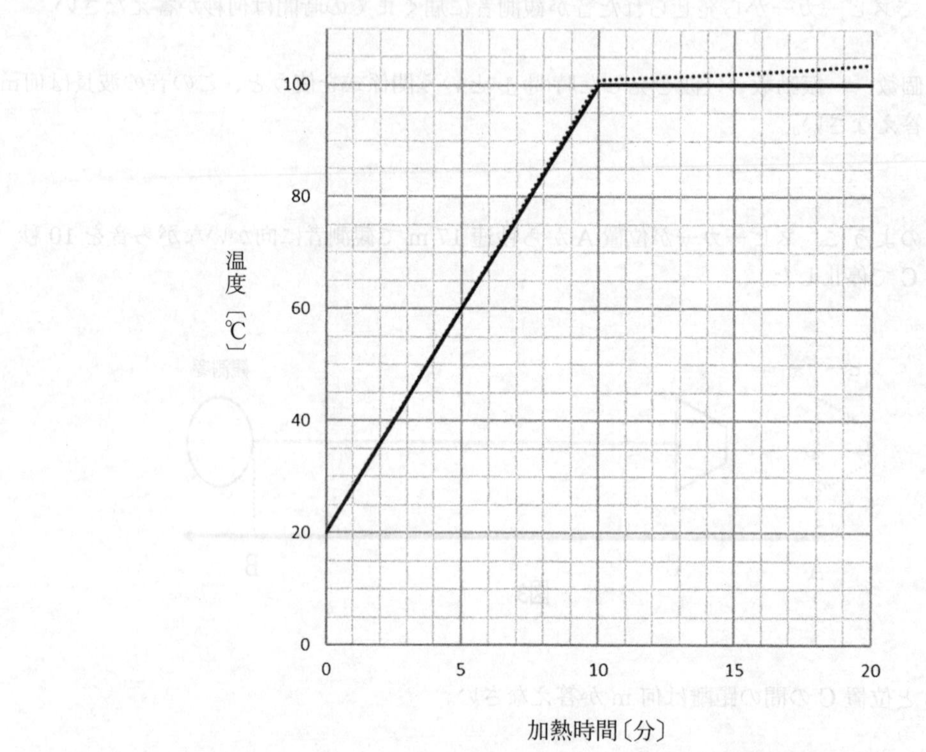

図1　加熱時間と温度の関係（拡大前）

⑤　図１のグラフの加熱時間９分～11分の部分を拡大したものを図２にまとめた。点線が食塩水、実線が水のグラフを表している。

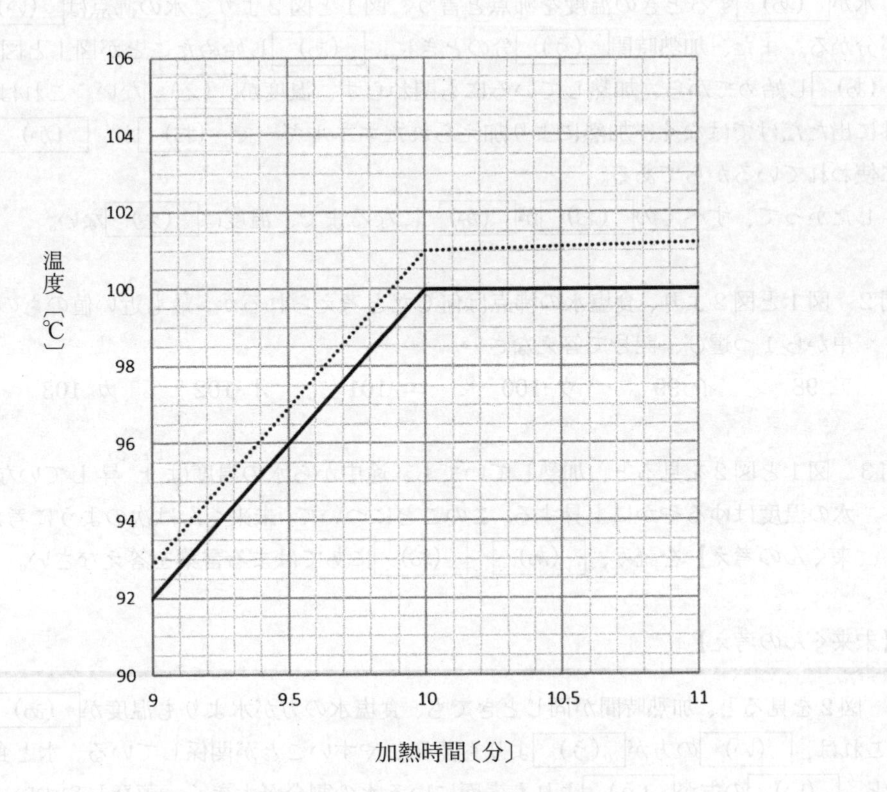

図２　加熱時間と温度の関係（拡大後）

⑥　様々な濃さで食塩水の沸点(ふってん)を調べ、表１にまとめた。

表１　様々な濃さの食塩水と沸点の関係

濃さ〔%〕	沸点〔℃〕
9.9	102.0
13.0	102.7
20.0	104.4
25.1	106.0

問１　図１と図２に関する次の文章の（あ）～（か）にあてはまる言葉や数字を答えなさい。

水が（あ）するときの温度を沸点と言う。図１と図２より、水の沸点は（い）℃であることが分かる。また、加熱時間（う）分のときに、（あ）し始めたことが図１と図２から分かる。（あ）し始めてから、加熱しているにも関わらず、温度が（え）ない。これは熱がビーカーの外に出ただけではなく、加熱により加えられたエネルギーで（お）が、（か）に変化するために使われているからである。

したがって、すべての（お）が（か）になるまで、温度は（え）ない。

問２　図１と図２より、食塩水の沸点は何℃だと考えられるか。最も近い値のものを次のア～カの中から１つ選び、記号で答えなさい。

ア 98　　イ 99　　ウ 100　　エ 101　　オ 102　　カ 103

問３　図１と図２を見ると、加熱していても、途中から水の温度は上昇（じょうしょう）していない。一方、食塩水の温度はゆるやかに上昇する。このことについて、未来くんは次のように考えた。以下の【未来くんの考え】を読み、（あ）～（お）にあてはまる言葉を答えなさい。

【未来くんの考え】

図２を見ると、加熱時間が同じときでも、食塩水の方が水よりも温度が（あ）ことが分かる。これは、（い）の方が（う）よりも蒸発しやすいことが関係している。水と食塩水を比べると、（い）の方が（う）よりも表面にいる水の割合が大きく、蒸発しやすい。つまり、水以外の物質の割合が小さいほど、蒸発し（え）ということを意味している。

ところで、加熱の後半になると、食塩水は濃くなっていく。つまり、水以外の物質の割合が（お）なっていくわけである。その結果、蒸発しにくくなるので、温度がゆるやかに上昇し続けるのである。

問４　【実験】より、加熱前の食塩水の濃さは何％か。ただし、答えが割り切れない場合は、小数第１位を四捨五入して、整数で答えなさい。

問５　濃さ 15 ％の食塩水で【実験】と同じように加熱した。このとき、【実験】の食塩水, 濃さ 15 ％の食塩水, 水の３つについて、同じ加熱時間における温度を高い順に並べなさい。

問６　食塩水から水を取り出すための方法として最も適切なものを次のア～エの中から１つ選び、記号で答えなさい。

ア 再結晶　　イ 抽出（ちゅうしゅつ）　　ウ 蒸留　　エ 蒸発

問7　表1のデータのみを使うと、濃さ15 %の食塩水の沸点は何℃だと考えられるか。最も近い値のものを次のア～クの中から1つ選び、記号で答えなさい。

ア 102.0　　イ 102.4　　ウ 102.8　　エ 103.2
オ 103.6　　カ 104.0　　キ 114.0　　ク 118.5

3　植物に関する次の問題Ⅰと問題Ⅱに答えなさい。

【問題Ⅰ】

植物が発芽後、成長するために必要な条件は、適度な温度，空気，水，日光，肥料の5つである。この5つの条件のうち、ある1つの条件について明らかにするための実験を考えた。

【実験】

発芽した植物の苗(なえ)を2つ用意し、①は適度な日光を当てて、適度な肥料を入れた水を与(あた)えた。②は植物の苗に空気の出入りができる箱をかぶせた。

問1　この実験で箱をかぶせるのはなぜか答えなさい。

問2　①と②の実験を正しく比較(ひかく)するために、②の実験で植物に与える水に肥料を入れる必要があるか。次のア～エから1つ選び、記号で答えなさい。

ア　肥料を入れる必要がある。
イ　肥料を入れても入れなくてもどちらでもよい。
ウ　肥料を入れる必要はない。
エ　この条件では判断できない。

【問題Ⅱ】

植物のからだには、おもに(　　　　)と二酸化炭素という２種類の気体が出入りしていて、二酸化炭素を吸収して行われる光合成によって栄養をつくり、蓄(たくわ)える。そして、(　　　)を吸収し、二酸化炭素を放出することで、栄養からエネルギーをつくり成長していく。

さらに、光合成のはたらきはおもに①光の強さ(明るさ)，②二酸化炭素濃度，③温度(気温)の３つによって変化する。特に、①光の強さ(明るさ)については、暗い場所では光合成はほとんど行われず、明るいほど光合成が盛んになるということがわかっている。

下の図１のグラフの横の目盛りは、植物に与える光の強さ(明るさ)を表す。縦の目盛りは１時間あたりに植物にどれだけの二酸化炭素が吸収されたかを表す。光合成を盛んに行うほど、縦の目盛りの値が大きくなる。このことから光が強くなるほど光合成がより盛んになり、ある光の強さ以上になると光合成のはたらきは変化しなくなるということがわかる。

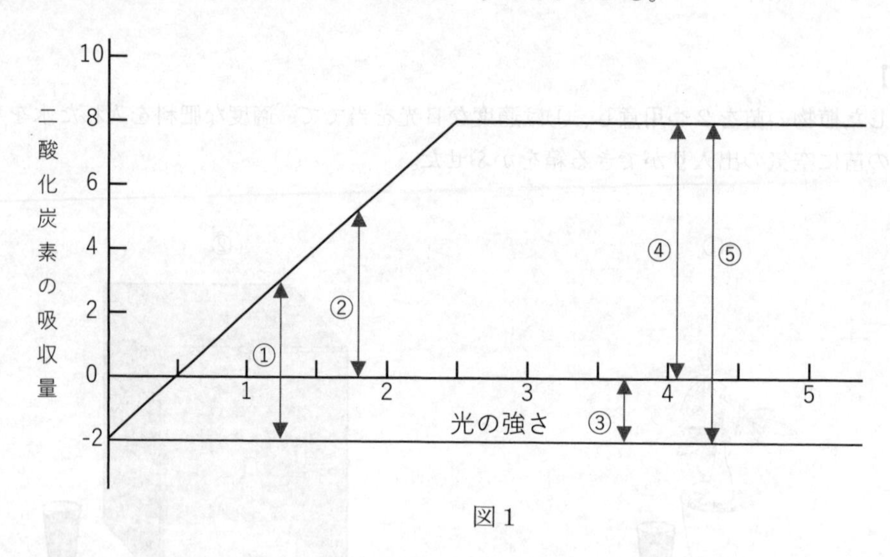

図１

【光の強さと栄養の関係について】

光の強さが 0.5 よりも大きいとき、光合成による二酸化炭素の吸収量の方が放出量を上回るため、植物は光合成によって栄養をつくり、蓄えることができる。

光の強さが 0.5 のとき、二酸化炭素の吸収量と放出量がちょうど同じ量になり、光合成によってつくられた栄養が余ることなく使われることがわかる。

光の強さが 0.5 よりも小さいとき、光合成を行っていても、二酸化炭素の吸収量よりも放出量が上回り、二酸化炭素の吸収量は０よりも小さな値となる。このとき、植物全体でみると、栄養を蓄えることはできない。

問３　文中の２つの空欄(くうらん)(　　)には同じ言葉が入ります。空欄にあてはまる言葉を答えなさい。

問４　文中の下線部より、光の強さが０のときの植物は光合成ができない。このときの縦の目盛りが示す値(−2)は、植物のどのようなはたらきによる値を表しているか。そのはたらきを漢字２字で答えなさい。

問5　光合成による二酸化炭素の吸収量を表しているものを、図1のグラフ中の矢印①〜⑤の中からすべて選び、番号で答えなさい。

問6　下の図2は、2種類の植物Aと植物Bの光合成について表したグラフである。二酸化炭素の吸収量の変化がなくなるまでは、二酸化炭素の吸収量が2倍増えると、つくる栄養の量も2倍増えるというように、二酸化炭素の量とつくる栄養の量は同じように変化するものとする。

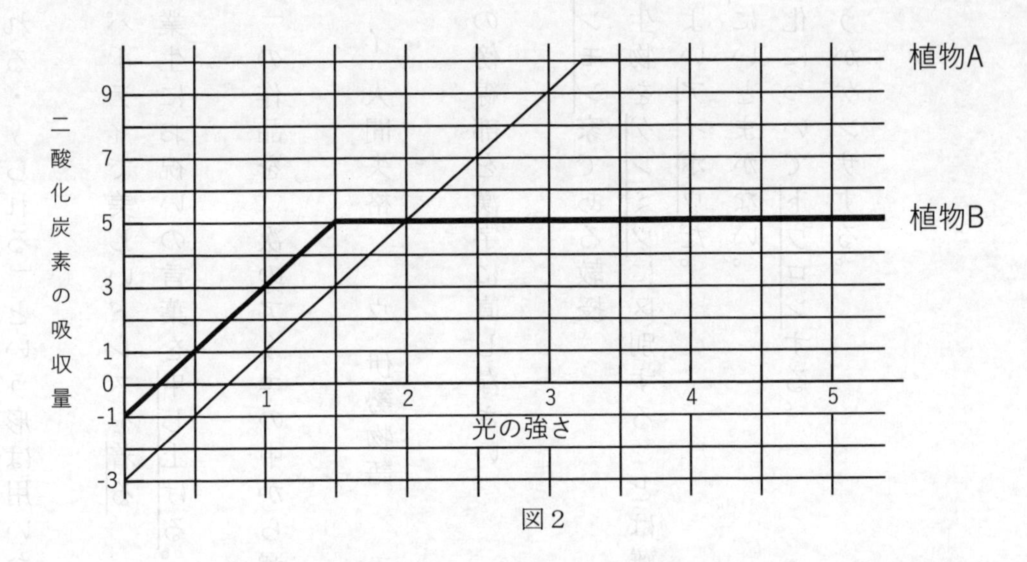

図2

(1) 光の強さが1のとき、植物Aが3時間で蓄える栄養の量と同じ量の栄養を植物Bが蓄えるには、何時間かかるか答えなさい。

(2) 日中の光の強さが2よりも大きくなる草原から森林がつくられるとき、植物Aが先に大きく育ち森林がつくられる。しかし、長い年月を経てだんだんと植物Aの若木が育ちにくくなり、次第に植物Bを中心とした森林ができる。

(ⅰ) Aの植物が先に大きく育つ理由を図2から考えて答えなさい。

(ⅱ) 下の文章は、植物Bが増えていく過程を示したものである。この文の(　①　)〜(　④　)にあてはまる適切なAまたはBの記号を入れて、文を完成させなさい。

> 植物Aが大きく育ち森林をつくると、植物Aの葉によって多くの光が吸収される。ここでは、森林の地面まで届く光の強さが0.5になると仮定する。光の強さが0.5のとき、植物(　①　)は光合成によってつくられる栄養が少ないため大きく成長することができない。そして、その後も植物(　②　)の種子が発芽したとしても大きく成長することができないということが続く。一方、植物(　③　)は光合成によってつくられる栄養をつかって成長することができ、次第に大きくなっていく。植物(　④　)の種子は、その後も発芽し成長することができる。これにより、だんだんと植物Aから植物Bを中心とした森林に変わっていく。

問三　次の文を読み、傍線部を正しい尊敬語または謙譲語に直しなさい。
ただし「～れる・～られる」という形は用いないこと。

(1) お姫様がパーティで美しいドレスを着る。

(2) 先生が卒業生にお祝いの言葉を申し上げる。

問四　「中島敦」の作品を、次のア～エの中から選び、記号で答えなさい。

ア　高瀬舟　　イ　人間失格　　ウ　伊勢物語　　エ　山月記

問五　次の各文の傍線部を漢字に直しなさい。

(1) 生物のセンモン家である教授。

(2) 生物と無生物をゲンミツに区別することは難しい。

(3) 彼は仲のよいアイボウだ。

(4) マイキョにいとまがない。

(5) 校内の美化についてトウロンする。

(6) 病気かどうかケンサする。

問五　傍線部⑤「あんたのお母さんは、本当に勇気があったよ」とありますが、どのような点に対して「勇気があった」と言っているか、説明しなさい。

問六　空欄 X には、聡里の決意を表す内容が入ります。その決意の内容を本文全体をふまえて考え、自分で自分に語りかけるように、五十字以上八十字以内で書きなさい。

三　次の各問いに答えなさい。

問一　次の各文（文節で区切ってある）の主語と述語を記号で答えなさい。文中になければ「なし」と答えなさい。

(1)　楽しみだなあ（ア）　四月から（イ）　始まる（ウ）　中学校生活は。（エ）

(2)　私たちの（ア）　クラスの（イ）　学級委員には（ウ）　田村くんこそ（エ）　なるべきだ。（オ）

問二　下の意味を読み、□にあてはまる最もふさわしい言葉を、漢字一字で答えなさい。

(1)　沈黙は□　（意味）黙っていることが、時には大切である

(2)　□の子　（意味）大切に秘蔵するもの

口には出さず、背筋を伸ばして皿に残っている最後の一口をスプーンですくい取る。

(藤岡陽子『リラの花咲くけものみち』による)

(問題作成のために、本文を一部省略・改変したところがあります)

(注1) フサエおばさん・・・聡里の大叔母にあたる人物。

問一 傍線部①「おばあちゃん」とありますが、この人物の名前をフルネームで答えなさい。

問二 傍線部②「どうして突然東京に帰ってきたのか」とありますが、なぜ聡里は突然東京に帰ってきたのですか。理由を説明しなさい。

問三 傍線部③「鼻の付け根がきゅっと痛くなる」とありますが、ここに表れた心情は別の仕草からも読み取ることができます。その仕草を本文中から十二字で抜き出しなさい。

問四 傍線部④「この文様は、亀甲っていうのよ」とありますが、この文様に込められた「おじいちゃんとおばあちゃん」の「母」への思いを次のように説明しました。空欄 i ・ ii に入る適当な語句を、空欄 i は十三字で、空欄 ii は二字で、本文中からそれぞれ抜き出しなさい。

「母」が生まれてまもなく医師から「 i (十三字) 」と告げられたにもかかわらず、どうにか成人式を迎えることができたことを心から喜び、「母」のさらなる ii (二字) を願う思い。

をした萩中公園、上野動物園、葛西臨海水族園、隅田川の花火大会、ディズニーランドとディズニーシー……。病気というハンデがあっても、母は聡里を連れてどこにでも出かけていった。一日中歩き回ることにも、聡里の手を引いてダッシュすることにも、ペダルをめいっぱい踏み込み自転車で坂道を上がることにも迷いなんてなかった。

「お母さんは、強かったね」

母とはもう二度と会えないし、これからも会うことはない。でもこんなふうに、いま悩み苦しんでいる十八歳の聡里を励ましてくれる。

「そうだよ。あの子が自分の人生を嘆いたのは、さっき話した一度きりだった。それまではたとえ具合が悪くなって入院していても、『絶対に治るから大丈夫』ってあたしやおじいちゃんのことを励ましてくれてね」

いま有紀子と話ができたらお礼が言いたい、とチドリが口角を上げる。最後まで自慢の娘でいてくれたこと、あたしを聡里のおばあちゃんにしてくれたことのお礼を伝えたいよ、とスプーンを持つ手を震わせながら、皿に残るオムレツを口に運んだ。

聡里は黙ってオムレツを食べながら、頭の中でなにかが弾けるのを感じた。

「ねえ、おばあちゃん、このオムレツの味って、お母さんが作ってくれるのと同じだね」

これまで何度も作ってもらっていたはずなのに、そんな大事なことにいま気づいた。

「そう？　有紀子があたしのオムレツの味を憶えてて、その通りに作ってたのかもねぇ」

満足げに頷くチドリを見て、自分もこの味を習得しようと聡里は決めた。今度また乗り越えられそうにないほど辛いことが起こった時は、このオムレツを自分で作って食べるのだ。

X

有紀子が初めて心臓の手術をしたのは、幼稚園に入る前の年だった。小学校三年生の時にも再び手術を経験し、でも完治することはなくて、体育の授業は高校を卒業するまで一度も受けられなかった。運動ができないのならと、人一倍勉強を頑張ってきたけれど、高校に入ると入退院を繰り返すようになって、大学受験を諦めてしまった。

「自分はずっと我慢してきたって、有紀子があたしとおじいちゃんの前で泣いたの。普段はめったに泣かない子がその時はぼろぼろ涙をこぼして、これまでの我慢は全部、強くなるための時間だったって言ったの……。自分はお父さんとお母さんが思うより、はるかに強い。だから妊娠も出産も怖くない。怖がっていたら、私はなんの夢も叶えられないって泣きながら、でも迷いなく言ってくるから……」

そしたらもう応援するしかないでしょう。わが子にそんなふうに言われたら、親なら頑張れって応援するしか。勇気だね、勇気。⑤あんたのお母さんは、本当に勇気があったよ、とチドリが涙を溜めたまま笑う。

母とは十歳までしか一緒にいられなかったし、当時は自分も幼かったから、岸本有紀子が実際はどういう人だったかは分からない。それでも、母は強い人だったのだと確信している。なぜならいつも楽しそうだったから。家族三人で過ごした十年間、母が不平不満を口にしたのを聞いたことがない。だから自分は、人生は良いものなのだと信じることができた。

「十五歳の誕生日に手紙を渡したかったのは、聡里にお礼を言いたかったの。有紀子はたくさんのことを諦めてきたけれど、最後に大きな夢を叶えた。聡里が生まれてからのあの子は、それはもう幸せそうだった」

「お母さんがそんな大変な思いをして私を産んだなんて、全然知らなかった……」

母と一緒にいた日々が、繋いだ手の温もりとともに、鮮やかに思い出される。じゃぶじゃぶ池がある平和の森公園、磯遊びができる大森ふるさとの浜辺公園、補助輪なしの自転車に乗る練習

ちゃんの時、主治医から『二十歳まで生きるのは難しいでしょう』って告知されて……」
最後のほうは聞き取れないほど小さな声で呟き、チドリが立ち上がって奥の部屋にはなをかみにいく。
「だったらお母さん、……長生きしたんだね」
母が亡くなったのは三十六歳の時だった。二十歳が寿命だとしたら、母はそこから十六年も頑張ったのだ。だから私は、お母さんに会えた。
「そうなの。あの子は頑張ったんだよ」
妊娠すると血液の量が増えるので、健康な妊婦でも心臓への負担は大きくなる。有紀子も妊娠と同時に心臓の機能が急激に落ち、妊娠十七週で緊急入院し、予定日より五週も早く帝王切開で出産したのだとチドリが静かな声で言葉を繋いだ。
「怖く……なかったのかな」
「なにが？」
「お母さん、私を産むの……怖くなかったのかな？」
妊娠、出産がどれほど体に負担をかけるかを、母が知らなかったはずはない。母は聡里を二十六歳の時に産んだ。出産することで自分になにかあったらと、考えはしなかったのだろうか。
「あの子は、怖くなかったんだよ」
この上なく優しい表情で、チドリが微笑んだ。
「こんなことあんたに言うのもなんだけど、あたしはあの子が結婚して、『子どもが欲しい』と言い出した時は、大反対したんだよ。妊娠そのものが心臓に負担をかけるし、常時服用してきた薬だって、赤ん坊に悪影響をおよぼすものはやめなきゃいけない。自分の身を危険に晒(さら)してまで子どもを産むのはよしなさい、って必死に説得したんだよ。普段は無口であまり話さないおじちゃんまで、そりゃもう懸命に言葉を尽くしたの。でもあの子は、きかなかった」

ったのに、奮発してね。おばあちゃんの家に大切にしまってあるから、聡里の成人式に着せてあげるね。

遠い日の母との会話が、柔らかな心のうねりを伴って思い出される。大好きだったな、優しかったな、お母さんに会いたいな、と聡里は手の甲を目尻に押し当てた。

「亀甲文様には長寿の願いが込められているの。あの子は生まれつき体が弱かったから、成人式を迎えられたことがどれほど嬉しかったか……」

成人式を迎えるどころか孫まで見せてくれて、と呟くチドリの目にも涙が溜まる。

「おばあちゃん、手紙読んでいい？」

「どうぞ。ゆっくり読んだらいいよ」

『二十歳になったあなたは、いまなにをしていますか』で始まる手紙は、原稿用紙四枚にわたって、両親への感謝の気持ち、十五歳の自分が毎日を懸命に生きていることが丁寧な文字で綴ってあった。そして最後は、『あなたの夢はきっと叶う。絶対に諦めないで』と締めくくられていた。

「中学の時はわりに元気だったんだけど、高校に入ってから有紀子は調子を崩して、三年間の四分の一ほどは欠席していたんだよ。だから将来の夢どころじゃなくなってね。あたしもおじいちゃんも、無理して大学に行かなくていい、体のことを第一に考えようって言い聞かせたの。あの子もそれを受け入れてね……」

母は大学には進学しなかった。高校を卒業してから結婚するまで、家の近くの郵便局で仕分けのアルバイトをしていたのだとチドリが教えてくれる。

「おばあちゃん、お母さんはどこが悪かったの？」

「生まれつき、修正大血管転位症という心臓の疾患があったの。普通、大動脈は左心室から出てるでしょう？　それがあの子の場合は右心室から出ていてね。それで、右心室から繋がるはずの肺動脈が左心室から出てた。右と左の心室を仕切る壁にも、穴が開いてて……。あの子がまだ赤

思わず息を呑んだのは、差し出し人の所に「牛久有紀子」と書かれていたからだ。どうしてか、宛名も同じ「牛久有紀子」になっている。文字は間違いなく母のものだ。

「中……見てもいいの？」

懐かしい母の字を見ただけで、③鼻の付け根がきゅっと痛くなる。

「もちろん。あんたが十五歳になったら見せようと思ってたの。でもほら、あの頃はなにかと大変だったからね」

封筒の中には、四百字詰めの原稿用紙が折り畳まれて入っていた。指先を震わせ用紙を開くと、『二十歳の私へ』というタイトルが、原稿用紙の一行目に書かれていた。

「十五歳の有紀子が、五年後の自分に宛てて書いたものだよ。中学三年生の時の担任が書かせたらしくてね」

言いながら、チドリが封筒の文字を指先でそっと撫(な)でる。

「手紙が届いたのは、有紀子の成人式の日の前日だったよ。有紀子もすっかり忘れていて、二人で目を丸くして驚いたの。十五歳の自分から手紙が届くなんてねぇ」

有紀子と自分と、その頃はまだ元気だった夫の三人で、顔をつき合わせて手紙を読んだのだとチドリは息だけでふっと笑う。

「もう二十五年も前の話……。あたしだけがひとりで年老いて、困ったもんだ」

まだ幼い頃に、聡里は母の成人式の写真を見せてもらったことがあった。朱色と金色が織り交ぜられた華やかな色彩の振袖を着た娘盛りの母は、光を放っているかのように輝いて見えた。

「お母さん、きれいだねー」と聡里が着物を指差し見惚れていると、④「この文様は、亀甲(きっこう)っていうのよ。ほら、一つ一つが六角形になってて亀の甲羅みたいでしょう。これは亀甲の中に花が描いてあるから亀甲花菱(はなびし)というのよ」と母が教えてくれたのを憶えている。おじいちゃんとおばあちゃんが、成人式のために高価な振袖をあつらえてくれたの。お母さんはレンタルでいいっていい

ことをしなくてはいけなくなったらと思うと、獣医師になるのが怖くなったんだよ。せっかく大学に通わせてもらったのに、お金もたくさん使わせてしまったのに、このまま大学を続けることはできそうにない……。

心の中で繰り返し唱え、準備してきたはずの言葉が、チドリを前にすると口に出せなかった。

「……私の十五歳の誕生日に、おばあちゃんが渡そうとしてたものって、なに？」

オムレツにケチャップをかけていたチドリが、チューブを持ったままぽかんと口を開けた。

「なにを言い出すのかと思ったら、そんな昔のこと？」

「フサエおばさん（注１）の家でその話が出たんだよ。あの日おばあちゃん、どうしても私に会って渡したいプレゼントがあったんでしょ？　せっかく訪ねて来てくれたのに、なにももらってないなーと思って。……昔の話だから忘れちゃった？」

チドリは、

「もちろん憶(おぼ)えてるよ」

と勝ち誇ったような笑みを浮かべた。

「ほんとに？」

プレゼントのことなど、いまのいままで一言も口にしなかったのに。

「あんたの十五歳の誕生日に、どうしても渡したかったもの。いまもちゃんとしまってあるよ」

嬉しそうに頷くと、チドリが椅子から立ち上がった。ダイニングキッチンの隅には前の家から持ってきた桐(きり)の箪笥(たんす)が置いてあり、その一番上の引き出しを開ける。

「本当は十五歳の誕生日に渡したかったんだけどね」

なんとなく大きな物を渡されるのだと思っていたが、チドリが引き出しの中から持ってきたのは、よくある長形の茶色い封筒だった。かなり古いものなのか、湿気を吸って波打っている。

「おばあちゃん……これ」

二 次の文章を読んであとの問いに答えなさい。

十五歳のときに祖母に引き取られた「聡里(さとり)」だが、現在は地方で下宿しながら大学の獣医学部に通っている。以下は、大学の夏休みに「聡里」が祖母のもとを訪ねた場面である。

「聡里、ご飯できたよ」

台所から声をかけられ、携帯を手にしたままゆっくりと体を起こす。ダイニングキッチンの二人掛けのテーブルにはオムレツと、鰻(うなぎ)の肝と、リンゴ入りのポテトサラダが並んでいた。

「たくさんお食べ。なんだかまとまりのないメニューになったけどね」

目の前に並んでいるのは聡里の好物ばかりで、わざわざ材料を買いにスーパーに行ってくれたのだと分かる。

「大学はどう？楽しい？」

昔、母が生きていた頃もこんなふうに訊(き)かれたな、と聡里は手に持っていた箸を置いた。「うん、楽しいよ」そう答えると、母は「よかった」と心底安心したように頷(うなず)くのだ。

でもいまの聡里は、「楽しい」とは口にできない。

「①おばあちゃん、私……」

言わなくては、と首元に力を込める。②どうして突然東京に帰ってきたのか、きちんと話さなくてはいけない。

「うん？なんだい」

「私ね……」

一昨日、馬の死産を見学したんだ。それでその時の処置がすごく可哀そうで、もし自分が同じ

【まとめ】
［X］としての「神」がいるはずの西洋で「悪」が存在することに、西洋の人々は矛盾を感じました。そこで西洋の人々は、「自由」という概念と「神」という概念とを結び付け、人間の側にその原因を求めることで、その矛盾を解消しようとしたのだと分かりました。

問一　傍線部①「『神さま』ではなく『神』がいるとはどのようなことでしょうか」とありますが、「神さま」と「神」とはどのように違うのですか。説明しなさい。

問二　【表】中の空欄［X］には、西洋における「神」のあり方が入ります。【本文】ではさまざまな言い回しがなされますが、そのうち、句読点を含めて十五字で表現されている部分を抜き出しなさい。

問三　【表】中の傍線部②「どのように解決したらよいかという疑問」を言いかえた表現を【本文】から五字以内で抜き出しなさい。

問四　【表】中の空欄［Y］に当てはまる語として、適当なものを漢字二字で考えて書きなさい。

問五　未来くんは、【本文】中の空欄［Z］の内容を、傍線部③「『自由意志』により『神』のことを弁護する」のようにまとめました。空欄［Z］に入る言葉を【表】や【まとめ】を踏まえ、考えて書きなさい。

【表】「神」と自由との関係について

〈西洋的有神論で想定される「神」〉	〈西洋的有神論の文化圏外での「神」〉
○ X としての「神」 ↓この世界に「悪」が存在することに、矛盾を感じる。 ⇐ その矛盾をどのように解決したらよいかという疑問が生じる。②	○必ずしも完璧ではない ↓この世界に「悪」が存在することに、整合性を感じる。

	〈西洋における自由〉	〈日本や東洋における自由〉
どのようなものか	○ある程度の犠牲を伴って、絶対に守られなければならないもの。 ○自他ともに自由は尊重されるべきもの。	○自由であることとは「 Y 」であり、制約の少ない状況を意味するもの。 ○他者からの非難を浴びる可能性があると、たやすく放棄するもの。
なぜ守るのか	○③「自由意志」により「神」のことを弁護するため。	○何か大切そうだから。

他人の指図に簡単に従うことを、あまりよいことだと考えない傾向があります。だから社会のルールについての感覚も日本人とはずいぶん違います。それが治安の悪さという方向に向かう場合もありますが、個人は基本的に自由だという信念をもち、自分の自由も他人の自由も最大限に尊重することが美徳だ、とされるような社会の雰囲気があります。

もちろん、文化のバックボーンになるような思想は、複雑な歴史の中でできあがるものですから、実際にはこんな単純な話ではないでしょう。しかし、西洋文化が、何千年もの間、悪の問題の中で「自由」という思想と格闘してきたことは、強調していいことだと思います。そのような文化の中で育った人にとって、悪の問題を考えないことは難しいことなのです。

悪の問題を、人間の自由を用いて対処する方法は、「自由意志による弁護」と呼ばれることがあります。

Z

(上枝美典『神さまと神はどう違うのか?』による)

(問題作成のために、本文を一部省略・改変したところがあります)

割を果たしてきました。

ですから、西洋人が理解する「自由」は、西洋的有神論というバックグラウンドを持たない私たちが理解する「自由」と、かなり違ったニュアンスを持っています。私たちにとっての自由は、与えられた、恵まれた状態としての制約のなさといった意味合いですが、西洋の人々にとって、彼らが信じる絶対者としての神をこの世界の悲惨からいわば守るために、人間は何としても自由でなければならないのです。

別の言い方をすると、日本人や東洋人にとって、自由であることはたまたまそのように恵まれたことであり、有り難いことではあっても、それを何があってもぜったいに守るべき価値だとは普通は考えていないでしょう。みんなが大事だと言うし、考えてみれば何か大切そうだから、自由は守らないといけないが、しかし、たとえば自分が属する集団の和を乱したり、他人から非難される可能性を感じると、比較的簡単にそれを捨てます。

あるいは、いきなり自由と言われると不安になり、これは何かの罠ではないかと用心深くなり、その結果、これは「自分でしたことには責任を持て」という意味なのだと解釈し、「自由」をやたら「責任」と結びつけたがる傾向も見られます。自由にするのはいいけれども自己責任で、というわけです。

しかしキリスト教を背景とする多くの西洋人にとって、自由であることは宗教的な裏付けがあります。たまたまそのような状況に恵まれた、たまたま制約の少ない状況にいるというのではなく、人間は本来自由であって、その自由は神から与えられていると考え、感じます。そして自由であるために、ある程度の犠牲を払わないといけないことを、当然のことのように受け入れています。

ですから、西洋人は他人の指図に簡単には従いません。それは、納得するまで動かないという合理的な面からでもあるでしょうが、基本的に、他人の言うことは聞きません。と言うよりも、

問いたかったことでしょう。

今、この質問に答えるとしたら、次のように言うでしょう。たしかに、悪があるから、つまりこの世界の中に多くの悲惨なことがあるから、人間の心の中に信仰の対象としての「神さま」という考えが発生したと考えられます。つまり信仰の対象という意味での「神さま」については、「悪があるから神さまがいらっしゃる」と言えるかもしれません。その仕組みはたとえばフロイトが上手に説明しています。

しかし「悪の問題」が想定している神さまは、人間の心が作り出したものではなく、むしろ客観的に心の外に存在し、全知全能で人類を愛する創造主としての神です。それは事実上この世界のあり方に関係し、とくに心を持つ人間も含めて世界のすべてを作ったとされる客観的な実在ですから、その意味での神について、「悪があるから神が存在する」とは言えません。むしろ、「神がいるのになぜ悪があるのか」が問題になるのです。

全知全能で人類を愛する神が存在することと、この世界が悪や苦しみで満ちていることは、両立しないように思えます。そして、悪や苦しみで満ちていることが、残念ながらこの世界の現実であることを認めるならば、全知全能で人類を愛する神が存在することは、少なくとも理屈の上では否定されるでしょう。矛盾する一方が真実であるとき、もう片方は真実ではありえません。

ですから西洋の人々は、自分たちの宗教を守るために「全知全能で人類を愛する神が存在することと、この世界が悪や苦しみで満ちていることとが矛盾せず、両立する」と主張せざるをえません。これは論理的な強制力です。そうしなければ、この世界の現実によって自分たちの神が否定されるので、なんとかそこを考えないといけないように追い込まれるのです。

そこで考え出されたのが、「自由」というものです。意外に思うかもしれませんが、「自由」は信教の自由や学問の自由、表現の自由や職業選択の自由といった憲法で保障される基本的人権として人々に意識されるずっと以前から、西洋的有神論というまったく違う文脈の中で重要な役

感じます。

この違いは、ほぼ、「神さま」の理解の違いに対応しています。西洋の「神さま」は、いわゆる西洋的有神論で想定される「神さま」は、西洋哲学の「神」を背景としています。その「神」は、「最高完全者」や「絶対者」と呼ばれるように、非の打ち所のない完璧な存在です。いわゆる全知全能で善である、唯一絶対神ですね。このような神に基づいて「神さま」を想定するから、それがこの世界のひどい状態と矛盾していると思えるわけです。

これに対して、日本を含めて西洋的有神論の圏外にある文化では、「神さま」をそこまで強いものとは考えません。言ってみれば、必ずしも完璧でないさまざまな神さまのもとで、世界の中に悪や苦しみが存在するのは、当たり前のことです。どうすればそれらの苦しみを取り除くことができるか、ということはたしかに問題ですが、世界の中にそのような苦しみがあることそれ自体が解決すべき問題だとは、感じられないのです。

多くの日本人は、西洋的有神論が想定するような最高完全者としての神さまには馴染みがありません。そのため、この世界の悲惨は、矛盾であるどころか、むしろ「神さま」と整合的であり、宗教の正当さを説明するものに見えます。

私はかつて、ある場所で、キリスト教における「悪の問題」をテーマに話をしたとき、仏教関係の参加者から「悪や苦しみがあるから神さまがいるのではないですか？」と質問され、やや戸惑ったことがあります。

仏教で「悪」に相当するものは「苦」でしょう。たとえば浄土教系の宗派の教義に即して言うならば、この世が苦しみの世界、苦海であるからこそ、法蔵菩薩は願を発して衆生を救済しようとされた。その願が成就して法蔵菩薩が阿弥陀如来になったことを信じてその名号を唱えることで、悪人ですら極楽浄土に往生することができる。そうすると、悪すなわち苦があるから、神さますなわち如来が存在するのであり、そこに何の矛盾もないのではないか。これがこの参加者が

る西洋思想の大問題と同じ根っこから出てきています。その考えの道筋はおよそ次の通りです。

いま、人類を愛する全知全能の絶対者がいると仮定してみましょう。しかもその絶対者がこの世界を作った創造主でもあるとしてみましょう。そのような神が存在するのに、どうしてこの世界に戦争や飢餓(きが)などの悲惨なことが起こり続けるのでしょうか。

その神は全知ですから、この世界の悲惨を知っています。また、全能ですから、それらの悲惨を取り除くことができます。戦争が起きようとしているときにそれを起こらなくすることも、飢饉をもたらす異常気象が起きようとしているときにそれを止めることも、簡単なことのはずです。しかし神はそれを止めようとしない。

ここからの帰結は、だれにでもわかることです。それは、神がいないか、いたとしても全知全能でないか、あるいは、それほど人類のことを愛していないかということでしょう。

しかし西洋人は、このどの帰結も受け入れることができません。西洋の多くの人は、「神」と「この世の悪」の間に、克服されるべき矛盾を感じます。その結果、すぐこのあとで見るように、この世界に悪が存在する理由を、あの手この手で説明しようとするのです。

しかしどうでしょうか。わたしたち日本人にとって、これは取って付けたような、ややぎこちない理屈のように感じないでしょうか。この世界にたくさんの苦しみがあることには、もちろんわたしたちも同意するでしょう。しかしそのことと、神がいるかいないかという宗教の問題とは、あまり直接には関係していないように思います。

最近、こんなことがありました。私の研究室に来ていたあるドイツ人の青年に、「多くの日本人の学生にとって、キリスト教の悪の問題を実感することは難しいようだ」と言ったら、彼は「ぼくにはどうしてそれが問題にならないかを理解することの方が難しい」と言ったのです。日本人と西洋人は、基本的に同じ人間であって、言葉や表現方法こそ違え、人間としての感情や価値観はほぼ共通していると思うことが多いですが、たまにこのようなときには、大きな文化の違いを

2024年度 開智未来中学校

【国語】〈T未来試験〉(四〇分)〈満点：一〇〇点〉

一 次の文章(以下、【本文】と表記します)とその内容をもとに未来くんが作成した【表】と【まとめ】を読んで、あとの問いに答えなさい。

それでは、①「神さま」ではなく「神」がいるとはどのようなことでしょうか。これまで使った言葉で言うと、「神さま」は人々の心の中にいたりいなかったりするのに対して、「神」はこの世界がどのような世界かという事実に関係します。

「私は神さまがいると信じているかどうか」という問いが、その人にとっての主観的な問題だとすると、「神が存在するかどうか」という問いは、いわば客観的な問いです。客観的なというのは、この場合、たんに人々の心の中で信じられているだけでなく、だれから見てもそうだと思われる根拠に基づいて、という意味です。

ですから「ぼくは神を信じてないから、神なんていない」と思う人は、「神さま」と「神」を混同していることになります。「ぼくは地球が球形だと信じていないから、地球は球形ではない」と言うのと同じです。人々が地球が球形だと信じていなかった時代にも、地球は球形であったように、人々が神さまを信じようが信じまいが、神は、もしいるとすれば、事実として存在します。少なくとも、「神」はそのような客観的な対象として想定されてきました。

「ばかばかしい。こんなひどい世界に神なんているわけがない」という感想が浮かんだ人は、日本人の中では西洋的な発想をする人だと思います。このような感想は、「悪の問題」と呼ばれ

2024年度

開智未来中学校 ▶解説と解答

算 数 ＜Ｔ未来試験＞（40分）＜満点：100点＞

解 答

[1] (1) 4　(2) 18　(3) 99　(4) $1\frac{1}{4}$倍　[2] (1) 5　(2) 1割　(3) 7通り　(4) 70度　[3] (1) 1600円　(2) Ｂ店で1125円　(3) 1500円　[4] (1) 1個　(2) 108人　(3) 6列　[5] (1) 16cm^2　(2) 14cm^2　[6] (1) 345度　(2) 75度

解 説

[1] 四則計算，逆算，約数と倍数，辺の比と面積の比

(1) $2\times4.25-3.75\div\left(\frac{1}{2}+\frac{1}{3}\right)=2\times\frac{17}{4}-\frac{15}{4}\div\frac{5}{6}=8\frac{1}{2}-\frac{15}{4}\times\frac{6}{5}=8\frac{1}{2}-4\frac{1}{2}=4$

(2) $\square\div2\frac{4}{7}+3=10$より，$\square\div2\frac{4}{7}=10-3=7$　よって，$\square=7\times2\frac{4}{7}=18$

(3) 求める数は8の倍数よりも3大きい数である。100÷8＝12あまり4より，100に近い8の倍数は，8×12＝96と，8×13＝104がある。よって，96＋3＝99，104＋3＝107より，100に最も近い数は99とわかる。

(4) アとイを合わせたおうぎ形と，イのおうぎ形は相似になり，相似比は，（2＋1）：2＝3：2である。すると，面積の比は，（3×3）：（2×2）＝9：4だから，イの面積を4とすると，アの面積は，9－4＝5になる。したがって，アの面積はイの面積の，$5\div4=1\frac{1}{4}$(倍)とわかる。

[2] 約数と倍数，集まり，場合の数，角度

(1) かけて24になる2つの整数は，（1，24），（2，12），（3，8），（4，6）の4組ある。このうち，たすと11になるのは（3，8）だから，2つの整数の差は，8－3＝5と求められる。

(2) 右の図1で，自転車かバスを利用している生徒は，6＋5－2＝9(割)いるから，自転車もバスも利用していない生徒(太線部分)は，10－9＝1(割)とわかる。

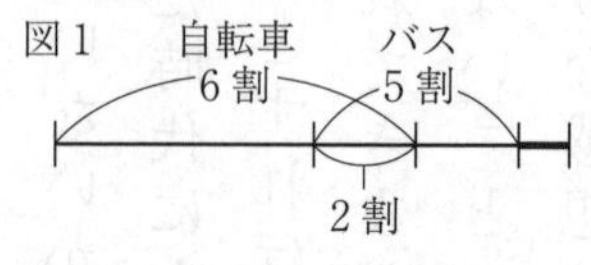

(3) カードを1枚引くときの引き方は3通りある。また，2枚引くときは，（A，B），（A，C），（B，C）の3通り，3枚引くときは1通りである。よって，カードの引き方は全部で，3＋3＋1＝7(通り)とわかる。

(4) 右の図2で，角CADの大きさは，60－40＝20(度)，角DCAの大きさは，60＋20＝80(度)だから，角ADCの大きさは，180－(20＋80)＝80(度)である。すると，三角形ADCは二等辺三角形だから，印をつけた辺の長さはすべて等しくなり，三角形ABDも二等辺三角形とわかる。よって，角アの大きさは，(180－40)÷2＝70(度)と求められる。

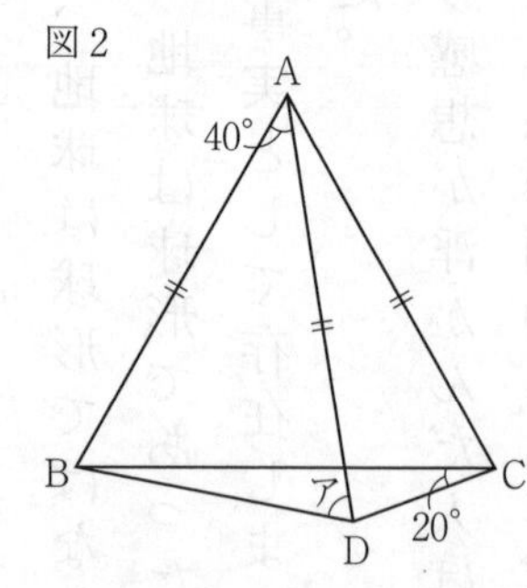

[3] 売買損益，割合と比

⑴　B店で2000円の買い物をすると，20％値引きされるので，支払う金額は，2000×（１－0.2）＝1600(円)である。

⑵　1300－300＝1000(円)より，A店で1000円以上の買い物をするとき，支払う金額は必ず1000円以上になる。そこで，1000円以上の買い物をして支払う金額が900円になるのはB店である。また，このときB店で□円の買い物をすると，□×（１－0.2）＝900(円)と表せるから，□＝900÷0.8＝1125(円)と求められる。

⑶　A店で値引きされる300円と，B店で値引きされる20％が同じ金額になればよい。そこで，このとき△円の買い物をすると，△×0.2＝300(円)となるから，△＝300÷0.2＝1500(円)とわかる。

4　調べ，約数と倍数

⑴　最初にいすをたて，よこ□列ずつ並べたとすると，下の図１のようになる。ここから，たてを１列減らして，よこを１列増やすと，図１のかげの部分のいすが□個減り，下の図２のかげの部分のいすが(□－１)個増える。したがって，図１と図２のかげの部分のいすを比べると，図２の方が１個少ないから，いすの数は１個減ることがわかる。

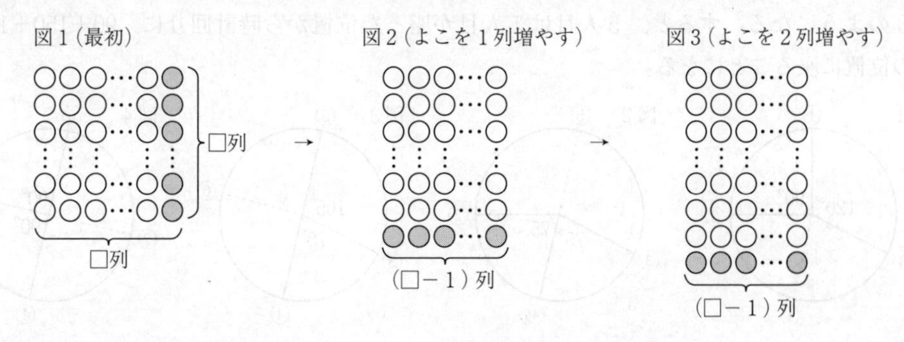

⑵　図１のときには８人が座れないから，いすが１個少ない図２のときには，８＋１＝９(人)が座れないことになる。また，図２からさらによこを１列増やして上の図３のようにすると，図３のかげの部分のいすが増えて，全員が座れたことになる。つまり，図３のかげの部分のいすの数が９個であり，□－１＝９(列)と表せる。よって，□＝９＋１＝10(列)より，最初に並べたいすの数は，10×10＝100(個)だから，新入生の数は，100＋８＝108(人)である。

⑶　図３のとき，たては９列あるから，求めるたての列は５列以上８列以下である。また，ちょうど全員が座れるのは，いすの数が108個のときだから，たての列とよこの列の数の積が108になればよい。したがって，６×18＝108より，あてはまるたての列は６列である。

5　平面図形―面積，辺の比と面積の比

⑴　下の図１のように四角形AFCHを分けると，AI＝IHより，三角形AFIと三角形IFHの面積(ア)は等しくなる。また，FG＝GCより，三角形HFGと三角形HGCの面積(イ)も等しいことがわかる。

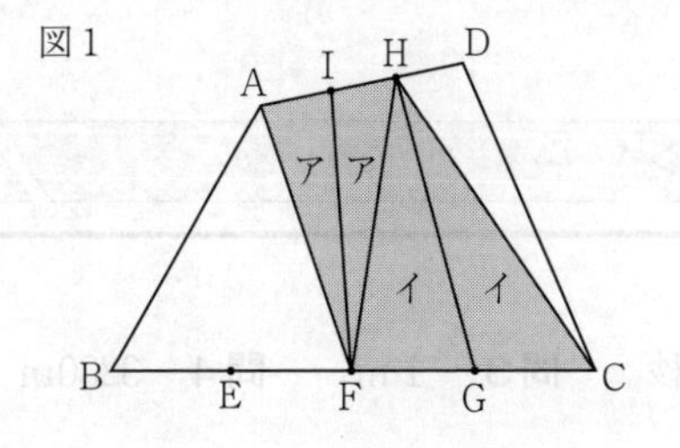

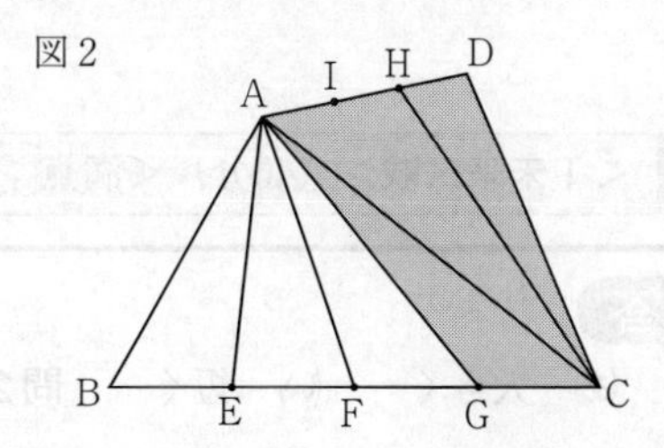

よって，ア＋イ＝8（cm^2）だから，四角形AFCHの面積は，（ア＋イ）×2＝8×2＝16（cm^2）と求められる。

(2) 上の図2のように三角形ABGと四角形AGCDを分けると，三角形ABE，AEF，AFG，AGCの面積はすべて5cm^2になるから，三角形AFCの面積は，5×2＝10（cm^2）とわかる。また，(1)より，四角形AFCHの面積は16cm^2なので，三角形ACHの面積は，16－10＝6（cm^2）となる。すると，AH：HD＝2：1より，三角形ACHと三角形HCDの面積の比は2：1になるから，三角形HCDの面積は，$6\times\frac{1}{2}=3$（cm^2）と求められる。したがって，四角形AGCDの面積は，（三角形AGC）＋（三角形ACH）＋（三角形HCD）＝5＋6＋3＝14（cm^2）とわかる。

6 調べ，条件の整理

(1) 1人目を①，2人目を②，3人目を③，…と表すと，下の図1のようになる。図1で，2人目と3人目の間の角度は，360－(90＋120)＝150(度)だから，4人目は2人目から時計回りに，150÷2＝75(度)の位置に座り，下の図2のようになる。また図2で，2人目と3人目の間の角度は，360－150＝210(度)だから，5人目は3人目から時計回りに，210÷2＝105(度)の位置に座り，下の図3のようになる。すると，5人目は1人目が座った位置から時計回りに，90＋150＋105＝345(度)の位置に座ることになる。

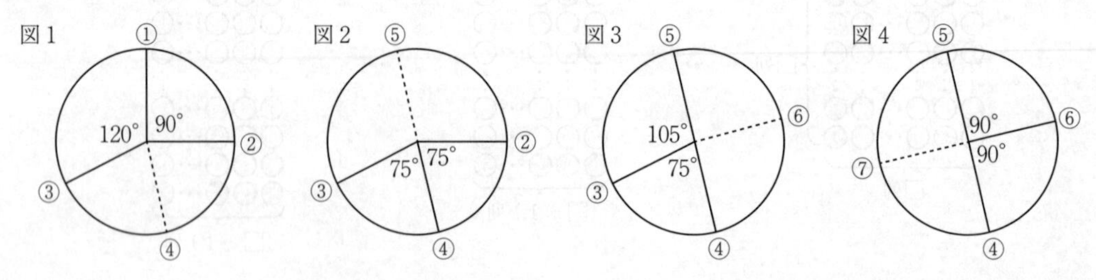

(2) 図3で，4人目と5人目の間の角度は，360－(105＋75)＝180(度)だから，6人目は5人目から時計回りに，180÷2＝90(度)の位置に座り，上の図4のようになる。また図4で，4人目と5人目の間の角度は180度だから，7人目は4人目から時計回りに90度の位置に座る。さらに，6人目と7人目の間の角度も180度だから，8人目は6人目から時計回りに90度の位置(つまり，4人目が座る位置)に座ることになる。同様に考えると，これ以降は右の図5のように，4～7人目が座る位置に順番に座ることになり，30人目は6人目と同じ位置に座ることがわかる。(1)より，5人目は1人目から時計回りに345度の位置に座るから，6人目は1人目から時計回りに，345＋90＝435(度)の位置に座る。これは1人目から，435－360＝75(度)の位置なので，30人目は1人目が座った位置から時計回りに75度の位置に座ることになる。

図5

4人目が座る位置	⑧，⑫，⑯，⑳，㉔，㉘，…
5人目が座る位置	⑨，⑬，⑰，㉑，㉕，㉙，…
6人目が座る位置	⑩，⑭，⑱，㉒，㉖，㉚，…
7人目が座る位置	⑪，⑮，⑲，㉓，㉗，㉛，…

理科 <T未来試験>（40分）<満点：100点>

解答

1 **問1** (あ) 大きく (い) 短く **問2** 10秒 **問3** 1m **問4** 3230m **問5**

9.5秒間　**問6**　358回　**問7**　0.95m　**2**　**問1**　(あ)　沸とう　(い)　100　(う)　10　(え)　(例)　上昇し　(お)　水(液体)　(か)　水蒸気(気体)　**問2**　エ　**問3**　(あ)　高い　(い)　水　(う)　食塩水　(え)　やすい　(お)　大きく　**問4**　2％　**問5**　濃さ15%の食塩水＞【実験】の食塩水＞水　**問6**　ウ　**問7**　エ　**3**　**問1**　(例)　この実験で植物の成長に日光が必要かどうかを調べるため。　**問2**　ア　**問3**　酸素　**問4**　呼吸　**問5**　①，⑤　**問6**　(1)　1時間　(2)　(i)　(例)　光の強さが2より大きくなる草原では，植物Bよりも植物Aの方が二酸化炭素の吸収量が多く，栄養を多くつくって早く成長することができるから。　(ii)　①　A　②　A　③　B　④　B

解　説

1　ドップラー効果についての問題

問1　会話中で述べられているように，振動数が大きい音ほど高い音になる。また，高い音ほど波長が短くなる。

問2　スピーカーと観測者の距離は3.4km，すなわち，3.4×1000＝3400(m)なので，スピーカーから発せられた音が観測者に届くまでにかかる時間は，3400÷340＝10(秒)である。

問3　このスピーカーから1秒間音が出たときの波の個数は，(波の個数)＝(振動数)×(波を発した時間)より，340×1＝340(個)である。この音は1秒間に340m進むので，340mの間に340個の波があることになり，波1個分の長さである波長は，340÷340＝1(m)と求められる。

問4　スピーカーが秒速17mで観測者の方向に10秒間移動しているので，10秒後のスピーカーと観測者の距離は，3400－17×10＝3230(m)になる。

問5　スピーカーがはじめに出した音を観測者が聞くのは10秒後で，スピーカーが10秒後に出した音を観測者が聞くのは，10＋3230÷340＝19.5(秒後)である。よって，観測者がスピーカーの音を聞いていた時間は，19.5－10＝9.5(秒間)になる。

問6　スピーカーが10秒間に出した音の波の個数は，340×10＝3400(個)である。この波を観測者は9.5秒間で聞いたのだから，観測者が1秒間で聞いた波の個数，つまり波の振動数は，3400÷9.5＝357.8…より，358回と求められる。

問7　音を出し終わったときのスピーカーと観測者の距離は3230mで，スピーカーが10秒間で出した音の波の個数は3400個なので，波1個分の長さは，3230÷3400＝0.95(m)とわかる。なお，スピーカーが10秒間出した音を観測者は9.5秒間聞いたので，観測された音の波長は，$1\times\frac{9.5}{10}=0.95$(m)と求めることもできる。

2　食塩水の加熱についての問題

問1　物質を加熱したときに沸とうするときの温度を沸点という。また，水が沸とうしているときは，加えられた熱が水から水蒸気への状態変化に使われるため，水の温度は変化しない。図1と図2では，加熱時間が10分をこえたところから水の温度が変化していないことが読み取れるので，水の沸点は100℃で，加熱時間が10分のときに沸とうが始まったとわかる。

問2　食塩水を加熱したグラフから，食塩水はおよそ101度から温度の変化がゆるやかになっているので，実験で使用した食塩水の沸点は約101度であると考えられる。

問3　(あ)　図2を見ると，食塩水の方が常に温度が高くなっていることがわかる。　(い)～(え)　食塩水はとけている食塩の分だけ，表面の水の割合が小さくなると考えられる。そのため，水と食塩水を比べると，水の方が表面において空気とふれている水の割合が大きく，水の蒸発が起こりやすいといえる。　(お)　加熱の後半になると，食塩水から水が蒸発するため，食塩水の濃さが濃くなっていく。そのため，表面で水がしめる割合が小さくなるので，蒸発が起こりにくくなり，100℃をこえても温度がゆるやかに上昇し続ける。

問4　食塩水の重さは，食塩水を入れたビーカー全体の重さとビーカーの重さから，152−102＝50(g)とわかり，とけていた食塩の重さは，水を全て蒸発させたときの重さから，103−102＝1(g)とわかる。よって，この食塩水の濃さは，1÷50×100＝2(%)と求められる。

問5　問3で述べたように，ふくまれる食塩の割合が大きいほど，水が蒸発しにくくなるために温度が高くなる。よって，同じ時間加熱したときに温度が高い順に，濃さ15%の食塩水，【実験】の食塩水(2%の食塩水)，水になる。

問6　水溶液から特定の液体だけを取り出す操作のことを蒸留という。蒸留では，水溶液を加熱して気体になったものを，再び冷やすことで特定の液体を取り出す。食塩水を加熱すると，食塩は気体にならず水だけ気体(水蒸気)になるので，発生した水蒸気を集めて冷やすことで純すいな水を取り出すことができる。

問7　濃さが13.0%から20.0%まで，20.0−13.0＝7.0(%)増えたとき，沸点は102.7℃から104.4℃まで，104.4−102.7＝1.7(℃)上昇している。この値を用いて濃さ15%の食塩水の沸点を計算すると，$102.7+1.7\times\frac{15-13}{7}=103.18\cdots$(℃)となるので，エの103.2℃が選べる。

3　植物の成長についての問題

問1　植物の成長に必要な5つの条件のうちの1つを明らかにするために実験を考えたと述べられている。②のように空気が出入りできる箱をかぶせると，植物の苗に日光が当たらなくなるため，この実験では，植物の苗の成長に光がどのように影響するのか調べることができるといえる。

問2　植物の成長に光がどのように影響するのか調べる実験では，光の条件以外は全て同じにする必要がある。よって，光を当てた方の苗に肥料を入れた水を与えるのなら，箱をかぶせた苗にも同じように肥料入りの水を与える必要がある。このように，特定の条件以外をそろえて比べる実験を対照実験という。

問3　植物は，体内にある葉緑体で光のエネルギーを利用して，気こうから取り入れた二酸化炭素と根から取り入れた水を材料に，栄養をつくり出している。このはたらきを光合成といい，このとき酸素も作り出されて放出される。また，呼吸によって，空気中の酸素を吸収して栄養と反応させることで活動のエネルギーをつくりだすことができる。

問4　光の強さが0のとき，植物は光合成をすることはできないが，生きるために呼吸を行って活動のエネルギーをつくりだしている。そのため，このときの二酸化炭素放出量は，呼吸によって発生した二酸化炭素の量だと考えることができる。

問5　問4で述べたように，植物は常に呼吸をしている。そのため，図1で，光合成による二酸化炭素の吸収量は，呼吸によって放出した二酸化炭素の量と吸収した二酸化炭素の量の和になる。よって，①と⑤が選べる。

問6　(1)　光の強さが1のときに，植物Aが3時間で吸収する二酸化炭素の量は，1×3＝3である。同じ量の二酸化炭素を植物Bが吸収するのにかかる時間は，3÷3＝1(時間)だから，植物A

が３時間で蓄(たくわ)えた栄養と同じ量の栄養を植物Ｂがつくりだすのにかかる時間は１時間と考えられる。　(2)（i）森林になる前の草原は日当たりがよく，植物Ａの方が植物Ｂよりも多くの二酸化炭素を吸収して，より多くの栄養をつくることができる。そのため，植物Ａの方が先に大きく成長する。　(ii) 光の強さが0.5のとき，植物Ａは二酸化炭素吸収量が０よりも小さく，発芽しても光合成でつくりだした栄養だけでは成長できないが，植物Ｂは二酸化炭素の吸収量が０より大きく，発芽すると光合成によってつくり出した栄養分で成長ができる。よって，この森林では植物Ａの数が減り，植物Ｂが増えていき，やがて植物Ｂだけの森林に変わっていくと考えられる。

国　語　<Ｔ未来試験>（40分）<満点：100点>

解　答

一　**問１**　（例）「神さま」は人々の心の中にいたりいなかったりする主観的な対象であるが，「神」はだれから見てもそうだと思われる根拠に基づいて議論される客観的な対象である。
問２　全知全能で善である，唯一絶対神　**問３**　悪の問題　**問４**　偶然　**問５**（例）絶対的な「神」がいるのに「悪」が存在することに矛盾を感じた西洋人は，人が自由をらん用するから「悪」が存在するのだと，神にではなく人にその責任の所在を求めた。　二　**問１**　牛久チドリ　**問２**（例）馬の死産を見学したことで，獣医師になることが怖くなり大学を辞めようと考えていると祖母に伝えるため。　**問３**　手の甲を目尻に押し当てた　**問４**　i　二十歳まで生きるのは難しい　ii　長寿　**問５**（例）妊娠や出産が生まれつき病を持つ心臓に負担をかけることをもおそれず，自分の子を産もうと決意した点。　**問６**（例）獣医になることが怖くなって大学を辞めようと思ったけれど，これからは私もお母さんのようにもっと強くなって獣医になる夢に向かって頑張ろう。　三　**問１**（主語，述語の順で）(1) エ，ア　(2) エ，オ　**問２** (1) 金　(2) 虎　**問３**（例）(1) お召しになる　(2) おっしゃる　**問４**　エ　**問５**　下記を参照のこと。

●漢字の書き取り

三　**問５** (1) 専門　(2) 厳密　(3) 相棒　(4) 枚挙　(5) 討論　(6) 検査

解　説

一　**出典：上枝美典(うええだよしのり)『神さまと神はどう違(ちが)うのか？』**。「神さま」と「神」の違いや，西洋的有神論における「悪の問題」について説明されている。

問１　「神さま」は，神さまを「信じているかどうか」ということによって，それぞれの人の「心の中にいたりいなかったり」するものなので，「主観的な問題」といえる。これに対して「神」は，「だれから見てもそうだと思われる根拠(こんきょ)」に基(もと)づいて，「神が存在するかどうか」ということについて議論されるものなので，「客観的な問い」といえる。

問２　日本を含(ふく)む「西洋的有神論の圏外(けんがい)にある文化」では，「神さま」を「そこまで強いもの」と考えていないので，「悪や苦しみが存在するのは，当たり前のこと」である。これに対して，「西洋的有神論」における「神」は，「人類を愛する全知全能の絶対者」や「全知全能で善である，唯一(ゆいいつ)

絶対神」などと想定されているので，この世界に「悪」が存在するという事実と矛盾することになる。

問３　「西洋的有神論」における「神」は「全知全能」だから，この世界の「悲惨を取り除くこと」ができるはずなのに，現実では「戦争」や「飢饉」や「異常気象」は起こり続けている。このような矛盾は「悪の問題」と呼ばれており，西洋では「神」の存在と「この世界に悪が存在する理由」が矛盾しないよう「あの手この手で説明」されている。

問４　キリスト教を背景とする多くの西洋人は，「人間は本来自由であって，その自由は神から与えられている」と考える。これに対して日本人や東洋人は，自由であることは「たまたま」そのように恵まれたものであると考える。つまり，日本人を含む東洋人にとっての自由は，偶然に手に入れられたものにすぎないのである。

問５　西洋有神論における「神」は，「人類を愛する全知全能の絶対者」と想定されているので，「この世の悪」が起こり続けていることと，「神」が存在していることの間に，「悪の問題」という矛盾が生じることになる。そこで西洋人は，この両方を受け入れるため「自由」という考え方を用い，「人間は本来自由であって，その自由は神から与えられている」とし，その自由を守るためには「ある程度の犠牲」は払わなければいけないとしたのである。つまり，「この世界が悪や苦しみで満ちている」のは，人間が「自由意志」をらん用しているからであり，人間の側に非があると説明したと筆者は述べている。

二　**出典：藤岡陽子『リラの花咲くけものみち』**。獣医師になることを断念したと告げるために祖母のもとを訪れた聡里は，病気を患っていた母が危険を顧みずに自分を産んでくれたことを祖母から聞かされる。

問１　当時十五歳だった聡里の母が，未来の自分にあてて「牛久有紀子」という名前で手紙を書いていたので，祖母の姓は「牛久」とわかる。

問２　祖母に向けて準備してきた聡里の言葉の内容をまとめる。聡里は，大学で「馬の死産を見学」し，「その時の処置がすごく可哀そう」で，「獣医師になるのが怖く」なり，「このまま大学を続けることはできそうにない」ということを祖母に伝えようと思って，東京に帰ってきたのである。

問３　「懐かしい母の字」を見た聡里は，涙が出そうになり，「鼻の付け根がきゅっと痛く」なった。この後には，「遠い日の母との会話」を思い出し，「大好きだったな，優しかったな，お母さんに会いたいな」と思いながら，「手の甲を目尻に押し当て」て，涙をこらえる場面がある。

問４　ⅰ，ⅱ　生まれつき心臓の病気を患っていた聡里の母は，赤ちゃんのとき，主治医から「二十歳まで生きるのは難しいでしょう」と言われた。だから，祖父と祖母はわが子に長生きしてほしいという思いから，「長寿の願い」が込められている亀甲文様で「振袖」をあつらえたのだとわかる。

問５　妊娠や出産は「体に負担」をかけるし，常に服用してきた薬も「赤ん坊に悪影響をおよぼすもの」は止めなければならない。聡里の母は，心臓に疾患のある「自分の身を危険」にさらすことを承知で，自分の子を産もうと決意したのである。

問６　聡里は，「今度また乗り越えられそうにないほど辛いことが起こった時」は，母が作ってくれたのと同じ味の「このオムレツを自分で作って食べるのだ」と決意している。聡里は，獣医師になるのが怖くなって大学をやめるつもりでいたが，勇気をもって自分を産んでくれた母のように強くなり，獣医師になるという夢に挑戦しようと改めて心に誓ったと考えられる。

三 主語と述語，ことわざ・慣用句の完成，敬語の知識，文学作品の知識，漢字の書き取り

問1 (1) 倒置法が使われているので，文節を通常の順序に直すと，文の最後にくる「楽しみだなあ」が述語となり，それに対応する主語は「中学校生活は」となる。　(2) 文の最後の「なるべきだ」が述語となり，その動作の主体となる「田村くんこそ」が主語となる。

問2 (1)「沈黙は金」は，“沈黙は多くを語ることよりも価値がある”という意味。　(2)「虎の子」は，大切にして手放さないもの。

問3 (1)「お姫様が」が主語なので，ふつうの言い方の「着る」を尊敬語の「お召しになる」などに直す。　(2)「先生が」が主語なので，謙譲語の「申し上げる」を尊敬語の「おっしゃる」などに直す。

問4 中島敦は，昭和時代に活躍した小説家。著作に『山月記』『李陵』などがある。『高瀬舟』は，森鷗外の小説。『人間失格』は，太宰治の小説。『伊勢物語』は，平安時代前期に成立した歌物語で，作者は不明。

問5 (1) 限られた分野を集中的に研究すること。　(2) 細かいところまで厳しく目を行き届かせているさま。　(3) 共に仕事などをする相手。　(4)「枚挙にいとまがない」は，数えられないほどたくさんあるさま。　(5) ある問題について意見を出し合って議論すること。　(6) 異状などの有無を調べること。

2024年度 開智未来中学校

【算　数】〈算数１科試験〉（60分）〈満点：100点〉

注　意　１．コンパス、分度器、その他の**定規類は使用しない**でください。
　　　　２．**円周率**が必要な場合、特に問題文に指示がない限り、**3.14**を用いてください。

1　次の□にあてはまる数を答えなさい。

（1）　$2\frac{2}{5}\times\left(1-\frac{1}{3}\div\frac{4}{7}\right)=\square$

（2）　$\frac{4}{9}\times\left(\square-1.5\right)=\frac{2}{3}$

（3）　濃さが６％の食塩水 100 グラムに、濃さが□％の食塩水 200 グラムを加えると、濃さが４％になります。

（4）　下の図で、BC と DE は平行です。アの長さは□ cm です。

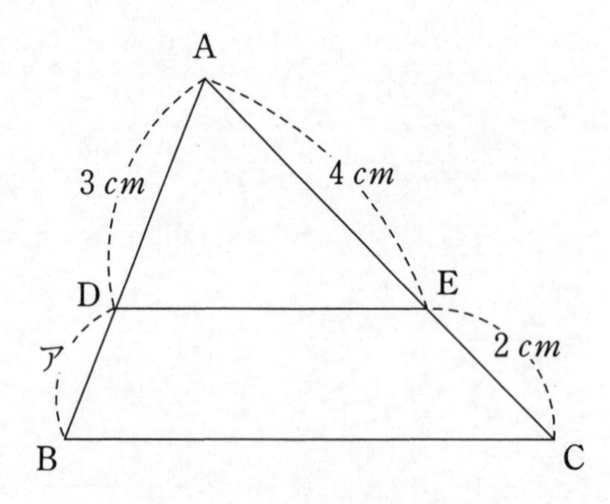

2 次の □ にあてはまる数を答えなさい。

(1) $\frac{11}{37}$ を小数で表したとき、小数第50位の数字は □ です。

(2) ある数を5倍してから0.4倍することを「ゴーシ」と呼ぶことにします。3に「ゴーシ」を5回行うと □ になります。

(3) 一周100 *m* の池のまわりを、あんなさんは毎秒1 *m* で歩き続け、いさおさんは毎秒6 *m* で走り続けます。2人が同時に同じ向きに出発すると、いさおさんがあんなさんに初めて追いつくのは、2人が出発してから □ 秒後です。

(4) 下の図で、ADとBCは平行です。色のついた部分の面積は、四角形ABCDの面積の □ 倍です。

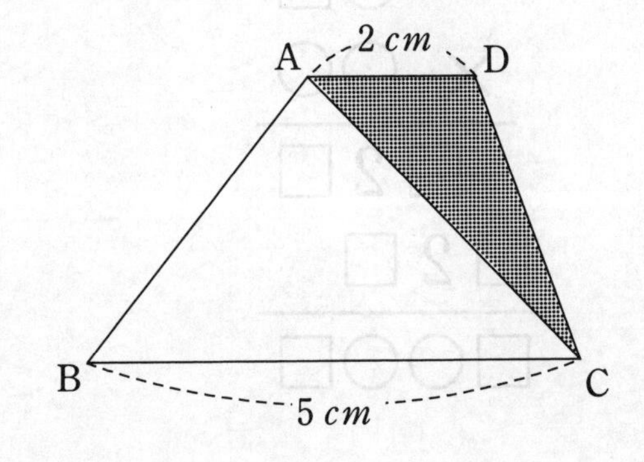

3 □と○には、それぞれ１から９までの整数が入ります。

※以下の問題に答えるときはカッコをつけて□，○の順に答えなさい。
たとえば、□－○＝7 となるような (□, ○) のくみ合わせを答えるときは (9, 2)，(8, 1) と答えなさい。

（1） 2＋□＝○ となるような (□, ○) のくみ合わせをすべて答えなさい。

（2） 2＋□＝○ となるような (□, ○) のくみ合わせのうち、□×○ の一の位が□になるようなものをすべて答えなさい。

（3） 下の計算にあてはまる (□, ○) のくみ合わせを答えなさい。

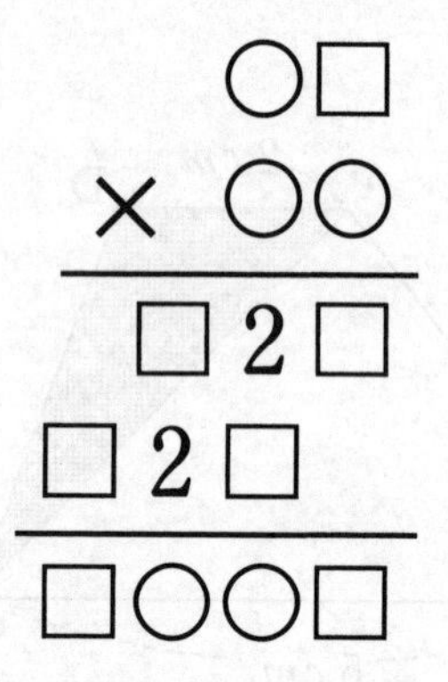

4 下の図の直方体を、A，B，D を通る平面で切ります。

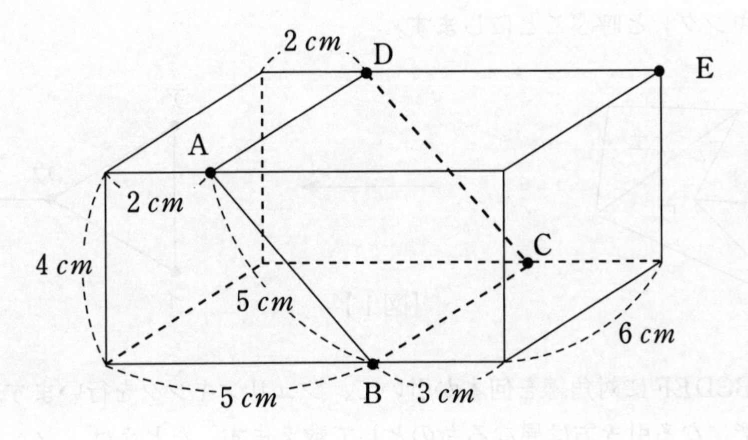

（１） 切り口の面積は何 cm^2 ですか。

（２） 切ってできる立体のうち、E をふくむ方の体積は何 cm^3 ですか。

5 A 地点と B 地点の間の道のりは 8100 *m* です。太郎さんは A 地点を、花子さんは B 地点を同じ時刻に出発して、A 地点と B 地点の間をそれぞれ一定の速さで１往復します。太郎さんは出発してから 30 分後に花子さんと初めて出会い、2 回目に花子さんに出会ってから 45 分後に A 地点にもどりました。

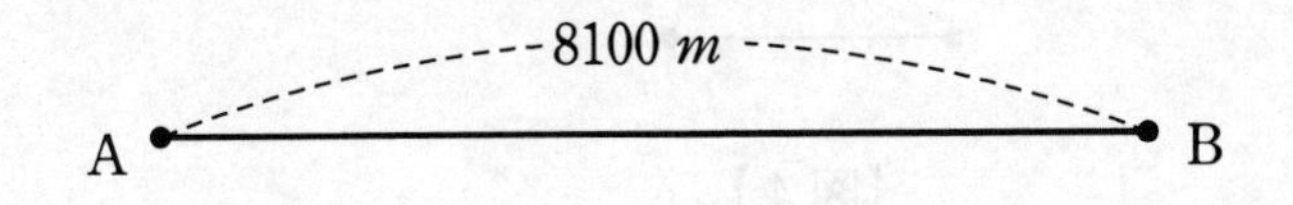

（１） 太郎さんが花子さんと初めて出会ってから 2 回目に出会うまでにかかった時間は何分ですか。

（２） 太郎さんの進む速さは毎分何 *m* ですか。

6　【図１】のように、辺をさかいにとなり合う２つの面を線で結び、面を点に縮めることを「シュリンキング」と呼ぶことにします。

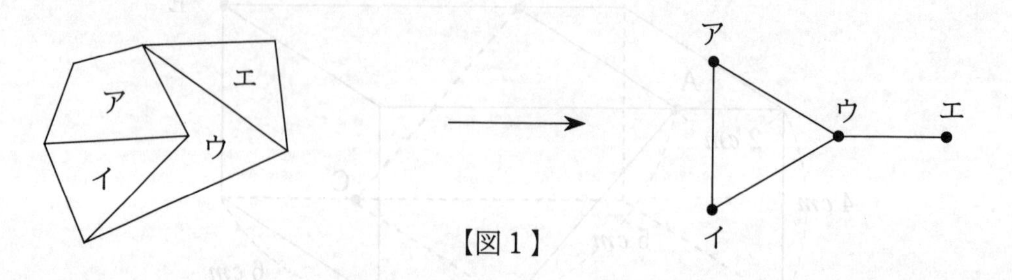

【図１】

正六角形ABCDEFに対角線を何本か引いて、シュリンキングを行います。ただし、回転して同じ形になる引き方は異なるものとして数えます。たとえば、シュリンキングを行うと【図２】になるような対角線の引き方は【図３】の２通りあります。

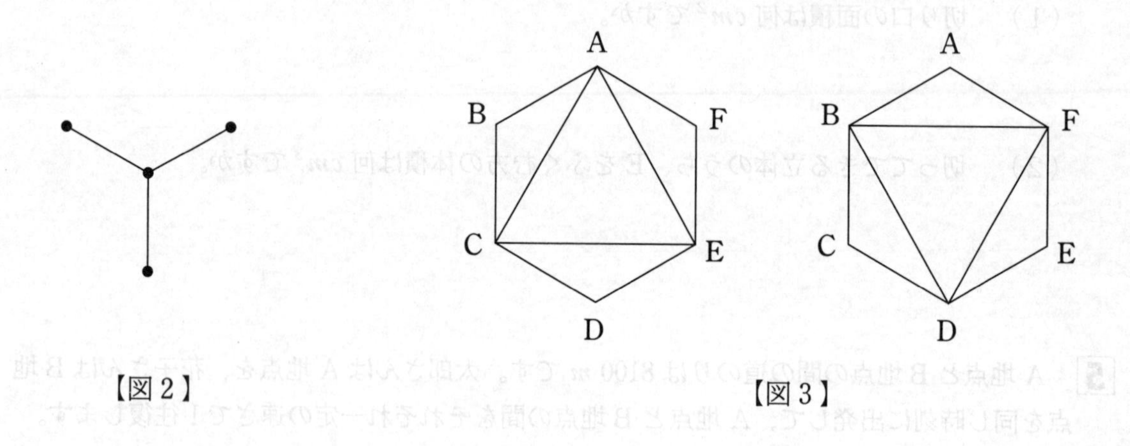

【図２】　【図３】

（１）　シュリンキングを行うと【図４】になるような対角線の引き方は何通りありますか。

【図４】

（2）　シュリンキングを行うと【図５】になるような対角線の引き方は何通りありますか。

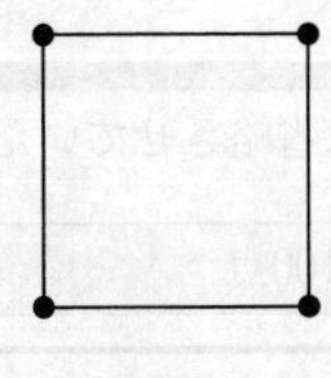

【図５】

（3）　シュリンキングを行うと【図６】になるような対角線の引き方は何通りありますか。

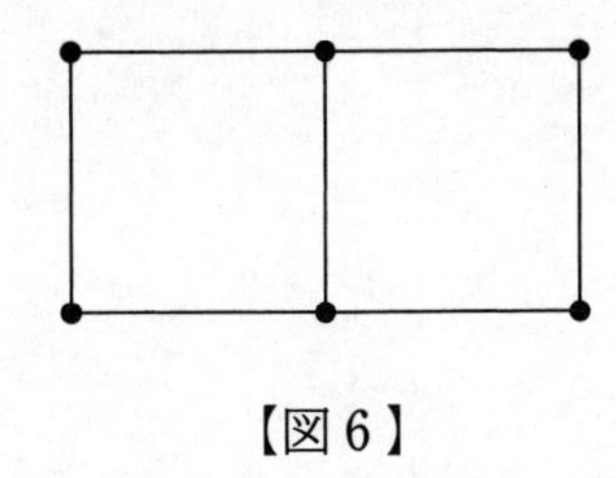

【図６】

2024年度 開智未来中学校 ▶解　答

※　編集上の都合により，算数１科試験の解説は省略させていただきました。

算　数 <算数１科試験>（60分）<満点：100点>

解　答

1 (1)　1　(2)　3　(3)　３％　(4)　$1\frac{1}{2}$cm　2 (1)　9　(2)　96　(3)　20秒後
(4)　$\frac{2}{7}$倍　3 (1)　（１，３），（２，４），（３，５），（４，６），（５，７），（６，８），（７，９）　(2)　（４，６），（５，７）　(3)　（５，７）　4 (1)　30cm^2　(2)　108cm^3
5 (1)　60分　(2)　毎分120m　6 (1)　９通り　(2)　15通り　(3)　33通り

2024年度 開智未来中学校

※４教科受験（算数・社会・理科・国語）または３教科受験（算数・英語・国語）あるいは２教科受験（算数・国語）となります。英語の試験の概要については、解説をご覧ください。

【算　数】〈第２回試験〉（40分）〈満点：100点〉

注　意　１．コンパス、分度器、その他の**定規類は使用しない**でください。
　　　　２．**円周率**が必要な場合、特に問題文に指示がない限り、**3.14**を用いてください。

1　次の □ にあてはまる数を答えなさい。

（１）　$0.07\times50+3.6\div0.8=\square$

（２）　$\left(\dfrac{3}{4}-\dfrac{2}{3}\right)\times\square=2$

（３）　36の約数は全部で □ 個あります。

（４）　□ 人の10％は20人です。

2 次の□にあてはまる数を答えなさい。

(1)　2−1+3−2+4−3+5−4+6−5+7−6+8−7+9−8=□

(2)　整数Aは21で割ると8あまります。Aを7で割ると□あまります。

(3)　AさんとBさんの体重の比は3：4で、BさんとCさんの体重の比は6：5です。AさんとCさんの体重の比は□：□です。

(4)　下の図で、四角形ABCDは平行四辺形です。アの大きさは□度です。

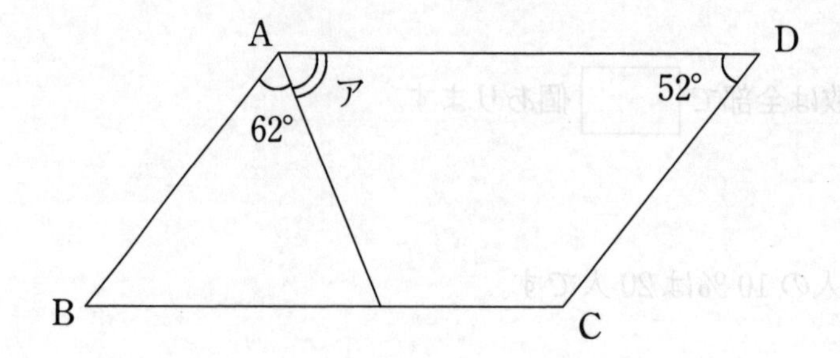

3 ３個の○と２個の×を横１列に並べます。

（１） 並べ方は全部で何通りありますか。

（２） ×が連続しないような並べ方は何通りありますか。

4 下の図で四角形 ABCD は１辺が 20 *cm* の正方形です。E、F、G、H はそれぞれ AB、BC、CD、DA の真ん中の点です。

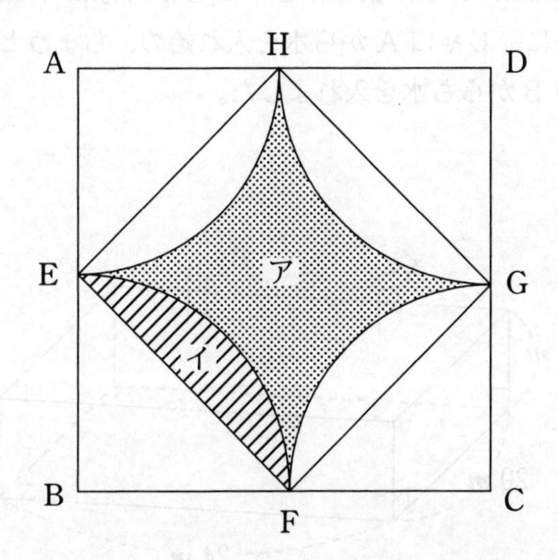

（１） 四角形 EFGH の面積は何 cm^2 ですか。

（２） アの面積は何 cm^2 ですか。

（３） イの面積は何 cm^2 ですか。

5　１から200までの200個の整数があります。

（１）　この中に、３の倍数は何個ありますか。

（２）　この中に、３の倍数であるが６の倍数ではない数は何個ありますか。

6　下の図のような長さ24 m、はば20 m、深さ１ m の直方体のプールと、２つのじゃ口A、Bがあります。

じゃ口Aからは毎分0.5 m^3 の水が出て、じゃ口Bからは毎分0.25 m^3 の水が出ます。水の入っていないプールに、じゃ口Aから水を入れ始め、ちょうどプールの半分まで水が入ったところでじゃ口Bからも水を入れました。

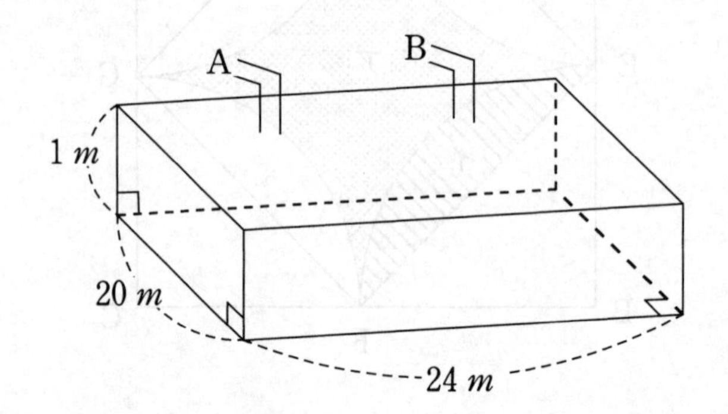

（１）　このプールの容積は何 m^3 ですか。

（２）　水を入れ始めてからプールの半分まで水が入るのにかかった時間は何分ですか。

（３）　水を入れ始めてからプールが水でいっぱいになるのにかかった時間は何分ですか。

【社　会】〈第２回試験〉（理科と合わせて40分）〈満点：50点〉

次の文章や図表は開智未来中学校の生徒が東大ゼミの中で「豊かで強い国を作るために必要な条件はなにか？」というタイトルで発表した内容の一部です。この文章や図表を参考にして、あとの問いに答えなさい。

第1回目発表

私達のグループでは、今回、「豊かで強い国を作るために必要な条件はなにか？」という問いに対して、「度量衡(どりょうこう)を統一すること」を答えとして考えました。「度量衡」とは中国から伝わった言葉で、長さや容積、重さをはかる単位やはかる基準のことを指す言葉です。現在の日本では、こうした単位にはメートルやリットル、グラムなどが使われていますが、こうした単位が使われるようになったのはおよそ150年前で、明治時代になってからです。それ以前は、寸や尺、里、升、石などといった中国から持ち込まれた単位が使われていました。石は江戸時代の各藩の米の生産量などをはかる単位としても使われていたので有名です。

そして、おもしろいことは、こうした昔の単位は人間の身体のさまざまな部位の長さなどと関係していることです。例えば、寸という単位はおとぎ話の「一寸法師」でも聞いたことがあるかもしれませんが、およそ3cmで、親指の長さと同じくらいだと言われます。このように、かつての単位は人間の身体を基準として設定されていました。しかし、ここで問題があります。それは、国や時代によって人間の身体のさまざまな部位の長さが異なることです。そのため、かつては、ものをはかるための基準や単位は国や時代によってもそれぞれ異なっていたのです。中国ではおよそ2200年前に中国の国内で使われていた単位が統一されました。この出来事を「度量衡の統一」と言います。日本では歴史的に大きく分けて3回、ものをはかるための基準や単位が全国規模で統一されました。1回目は飛鳥時代に制定された［①］律令のときです。2回目は②豊臣秀吉によって進められた太閤検地、そして3回目は明治時代に日本独自の単位をメートルやグラムなどの国際的な基準に合わせたときです。

次の表1は、［①］律令が制定された前後の出来事についてまとめています。この表をじっくりと読み解くと、日本が「度量衡の統一」をする必要があった理由がわかります。それは、「度量衡の統一」が起こる少し前に、日本は［あ］にさらされていたということです。そこで、私たちは「度量衡の統一」と「豊かで強い国」は深く関係しているのではないかと考えたのです。

では、表1を見てください。663年に倭国(当時の日本の呼び方)は③朝鮮半島の百済を救援のため、唐・新羅の連合軍と戦いました。この戦いで、日本は唐・新羅の連合軍に大敗しました。その結果、百済は滅亡し、日本は唐や新羅に攻められる可能性が大きくなったのです。このような国際情勢のもとで、日本は防衛力を高める必要がありました。そのため、④国内にはどれくらいの人が住み、どれくらいの税をとることができ、どれくらいの人を兵士として使うことができ、どれくらいの食料を作ることができるのかを調べることが大切でした。これらを調べるときに、国の中で単位が違っていたら正確に調べることができません。だから、「度量衡の統一」が必要不可欠だったのではないでしょうか。701年に整備された［①］律令(ついで養老律令が整備された)では、度量衡に関する法律が明確に記されています。

このように、昔の国家にとって「度量衡の統一」は国の正しい姿を調べ、強い国を作るために必要不可欠であったのではないでしょうか。次回の発表では、現在の日本と関係させながら「度量衡」の重要性を発表したいと思います。

表1

時代	西暦	日本の出来事	東アジアの出来事
飛鳥時代	589年		隋が中国を統一する
	593年	聖徳太子が推古天皇の摂政となる	
	603年	冠位十二階制定	
	604年	十七条憲法制定	
	607年	小野妹子らが遣隋使として派遣される	
	645年	乙巳の変により蘇我氏が滅亡する 大化の改新が始まる	
	663年	白村江の戦いで唐・新羅の連合軍に敗れる	
	673年	壬申の乱で勝利した ⑤ 天皇が即位する	
	676年		新羅が朝鮮半島を統一する
	701年	① 律令の制定 度量衡の統一が法律的に記される	

問1　文中の空欄 ① にあてはまる元号を漢字2字で答えなさい。

問2　文中の下線部②について、豊臣秀吉の業績と関係の深いものを、次のア～エから1つ選びなさい。

ア

イ

ウ

エ

問3　文中の下線部③について、新羅と百済の場所を図1中のア～ウのなかから1つずつ選び、記号で答えなさい。

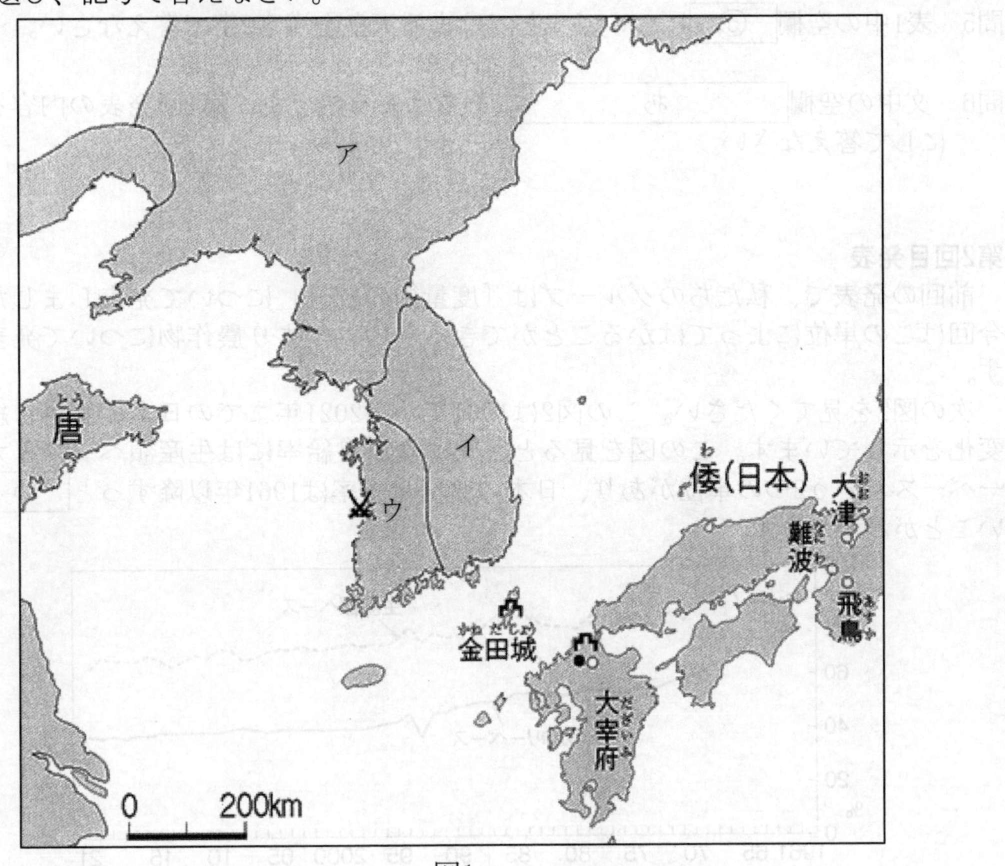

図1

問4　文中の下線部④について、次の(1)・(2)に答えなさい。

(1)　当時の税の制度について説明した次のア～エのうち、内容に**あやまりがあるもの**を1つ選び、記号で答えなさい。

ア　租は収穫の約3%の稲を地方の役所に納めることと決められていた。
イ　庸は都で10日間の労働、または布を納めることと決められていた。
ウ　調は地方の特産物を国に納めることと決められていた。
エ　防人は3年間、都の警備につくことと決められていた。

(2)　次の文章は、当時の人口について『日本書紀』に記された内容です。文中の空欄には、当時の朝廷が国内の人口を把握するために作ったものがあてはまります。その名称を答えなさい。

初めて［　　　］・計帳を作り，班田収授法を定めよ。およそ50戸を里とし，里毎に里長一人を置く。

問5　表1中の空欄［⑤］について、あてはまる天皇を漢字2字で答えなさい。

問6　文中の空欄［　あ　］にあてはまる内容を、第1回発表の内容を参考にして答えなさい。

第2回目発表

前回の発表で、私たちのグループは「度量衡の統一」について発表しましたが、今回はこの単位によってはかることができるもの、つまり農作物について発表します。

次の図2を見てください。この図2は1961年から2021年までの日本の食料自給率の変化を示しています。この図を見ると、実は食料自給率には生産額ベースとカロリーベースという2つの単位があり、日本の食料自給率は1961年以降ずっと［　い　］が高いことがわかります。

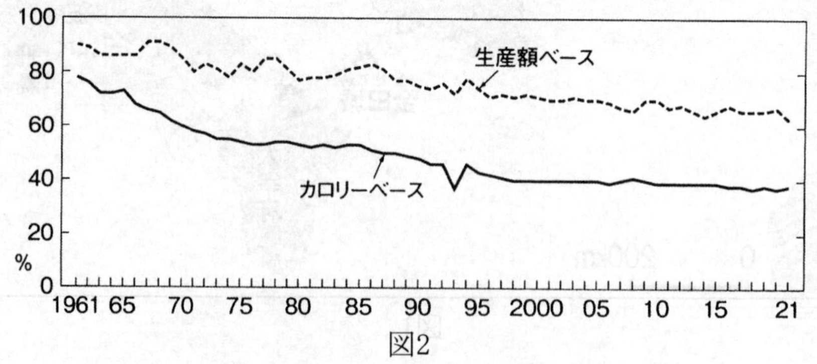

図2

生産額ベースとは、「日本全国で1年間に生産された作物の合計金額」を「日本全国で1年間に消費された作物の合計金額」で割ったものです。この自給率が高いということは、海外から輸入された作物の金額が小さいということを意味します。一方で、カロリーベースとは日本全国で1年間に生産された作物の量をカロリーという栄養を示す単位で測定し、同じように日本全国で1年間に消費された作物全体のカロリーで割ったものです。この自給率が低いということは、日本が輸入している農作物はカロリーの高いものが多いということを意味します。

次に表2を見てください。

表2

品目	自給率(%)	品目	自給率(%)
米	97	野菜	80
小麦	15	肉類	53
大豆	6	果物	38

この表2は2020年の日本の食料自給率をその作物の品目ごとに比べたものです。これによると、日本では米や野菜の自給率は高く、小麦や ⑥ の自給率はとても低くなっています。そして、次に表3を見てください。この表は、小麦1kgのカロリーと近所のスーパーで売っていた小麦粉1kgの値段、野菜の代表としてトマト1kgのカロリーと近所のスーパーで売っていたトマト1kgの値段を比べたものです。

表3

	小麦または小麦粉 1kg	トマト 1kg
カロリー	3290キロカロリー	200キロカロリー
値段	158円	1258円

この表によると小麦と野菜を比べると う という特徴があります。日本は小麦や大豆といったカロリーの高い農作物を輸入に頼っているため、カロリーベースの自給率が低くなっています。その一方で、野菜は値段が高く、日本では値段の高い野菜などの自給率が高いため、生産額ベースの自給率が高くなっています。日本は世界の中でも食料自給率の低い国です。こうした国に暮らす私たちは、⑦常に食料危機の心配をしなければなりません。「豊かな国」には食料は不可欠です。食料問題について話し合うためには、まず、生産額ベースで考えるべきなのか、カロリーベースで考えるべきなのか、単位をそろえる必要があります。国の未来を考えるためには、どのような単位で、どのようにはかるかを明確にしなければならないのです。だから「豊かな国」を作るためには「度量衡の統一」が不可欠なのです。

問7　文中の空欄 い にあてはまるのは、生産額ベースとカロリーベースのどちらか答えなさい。

問8　文中の空欄 ⑥ にあてはまる品目を答えなさい。

問9　文中の空欄［　う　］にあてはまる内容を表2～表3の内容を参考にして答えなさい。

問10　文中の下線部⑦について、次の新聞記事は2023年7月に掲載されたものです。この記事を参考にして次の(1)・(2)に答えなさい

国連「食糧危機に拍車」

ウクライナ産穀物の黒海輸送をめぐる合意が18日、ロシアの延長反対で停止した。ロシアは再開の条件として金融制裁の緩和を求め、西側諸国にゆさぶりをかけている。ウクライナ産穀物に依存するアフリカ諸国などで食料不足や価格高騰につながる恐れがある。「数億人が飢餓にひんし、世界的な物価高に直面している。代償を払うのは彼らだ」。国連のグテレス事務総長は17日、ウクライナから黒海経由で安全に輸出する「穀物回廊」を止めたロシアに「深い失望」を表明した。

世界食糧計画(WFP)は穀物合意が機能しなくなれば東アフリカ諸国が深刻な打撃を受けると警告する。WFPが22年に途上国支援のため調達した小麦の大半がウクライナ産だ。アフリカ最大の2億人の人口を抱えるナイジェリアは13日、食料供給の「非常事態」を宣言した。

(1)　次の文章は、この記事を要約したものです。文中の空欄［　あ　］～［　う　］にあてはまる地名をそれぞれ答えなさい。

この記事では、「食糧危機」の原因は［　あ　］の小麦を輸出するのを［　い　］が停止したために、［　う　］の国々で深刻な影響があると書いてあります。

(2)　食料危機に向けて社会が準備できることはなにか、自分の考えを答えなさい。

【理　科】〈第２回試験〉（社会と合わせて40分）〈満点：50点〉

1 次の【Ⅰ】と【Ⅱ】について、各問いに答えなさい。

【Ⅰ】

ハサミを使ってものを切断するとき、ものがはさまれる点をA、ハサミの関節の点をB、ハサミを持つ点をCとして示したものが図１である。

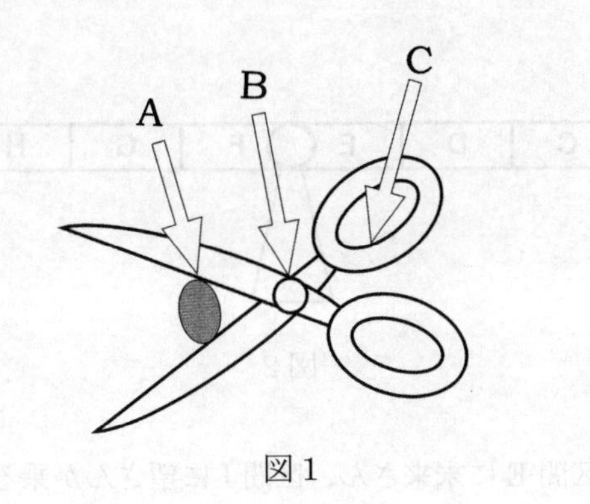

図１

問１　A～Cの点の説明としてあてはまるものを、以下の表のア～カから１つ選び、記号で答えなさい。

	A	B	C
ア	支点	力点	作用点
イ	支点	作用点	力点
ウ	力点	支点	作用点
エ	作用点	支点	力点
オ	作用点	力点	支点
カ	力点	作用点	支点

問２　このハサミで、かたいものを切断したいときの方法として正しいものを、以下の表のア～エから２つ選び、記号で答えなさい。ただし、ハサミを持つ力はこれ以上強くできないものとする。

	方　法
ア	点Aの位置を点Bから遠ざける。
イ	点Aの位置を点Bに近づける。
ウ	点Cの位置を点Bから遠ざける。
エ	点Cの位置を点Bに近づける。

【Ⅱ】

図２のように、板を等間隔に区切って乗る場所としたシーソーがある。板の左から順に区間Ａ～Ｊとし、ＥとＦの間の板の中央が支点になっており、１つの区間には１人しか乗ることはできないものとする。

今、このシーソーで開智くん(体重 40 kg)、未来さん(体重 20 kg)、望さん(体重 50 kg)の３人が遊んでいる。

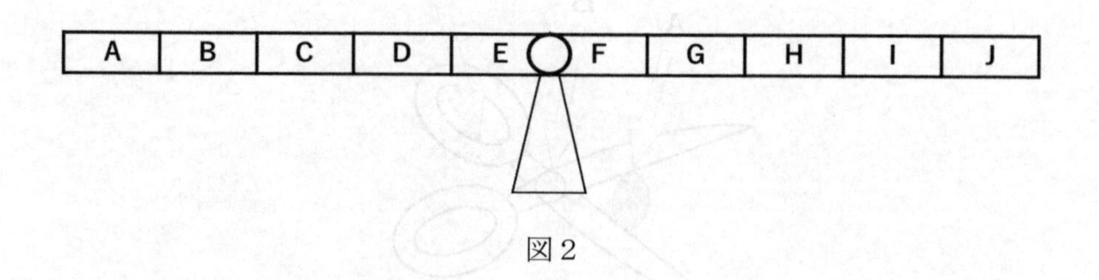

図２

問３　区間Ｂに開智くん、区間Ｅに未来さん、区間Ｉに望さんが乗ると、シーソーは傾いた。このとき、低くなるのはシーソーの右側または左側のどちらか。

問４　右側の区間Ｈに 100 kg の砂袋を乗せ、左側の区間Ｂに未来さん、区間Ｄに望さんが乗った。シーソーを水平にするには、開智くんはシーソーのどの区間に乗ればよいか。Ａ～Ｊの記号で答えなさい。

問５　次に３人だけでシーソーに乗り、乗る区間をさまざまに変えながらシーソーの傾きを調べた。シーソーが水平になる組み合わせを、以下の表のア～エから１つ選び、記号で答えなさい。

	開智くん	未来さん	望さん
ア	E	C	H
イ	D	E	G
ウ	B	E	J
エ	A	I	F

2 次の各問いに答えなさい。

問１　昆虫とクモ類のからだの特徴として正しいものを、以下の表のア〜エから１つ選び、記号で答えなさい。

		足の数	からだのつくりの数
ア	昆虫	6	2
	クモ類	4	1
イ	昆虫	6	3
	クモ類	4	2
ウ	昆虫	6	2
	クモ類	8	1
エ	昆虫	6	3
	クモ類	8	2

問２　昆虫の羽は、昆虫のからだのどの部分についているか。

問３　次の昆虫の仲間ア〜カのうち、完全変態をするものをすべて選び、記号で答えなさい。

ア　クワガタムシ　　イ　トンボ　　ウ　カマキリ　　エ　チョウ
オ　カブトムシ　　カ　バッタ

問４　モンシロチョウの成長について書かれた次のア〜エのうち、正しいと考えられるものを２つ選び、記号で答えなさい。

ア　天敵となる生物が少なくなる秋〜冬にかけて、幼虫の姿で過ごす。
イ　食料となる植物の葉が増える春〜夏にかけて、幼虫の姿で過ごす。
ウ　成虫が羽を持ち、飛行するのは、食料となる植物の葉を探し回るためである。
エ　成虫が羽を持ち、飛行するのは、繁殖の相手を探し回るためである。

問５　次の会話文を読み、（　A　）と（　B　）にあてはまる語句または数値を答えなさい。

開智くん：昆虫なんて気持ち悪いし、植物が食べられてしまうから、いなければいいのに。
未来さん：でも、昆虫が植物を食べるように、カエルなど他の生き物も昆虫を食べて生きているよ。いなくなるとそういう生き物が困るのでは？
開智くん：ああそうか。昆虫は他の生き物と（　A　）の関係にあるよね。でも昆虫がいっぱいいるのは嫌だし、少しくらい減ってもいいのでは？
未来さん：昆虫が自然に産まれる数と自然に死ぬ数が同じで、勝手に増えることはないとしよう。一日に10匹の生きた昆虫を食べるカエル20匹が、30日間生きられるようにするには、最初の１日目に最低でも何匹の昆虫が必要かな？
開智くん：う〜ん。（　B　）匹だね。そうか、だからたくさんの昆虫がいないといけないよね。

3 開智くんは、小学校で気象委員会に所属しており、学校の敷地(しきち)内で定期的に気象観測を行っている。気象観測に関する次の各問いに答えなさい。

問１　学校の敷地内にある気象観測の装置(そうち)は、図１の中に入っている。

(1) 気象観測の装置が入っている図１の名称を答えなさい。

(2) 図１の外側は、一般(いっぱん)的に何色に塗(ぬ)られているか。

(3) 図１の扉(とびら)は、東西南北のうちどの方向を向いているか。
東・西・南・北のいずれかで答えなさい。また、その方向を選んだ理由を書きなさい。

図１

(4) 図１の内部に入れておくと正確に測定できない気象観測の装置を、次のア～オより2つ選び、記号で答えなさい。

ア　空気中の湿(しめ)り具合を測定する湿度計(しつどけい)
イ　風の速さを測定する風速計
ウ　空気の圧力を測定する気圧計
エ　１日に降る雨や雪の量を測定する雨量計
オ　１日の最高と最低の気温を記録する最高・最低温度計

問２　気温は地上どれぐらいの高さで測りますか。次のア～エより１つ選び、記号で答えなさい。

ア 0.7～1.0 m　　イ 1.2～1.5 m　　ウ 1.7～2.0 m　　エ 決められていない

問３　ある日の天候は、空全体のおよそ 70％が雲でおおわれ、雨や雪は降っていなかった。このときの天気は、「快晴・晴れ・くもり」のうちのどれになるか。言葉で答えなさい。

問４　日本各地に約 1300 か所ある気象観測装置で、雨量などを自動的に測定し、自動的に集計と整理されるしくみを何というか。

問三　次の文を読み、傍線部を正しい尊敬語または謙譲語に直しなさい。
ただし「〜れる・〜られる」という形は用いないこと。

(1)　校長先生がまもなくこちらに来る。

(2)　中村先生に学生時代の思い出を聞く。

問四　「田山花袋」の作品を、次のア〜エの中から選び、記号で答えなさい。

ア　蒲団　　イ　山椒魚　　ウ　坊っちゃん　　エ　蜘蛛の糸

問五　次の各文の傍線部を漢字に直しなさい。

(1)　家族でイトナむ店。

(2)　日本人初のウチュウ飛行士だ。

(3)　車両のコショウで電車が運休した。

(4)　中国とボウエキをする。

(5)　人間関係をキズく。

(6)　夕食はフンパツして焼き肉にする。

問五　傍線部④「以心伝心かもしれない」とありますが、「わたし」がそう感じた理由を次のように説明する時、空欄に入る適当な語句を本文中から十八字で抜き出しなさい。

「わたし」と「母」の［　　　　　　　　］から。

問六　本文の空欄 X には「わたし」からクリスへの言葉が入ります。本文の内容から、あなたはどのような言葉が入ると考えますか。ポアロのことにも触れつつ「クリス」へ語りかけるように、五十字以上八十字以内で書きなさい。

三　次の各問いに答えなさい。

問一　次の各文（文節で区切ってある）の主語と述語を記号で答えなさい。文中になければ「なし」と答えなさい。

(1) 昨日（ア）　おじいちゃんが（イ）　くれた（ウ）　桃は（エ）　とても（オ）　おいしかった（カ）。

(2) 明日は（ア）　早いから（イ）　夜更かしを（ウ）　しないで（エ）　早く（オ）　寝なさい（カ）。

問二　下の意味を読み、□にあてはまる最もふさわしい言葉を、漢字一字で答えなさい。

(1) □の耳に念仏　（意味）いくら説き聞かせても、何の効き目もない

(2) 爪に□をともす　（意味）はなはだしく倹約をするさま

X

（小手鞠るい『鳥』による）

（問題作成のために、本文を一部省略・改変したところがあります）

問一　ポアロとは何の動物ですか。次のア〜オの中から一つ選びなさい。

ア　山羊　　イ　犬　　ウ　ハムスター　　エ　鳥　　オ　人

問二　傍線部①「ゴージャスなじゅうたんだ」とありますが、この「じゅうたん」を構成する「色」を全て抜き出しなさい。

問三　傍線部②「紅葉が深まっていくにつれて、悲しみも深くなっていくようなのだ」とありますが、それはなぜですか。理由を説明しなさい。

問四　傍線部③「それが悲しい。悲しくて、せつない」とありますが、それはなぜですか。理由を説明しなさい。

わたしは母の肩に手を置いてそう言った。
母から返ってきたのは、手のひらだった。母はわたしの頭をなでた。
まるで、幼子をなでるかのようにして、母はきっぱりと言った。
診察室へもどると、母はきっぱりと言った。
「連れて帰ります。最後の最後まで、住み慣れた自宅で、あの子の好きな匂いのいっぱいついている場所で、看取りたいんです。人間のわがままかもしれないけれど、わたしにはそうすることしかできません。娘も同じ気持ちです」
母にそう断定されて、わたしもさらにきっぱりした気持ちになった。
④以心伝心かもしれない。
ボブはとくに、反論は述べなかった。
「承知した。それなら、痛み止めを少し、出しておこう。痛そうにしていたら、ドッグフードを湯で溶いて、やわらかくして丸めたものに入れこんで、与えてやってくれ。無論、吐きだしてしまう可能性もあると思うが、本人が抵抗なく受け入れられるようであれば、効き目はないとは言えない」
帰り道、わたしはある人のあることばを思いだしていた。
サンクチュアリで傷ついた山羊の治療をしているときだった。
作業を手伝っていたわたしに、クリスは教えてくれたのだった。
「動物は人間とちがって、死に対する恐怖は感じていない。死を恐れ、忌みきらっているのは人間だけで、動物は最後の瞬間まで、ただ生きようとするだけなんだ。だから、動物が死んでも、悲しむことはないよ。さびしいかもしれないが、悲しむ必要はない」
これまでずっと思いだすこともなかった、記憶の底に沈んでいたことばがよみがえって、生き返って、わたしの胸に届いた。

娘と話します」と告げた。
ろうかに出て、早口で、たがいの気持ちを伝え合った。
わたしたちの願っていることは、まったく同じだった。
それはポアロにとって、もっとも苦しみの少ない方法で逝かせてあげたい、ということ。ポアロが望んでいる形、ポアロにとって幸せな最期、今のポアロには何がいちばん必要なのか、ということ。つまり「ポアロなら、どれを選ぶのか」に尽きた。
しかし、そのポアロの望みが悲しいかな、わたしたちにはわからないのだ。
母は言った。
「ポアロには、ことばがしゃべれない。でもしゃべれたらきっと、こう言うんじゃないかと思う」
「どう言うの」
そのあとに、母の発したことばは、わたしの胸にストレートに響いた。
「ぼくは生きる。生きていく」
生きていたい、ではなくて、生きていく。
そう、それはポアロの希望などではなくて、意志なんだ。
ポアロの意志を、わたしたちは何よりも尊重しなくてはならない。
そのとき、ふいに、夏に目にした小鳥たちの姿が浮かんできた。つぎつぎに。
それは、けんめいに子育てをするロビンやジュンコやキャットバードの姿であり、落下する直前まで、空を飛んでいたフィービーのひなの姿でもあった。
みんな、みんな、生きていく。
死ぬ直前まで、死の瞬間まで、生きていく。
それを勝手に断ち切るなんてこと、してはいけないし、するべきじゃない。
「わかった。そうしよう、家へ連れて帰ろう」

尿は出したから、心配しなくていい。ただ今夜はここで、きみたちにひとつ、決断を迫ることになるがいいだろうか」

母は泣いてはいない。

反対に、わたしの頬を涙が伝っていく。

気持ちじゃなくて、体が先に反応してしまっているのだとわかる。

「どんな決断でしょう」

冷静そうな母の問いかけに返ってきた答えは、こうだった。

「今後、彼の苦しみは増すばかりだとわかっている。だからここでこのまま、痛みと苦しみのない方法で、逝かせてやるという選択肢はある、ということだ。ただし、それを選ぶかどうかについては、ふたりで決めてほしい」

ボブはわたしたちに、安楽死を提案しているのだとわかった。

「できません！　そんなこと」

即座に母が答えた。

わたしの頭のなかでは「痛みと苦しみのない方法で」ということばがぐるぐる回っている。そんな方法があるのであれば、それは今のポアロにとって、必要な方法なのではないかと、思っているわたしがいる。

けれど、口に出してそのことを言うことはできない。

そんなこと、そんなこと、してはいけないし、するべきではないという思いも、胸のなかにはあって、ほぼ半々の割合でせめぎ合っている。

わたしは母の耳もとでささやいた。

「お母さん、ちょっと、ふたりだけで話したい。ろうかに出て、ほんの少しでいい」

母は何かを察したのか「わかった」と小さく答えて、ボブ大佐に「三分だけ、待ってください。

さようならの日が近づいてきた。
十月六日の夕方だった。
ポアロは、キューン、キューンという子犬みたいな声を出しながら、バスタオルのベッドから身をよじらせるようにして、外へ出てきた。
ちょうど夕ごはんを食べている最中だったので、母とわたしはあわてて、ポアロのそばへ行った。
ポアロの瞳はきらきらじゃなかった。
明らかに、苦しそう、つらそうな表情をしている。
ボブ大佐の携帯電話に連絡をした。すでに病院は閉まっている時間帯だったけれど「いつでも電話をくれ」と、ボブは番号を教えてくれていたのだった。
「すぐに連れてきなさい」
話を聞くなり、彼はそう言った。
「おれも今、愛する妻とディナーを食べていたところだが、これからすぐに病院へ向かう。向こうで会おう。できる限りのことをしたい」
わたしはポアロを膝の上に抱きかかえるようにして助手席に乗り、母の運転する車で病院へ。
玄関はあいていて、明かりもついていた。ひと足先にボブは到着していたようだった。いつもの白衣も身につけている。
「よしよし、どうしたのかな。ちょっと見せてごらん」
ポアロにやさしく話しかけながら、わたしの両腕から、小さく縮んでしまったポアロの体を抱き取って、診察室に消えた。
三十分後、姿を現したボブ大佐は言った。
「尿が出なくなっていたようだ。それで、痛がって泣いていたのだと思う。今、応急処置をして、

立とうとすると、ふにゃっと、くずれてしまう。
「ポアロくん、ごはんだよ」
それでもポアロには「ごはん」ということばがわかるのか、わたしが声をかけると、けんめいに立ち上がろうとする。
「いいの、いいの、ここで食べたらいいの」
器をポアロのそばにそっと置く。
ポアロは横になったまま、しっぽだけを上下に動かして、つぶらな瞳でわたしを見つめ続けている。きょとんとした表情。「どうしたの？」と言いたげな。
その顔だけを見ていると、元気だったころのまんまで、どこも変わりはない。
愛くるしい表情。
それがせつない。せつなくて、悲しい。
いっそ、ポアロが苦しそうで、悲しそうな表情をしてくれていたら、こんなに悲しくないのかもしれない、とさえ思ってしまう。
ポアロはごはんの入った器の匂いを嗅いで、ちょっとだけ舌先でなめて、それでごはんは終わりだ。
もう、自力では食べられなくなっている。
わたしはスプーンですくって、ポアロの口のなかに入れてあげる。
「おいしい？」
問いかけると、ポアロはかすれた声で「ホワン」と答える。
③声は小さいけれど、それでも「おいしい！　ありがと！」って言ってくれている。
それが悲しい。悲しくて、せつない。

秋の森は、陽の光を染料にして染め上げられていく、①ゴージャスなじゅうたんだ。
一枚の葉っぱを小さな布切れだとすると、シュガーメイプルの木は、赤と黄色とオレンジ色のパッチワーク。ビーチは黄色い魔法使い。
森全体に目をやると、赤、黄色、オレンジ色のほかに、茶色、ベージュ、むらさき色、ピンク色などに染まった広葉樹に、常緑の針葉樹が交じっているので、まさに色の洪水。色の爆発。
太陽が地上に落とした打ち上げ花火のようだ。
花火は空に上がるものだけど、秋にはそれが森に落ちてくる、という感じ。
今年の紅葉は、けれども、わたしの目には悲しみの色として映っている。
②紅葉が深まっていくにつれて、悲しみも深くなっていくようなのだ。
悲しんではいけない、悲しんでばかりじゃいけない。
頭ではわかっているけれど、ポアロを見ていると、泣けてくる。
胸のなかがさびしさでいっぱいになる。怒りもある。神さまはなぜ、こんなにも純粋で、罪もない生き物を連れ去ろうとするのか。
ポアロの具合は、ゆるやかな坂道をゆっくりとした足取りで下りていくように悪くなっていき、ある日を境にして、がくん、がくんと、階段を踏みはずしながら下っていくように悪化している。
きのうまでできていたことが、きょうはできなくなっている。
朝まではできていたことが、夜にはできなくなっている。
おとといは、よろけながらも立ち上がって、ごはんの場所まで歩いていっていた。
きのうは、とちゅうで歩けなくなり、わたしがごはんを運んであげた。
きょうは、立ち上がれなくなっている。
前足はなんとか、踏んばることができているのだけれど、うしろ足は立たない。

二 次の文章を読んであとの問いに答えなさい。

「わたし」と「クリス」は、野鳥の研究や保護活動を行う「サンクチュアリ」というボランティア団体に所属している。

十月がやってきた。
わたしの勉強部屋の窓の外に立っているシュガーメイプル、日本語名は「さとうかえで」の葉っぱが少しずつ、少しずつ、色づき始めている。
今年は九月になってから、気温ががくんと落ちた夜が何度かあって、寒暖の差が激しくて、雨もよく降った。
そういう年の紅葉は、いっそう濃く、深く染まる。
シュガーメイプルの場合、まず葉っぱが黄色になり、それから黄色の一部がオレンジ色になり、やがてオレンジに赤がじわじわ広がっていき、葉っぱ全体を赤く染め上げていく。その赤が次第に濃くなっていって、内側から発光している炎のような色になる。
曇りの日には、しっとりと落ち着いた色合い。
晴れの日には、まぶしいほど光り輝いている。
夕方になっても、紅葉のせいで、部屋のなかが明るいままだ。
シュガーメイプルのとなりには、ビーチ――ぶなの木が立っている。
この木は、まっ黄色に染まる。
赤く染まったメイプルと、まっ黄色のビーチが並んで立っていて、その上に雲ひとつない青空が広がっている日は、これが自然界の色だとは思えないほどあざやか。

問三　傍線部①「そこで大切なのが、感情反応より認知反応をするように心がけることである」とありますが、感情反応より認知反応をするように心がけることが大切なのはなぜですか。理由を説明しなさい。

問四　傍線部②「適度に自分を追い込むこと」について、次のように表にまとめました。空欄［Ｘ］に入る言葉を、本文中から抜き出しなさい。また、空欄［Ｙ］に入る言葉を書きなさい。

	どのような状況か	その結果どうなるか
適度に追い込む	厳しい環境に身を置く	［Ｙ］
追い込まない	［Ｘ］で育つ	成果が出ないと厳しい状況に耐えられず心が折れてしまう

問五　傍線部③「それでうまくいくことはまれだ」とはどういうことですか。説明しなさい。

問六　レジリエンスを高めるために、あなたはこれからどのような行動をしようと考えますか。本文中の筆者の考えにも触れながら、七十字以内で書きなさい。

「無理しなくていい」「こうすればラクできる」「頑張らなくていい」といった安易なメッセージが世の中に溢(あふ)れている。だが、これらは無理をして頑張りすぎて心が疲れ切ってしまった人に向けての救いのメッセージである。人間というのは弱いもので、そのような安易なメッセージが目に飛び込んでくると、「えっ、無理しなくていいの？」「ラクをしていいんだ」「頑張らなくてもいいんだ」などと、悪魔の囁(ささや)きに惹(ひ)きつけられてしまいがちである。しかし、実際③それでうまくいくことはまれだ。

勉強でも何でも、がむしゃらに取り組むことで、必要な能力が徐々に開発されていく。適性というのは、がむしゃらな取り組み姿勢によってつくられていくものだ。追い込まれれば追い込まれるほど能力は開発され、取り組んでいる物事への適性が増していく。必死にならないといけないような状況に追い込まれると、総力を結集してがむしゃらに動くしかない。いわば限界への挑戦によって、潜在能力が引き出されるのである。

無理をしなければ、それまでの能力で足りるわけだから、潜在能力は開発されない。今の能力のままではなかなかうまくいかず、負荷がかかるからこそ、潜在能力が引き出されるのである。

（榎本博明『勉強ができる子は何が違うのか』による）

（問題作成のために、本文を一部省略・改変したところがあります）

問一　空欄 A に入る言葉として適当なものを、次のア〜エの中から一つ選びなさい。

ア　継続する　　イ　立ち直る　　ウ　反発する　　エ　歩み寄る

問二　空欄 B に入る言葉を、本文中から十二字で抜き出しなさい。

もうひとつ大切なのは②適度に自分を追い込むことである。

レジリエンスの高い人は、何らかの逆境を乗り越えた経験をもつものである。逆境に追い込まれ、立ちはだかる壁を何とか乗り越えようと必死にもがくことでレジリエンスが鍛えられる。

最近は厳しさを虐待とかパワハラと混同する風潮(ふうちょう)があり、親も学校の先生も子どもたちが厳しい状況に陥らないように過保護になりがちである。過保護な環境に守られて挫折せずに順調に来た人は、レジリエンスが鍛えられていないため、頑張っても思うような成果が出ないといった厳しい状況に耐えられず、心が折れてしまうといったことになりがちである。

そこで大切なのが、少しずつ挫折を経験すること、そのために厳しい状況に自分を追い込むことである。

子ども時代に強いストレスを経験するとレジリエンスが低くなると言われることがある。でも、その根拠となるデータをみると、強いストレスというのがいじめや虐待という非常に極端なものになっている。ここでいう挫折経験とか厳しい状況を乗り越える経験というのは、いじめや虐待というようなものではなく、頑張ってもなかなか思うような結果につながらないような状況を指している。

人間を使った実験はなかなかできないが、リスザルを使った一連の実験では、段階的にストレスにさらされることによってレジリエンスが高まることや、幼児期に軽いストレスにさらされたリスザルの方がストレスのなかったリスザルよりも青年期になってからの好奇心は強く、レジリエンスが高いことが確認されている。

こうしてみると、レジリエンスを高めるには、あえて厳しい環境に身を置くことも必要だとわかる。負荷をかけることで力がつき、ストレス耐性が高まるので、多少は無理しないと達成できない目標に向けて頑張ってみるとか、ちょっと無理をすることを心がけるのがレジリエンスを高めるコツと言ってよいだろう。

嘆いてばかりの人やすぐに落ち込む人は、何かにつけて感情反応をする傾向がある。一方、どんなときも前向きでいられる人には、認知反応をする傾向がみられる。ちょっとわかりにくいかもしれないので、具体的な例をみていくことにしたい。

思いがけない窮地に追い込まれたとき、「大変だ」「こんなの、もう嫌だ」「なんでこんな目に遭わなきゃいけないんだ」などと感情反応ばかりしていても先に進めない。そこで必要なのは、「さて、どうしたらいいんだろう」「とにかく今できることからしていかないと」といった認知反応である。

失敗して叱られたとき、「もうダメだ、見捨てられる」「またやらかしちゃった、ほんとに自分はダメだな」と感情反応に陥っていては気持ちが落ち込むばかりだが、「こりゃまずい。何とか挽回しないと」「同じ失敗を繰り返さないように注意しよう」というように冷静な認知反応ができれば、落ち込むよりも失敗を糧にしてパワーアップすることができる。

人から嫌なことを言われたとき、「なんであんなことを言うんだ、ほんとに嫌らしい」「頭に来た、もうやってられないよ」「何、あの態度、許せない」などと感情反応に陥ってしまうと、人間関係をこじらせるだけでなく、前向きの気分になれない。それに対して、「ああいう人だから仕方ないな」「どういうことなんだろう」「虫の居所でも悪かったのかな」というように感情的にならずに冷静な認知反応ができれば、人間関係を無難にこなせるし、ネガティブな気分に陥ることもない。

このように、何かにつけて感情反応をする人は、嘆いたり動揺したりするばかりで、建設的な方向になかなか歩みだすことができない。一方、認知反応をする人は、たとえ一時的な動揺はあっても、気持ちを切り替えて、建設的な方向に歩み出すことができる。それがレジリエンスの高さにつながる。そこを踏まえておき、感情反応でなく認知反応をするように心の習慣をつくっていくことが大切である。

いては、さまざまな研究成果が報告されているが、それらを総合すると、レジリエンスが高い人は、つぎのような性質を身につけていると考えられる。

1　自己肯定(こうてい)感が高く自己受容ができている
2　楽観的で未来を信頼している
3　忍耐強く、意志が強い
4　［Ｂ］がある
5　好奇心が強く、意欲的
6　創造的で洞察力がある
7　社交的で、他者を信頼している
8　責任感があり、自律的
9　柔軟性がある

この種の研究をみると、なるほどと納得できる結果が並んでいる。自己肯定感が高く、楽観的で未来を信頼し、忍耐強く、感情をうまくコントロールできる人が、逆境にあっても、困難にめげずに前向きに人生を切り開いていけるというわけだ。

どうしたらこのようなレジリエンスの高い人になれるのか、とても自分には無理だ。そう思う人も少なくないはずだ。実際、これらすべてを兼ね備えている人など滅多にいるものではない。レジリエンスを高めるためには、これらのうち自分にも何とかなりそうな性質を意識して強化するというのが現実的だろう。

とくに重要なのが感情をコントロールする力を高めることだ。①そこで大切なのが、感情反応より認知反応をするように心がけることである。

2024年度 開智未来中学校

【国　語】〈第二回試験〉（四〇分）〈満点：一〇〇点〉

一　次の文章を読んで、あとの問いに答えなさい。

人生に逆境や挫折はつきものである。勉強に限らず、部活でも習い事でも、将来の仕事でも、成果を出していくには、困難に負けずに粘り続けることが求められる。そこで大切なのが諦めない心、言い換えれば逆境に負けずに前向きに人生を切り開いていく力である。

そうした力は、心理学の領域ではレジリエンスとして研究が行われてきた。レジリエンスの研究は、逆境に強い人と弱い人がいるが、その違いはどこにあるのかという疑問に発している。レジリエンスとは、元々は物理学的には弾力、生態学的には復元力をさすものであり、心理学的には回復力、［ A ］力を意味する。

なかなか思い通りの結果が出ないとき、あるいは必死に頑張ったのにうまくいかなかったときなど、だれでも落ち込むものだが、そこからすぐに立ち直り前向きの気持ちになれるタイプと、いつまでも引きずるタイプがいる。前者がレジリエンスの高いタイプ、後者がレジリエンスの低いタイプだ。

何でもそうだが、努力すれば必ず成果が出るというわけではない。いくら頑張っても、なかなか思うような成果につながらないというのは、じつによくあることだ。そこで投げやりにならずに粘ることができるかどうかが問われる。

では、レジリエンスの高い人は何が違うのか。レジリエンスの高さに関係する個人の特性につ

2024年度

開智未来中学校　▶解説と解答

算　数　<第２回試験>（40分）<満点：100点>

解　答

1 (1)　8　(2)　24　(3)　９個　(4)　200人　2 (1)　8　(2)　1　(3)　９：10　(4)　66度　3 (1)　10通り　(2)　６通り　4 (1)　200cm²　(2)　86cm²　(3)　28.5cm²　5 (1)　66個　(2)　33個　6 (1)　480m³　(2)　480分　(3)　800分

解　説

1　四則計算，逆算，約数と倍数，割合と比

(1)　0.07×50＋3.6÷0.8＝3.5＋4.5＝８

(2)　$\frac{3}{4}-\frac{2}{3}=\frac{9}{12}-\frac{8}{12}=\frac{1}{12}$より，$\frac{1}{12}\times\square=2$　よって，$\square=2\div\frac{1}{12}=2\times\frac{12}{1}=24$

(3)　36＝１×36，２×18，３×12，４×９，６×６より，36の約数は，１，２，３，４，６，９，12，18，36の９個ある。

(4)　10％を小数で表すと0.1だから，□×0.1＝20(人)より，□＝20÷0.1＝200(人)とわかる。

2　計算のくふう，約数と倍数，割合と比，角度

(1)　与(あた)えられた式は，(２－１)＋(３－２)＋(４－３)＋(５－４)＋(６－５)＋(７－６)＋(８－７)＋(９－８)＝１＋１＋１＋１＋１＋１＋１＋１となるから，１×８＝８と求められる。

(2)　Aは21の倍数よりも８大きい数なので，□を整数とすると，A＝21×□＋８と表せる。(21×□)は７で割り切れるから，Aを７で割ったあまりは，８を７で割ったあまりと等しくなる。よって，８÷７＝１あまり１より，Aを７で割ったあまりは１とわかる。

(3)　Ｂさんの体重の比を４と６の最小公倍数の12にすると，Ａ：Ｂ＝３：４＝９：12，Ｂ：Ｃ＝６：５＝12：10より，Ａ：Ｂ：Ｃ＝９：12：10とわかる。したがって，ＡさんとＣさんの体重の比は，９：10である。

(4)　右の図のようにDAをのばすと，ABとDCは平行だから，イの大きさは52度である。よって，アの大きさは，180－(52＋62)＝66(度)とわかる。

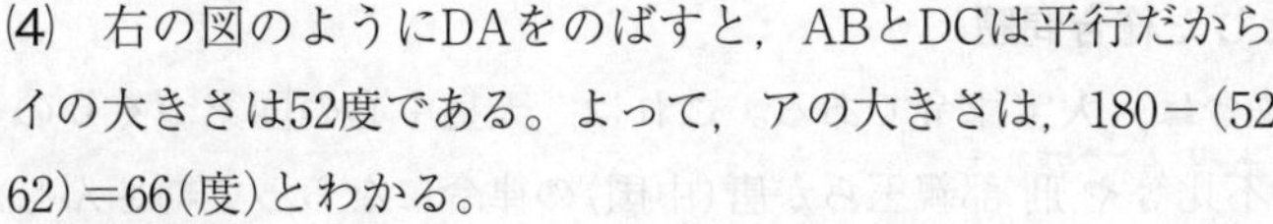

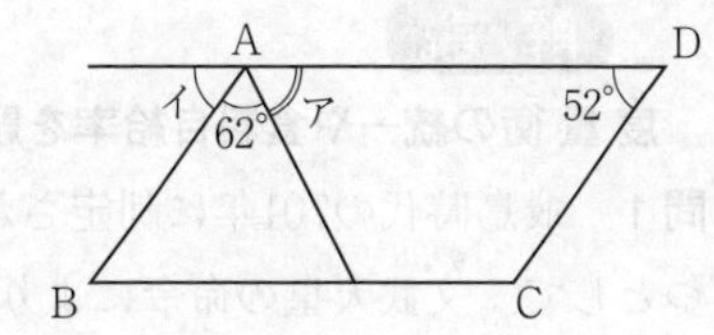

3　場合の数

(1)　左から数えて１番目から５番目までに，×の記号を並べる位置を２か所選べばよい。５か所から２か所を選ぶときの選び方は，$\frac{5\times4}{2\times1}$＝10(通り)あるので，並べ方は全部で10通りになる。

(2)　×が連続する並べ方は，「××○○○」「○××○○」「○○××○」「○○○××」の４通りある。したがって，×が連続しないような並べ方は，10－４＝６(通り)である。

4　平面図形―面積

(1)　四角形EFGHは，対角線の長さが20cmの正方形なので，その面積は，20×20÷２＝200(cm²)である。

⑵　アの部分は，正方形ABCDから，半径10cmで中心角90度のおうぎ形４つを除いたものである。よって，その面積は，$20\times20-10\times10\times3.14\times\frac{1}{4}\times4=400-314=86(\mathrm{cm}^2)$となる。

⑶　イの部分は，半径10cmで中心角90度のおうぎ形から，直角二等辺三角形EBFを除いたものである。したがって，その面積は，$10\times10\times3.14\times\frac{1}{4}-10\times10\div2=78.5-50=28.5(\mathrm{cm}^2)$とわかる。

5　約数と倍数

⑴　200÷３＝66あまり２より，１から200までの整数の中に，３の倍数は66個ある。

⑵　200÷６＝33あまり２より，１から200までの整数の中に，６の倍数は33個ある。また，６の倍数はすべて３の倍数だから，１から200までの整数の中に，３の倍数であるが６の倍数ではない数は，66−33＝33(個)ある。

6　立体図形―体積

⑴　このプールは，たて20m，横24m，高さ１mの直方体なので，プールの容積は，20×24×１＝480(m^3)である。

⑵　プールの容積の半分は，480÷２＝240(m^3)だから，じゃ口Aから毎分0.5m^3ずつ水を入れると，240÷0.5＝480(分)かかる。

⑶　じゃ口Aとじゃ口Bを同時に使うと，毎分，0.5＋0.25＝0.75(m^3)ずつ水を入れることができる。よって，⑵の後に，残りの240m^3の水を入れるのに，240÷0.75＝320(分)かかったから，水を入れ始めてからプールが水でいっぱいになるまでの時間は，480＋320＝800(分)である。

社　会　＜第２回試験＞（理科と合わせて40分）＜満点：50点＞

解　答

問１　大宝　**問２**　ア　**問３**　**百済**…ウ　**新羅**…イ　**問４**　⑴　エ　⑵　戸籍　**問５**　天武　**問６**　（例）　唐や新羅から攻められる危険　**問７**　生産額ベース　**問８**　大豆　**問９**　（例）　小麦はカロリーが高いが値段は安く，野菜はカロリーが低いが値段は高い　**問10**　⑴　**あ**　ウクライナ　**い**　ロシア　**う**　（例）　東アフリカ　⑵　（例）　食料の備蓄を行う。

解　説

度量衡の統一や食料自給率を題材とした総合問題

問１　飛鳥時代の701年に制定された法令は，大宝律令である。これは，天皇中心の国家づくりの一つとして，文武天皇の命令により藤原不比等や刑部親王らが唐(中国)の律令にならって編さんしたもので，律は現在の刑法，令は民法・行政法などにあたる。

問２　豊臣秀吉は1582年から太閤検地を行い，そのさいに全国の長さや容積の単位(度量衡)を統一した。アはそのとき採用された京ますの写真である。なお，イは平安時代に藤原頼通が建てた平等院鳳凰堂，ウは飛鳥時代の広隆寺弥勒菩薩像，エは江戸時代に広く使われた農具の千歯こきの写真である。

問３　白村江の戦いが起きた663年の朝鮮半島には，東部に新羅(イ)，西部に百済(ウ)，北部に高句麗(ア)の３国が存在していた。新羅は唐と結んで，676年に朝鮮半島を統一した。

問４　⑴　律令制度における税として，口分田から収穫される稲の約３％を地方の役所に納める租，都で10日間の労働を行うまたは布を納める庸，地方の特産物を都に納める調のほか，兵役として防人と衛士がある。このうち防人は３年間の北九州の警備，衛士は１年間の都の警備である(エ…×)。

(2) 『日本書紀』に記された646年の改新の詔の内容として，戸籍の作成がある。律令制度のもとでは，６年ごとに戸籍をつくり，それにもとづいて６歳以上の男女に口分田を与え，死ぬと国に返させる班田収授が行われた。

問５　天智天皇の死後，次の天皇の地位をめぐって672年に壬申の乱が起こった。この戦いで，天智天皇の弟である大海人皇子が天智天皇の子である大友皇子を倒し，翌年に天武天皇として即位した。

問６　空欄の次の段落に，663年の白村江の戦いでの敗北によって「日本は唐や新羅に攻められる可能性が大きくなったのです」とあることから，当時の日本は唐や新羅に攻められるという危険にさらされていたとわかる。

問７　図２より，日本の食料自給率は1961年以降ずっと，生産額ベースがカロリーベースよりも高くなっていることが読み取れる。

問８　表２から，日本では米が97％，野菜が80％と食料自給率が高い一方で，小麦が15％，大豆が６％と食料自給率がとても低いことが読み取れる。

問９　空欄のすぐ後ろの文章と表２の内容をふまえて表３をみると，小麦とトマトを比べたとき，小麦は１kgあたりのカロリーが3290キロカロリーで，トマトの200キロカロリーよりも高い。また，小麦は１kgあたりの値段が158円で，トマトの1258円よりも安いことが読み取れる。

問10　(1)　**あ**　新聞記事の内容が，ウクライナ産穀物の輸出に関するものであるので，ウクライナが当てはまる。　**い**　「『穀物回廊』を止めたロシア」と新聞記事に書かれているので，ロシアが当てはまる。2022年２月にロシアが隣国のウクライナに侵攻を開始したため，世界の穀物供給が停滞する恐れが生じた。その後，国連とトルコの仲介により，ロシアは黒海を経由するウクライナ産穀物の安全な輸出について合意した。しかし，2023年７月にロシアが合意から離脱することを表明し，黒海経由での穀物の安全な輸出を停止した。　**う**　新聞記事に「アフリカ諸国などで食料不足や価格高騰につながる恐れがある」「東アフリカ諸国が深刻な打撃を受ける」とあるので，(東)アフリカが当てはまる。　(2)　食糧(食料)危機に向けて社会全体で準備できることとしては，ふだんから食料の備蓄を行うことや，自国の食料生産量を上げることなどが挙げられる。

理　科　＜第２回試験＞（社会と合わせて40分）＜満点：50点＞

解　答

1　**問１**　エ　**問２**　イ，ウ　**問３**　右側　**問４**　C　**問５**　イ　**2**　**問１**　エ　**問２**　むね　**問３**　ア，エ，オ　**問４**　イ，エ　**問５**　**A**　(例)　食物連鎖　**B**　6000

3　**問１**　(1)　百葉箱　(2)　白色　(3)　**方向**…北　**理由**…(例)　扉を開けたときに，日光が直接差し込まないようにするため。　(4)　イ，エ　**問２**　イ　**問３**　晴れ　**問４**　アメダス

解　説

1　**てこについての問題**

問１　てこにおいて，てこを支える点を支点，てこに力を加える点を力点，ものに力がはたらく点を作用点という。図１のＡはものに力がはたらく点なので作用点，Ｂははさみのてこを支えている点なので支点，Ｃははさみに力を加える点なので力点となる。

問２　てこに加える力が一定のとき，支点（Ｂ）から作用点（Ａ）までの距離が小さくなるほど，ものに加わる力は大きくなり，支点（Ｂ）から力点（Ｃ）までの距離が大きくなるほど，ものに加わる力は大きくなる。

問３　てこは，（てこを傾けるはたらき）＝（おもりの重さ）×（支点からの距離）が左右で等しくなったときにつり合う。支点からの距離をＥは１，Ｄは２，…のようにして，左右のてこを傾けるはたらきを求めると，左側は，40×４＋20×１＝180，右側は，50×４＝200となり，右側のほうが大きくなるため，シーソーは右側に傾く。

問４　開智くんが乗る前の左右のてこを傾けるはたらきを求めると，左側は，20×４＋50×２＝180，右側は，100×３＝300となる。よって，開智くんは左側に，てこを傾けるはたらきが，300－180＝120となるように乗ればよい。開智くんは40kgなので，支点からの距離が，120÷40＝３となる区間Ｃに乗ったときにシーソーはつり合う。

問５　それぞれのてこを傾けるはたらきを求める。アについて，左側は，40×１＋20×３＝100，右側は，50×３＝150より右側に傾く。イについて，左側は，40×２＋20×１＝100，右側は，50×２＝100よりつり合う。ウについて，左側は，40×４＋20×１＝180，右側は，50×５＝250より右側に傾く。エについて，左側は，40×５＝200，右側は，20×４＋50×１＝130より，左側に傾く。

２　昆虫のすみかやからだのつくり，生き物どうしのつながりについての問題

問１，問２　昆虫は，頭，むね，腹の３つの部分からできており，ふつうむねに６本の足と４枚の羽がついている。クモ類は，頭とむねが一緒になった頭胸部と腹の２つの部分からできており，むねに８本の足がついている。

問３　幼虫からさなぎをへて成虫になる育ち方を完全変態，幼虫から直接成虫になる育ち方を不完全変態という。クワガタムシ，チョウ，カブトムシは完全変態をする昆虫，トンボ，カマキリ，バッタは不完全変態をする昆虫である。

問４　一般に，モンシロチョウは食料となる植物の葉が増える春～夏は幼虫や成虫の姿で過ごし，植物の葉が減る秋～冬は何も食べなくてよいさなぎの姿で過ごす。成虫は飛び回り繁殖相手を見つけると，交尾をして，メスはアブラナ科の植物の葉のうらに卵をうみつける。なお，成虫の食料は花のみつであり，植物の葉ではない。

問５　**Ａ**　生き物における，食べる・食べられるという関係のつながりを食物連鎖という。　**Ｂ**　カエル20匹が１日に食べる昆虫の数は，20×10＝200（匹）なので，カエル20匹が30日間生きるのに必要な昆虫の数は，200×30＝6000（匹）となる。

３　気象観測についての問題

問１　⑴　気温や湿度などを測定するために，野外に設置されている図１のような装置を百葉箱という。　⑵　百葉箱は日光に当たっても内部の温度が上がらないように，日光を反射しやすい白色に塗られていることが多い。　⑶　扉を開けたときに百葉箱の中に日光が差し込むと，内部の温度が上がって気温などを正確に測定することができなくなってしまう。そのため，百葉箱の扉は日光が差し込まない北向きについている。　⑷　百葉箱は壁でおおわれているので，内部に風が入りにくく，風の速さを測定することはできない。また，屋根がついており雨などは入らないので，雨や雪の量も測定できない。

問２　地面のようすや温度の影響を受けないように，気温は地上から1.2〜1.5mの高さで測定すると決められている。

問３　空全体を10としたときに，雲が空を占める割合を雲量という。観測した日は空全体のおよそ70％が雲でおおわれているため，雲量は７となる。雨や雪が降っていない場合，雲量０〜１のときは快晴，２〜８のときは晴れ，９〜10のときはくもりなので，観測した日の天気は晴れとなる。

問４　日本各地に約1300か所設置されている，雨量などを自動的に測定し，集計と整理されるしくみをアメダスという。アメダスは地域気象観測システムともいい，雨量のほか風向・風速，気温，湿度，日照時間などを測定している。なお，雨量のみ測定しているところもある。

国　語　＜第２回試験＞（40分）＜満点：100点＞

解　答

一　**問１**　イ　　**問２**　感情をコントロールする力　　**問３**　（例）　感情反応では嘆くばかりで，物事を発展させようと前向きに進めることは難しいが，認知反応であれば，気持ちを切り替えて物事に積極的に取り組むことができて，レジリエンスを高めることにつながるから。　　**問４**　**X**　過保護な環境　　**Y**　（例）　自分に負荷をかけることで力がつき，ストレス耐性が高まるので，レジリエンスを高められる　　**問５**　（例）　無理をせずに頑張らなくても，結果につながったり目標を達成できたりするのはめったにないということ。　　**問６**　（例）　勉強などの目標を高くして自分自身を追い込み，うまくいかなくても認知反応を心がけて気持ちを切り替えながら，簡単に諦めずに挑戦を続けていく。　　二　**問１**　イ　　**問２**　黄色／オレンジ色／赤／茶色／ベージュ／むらさき色／ピンク色／緑　　**問３**　（例）　時がたつにつれて，ポアロの体調は悪くなっていくから。　　**問４**　（例）　ポアロの体調は悪くなる一方なのに，その表情は元気だったころのものと何ら変わりないように見えるから。　　**問５**　願っていることは，まったく同じだった　　**問６**　（例）　ポアロが弱っているのは悲しいけれど，クリスの言うように，動物は最後の瞬間まで生きようとするから，ポアロと一緒に過ごそうと思う。クリス，ありがとう。

三　**問１**　（主語，述語の順で）　(1)　エ，カ　　(2)　なし，カ　　**問２**　(1)　馬　　(2)　火　　**問３**　（例）　(1)　いらっしゃる　　(2)　うかがう　　**問４**　ア　　**問５**　下記を参照のこと。

●漢字の書き取り

三　**問５**　(1)　営　　(2)　宇宙　　(3)　故障　　(4)　貿易　　(5)　築　　(6)　奮発

解　説

一　**出典：榎本博明『勉強ができる子は何が違うのか』**。筆者は，逆境や困難に負けずに前向きに人生を切り開いていく，レジリエンスという力について説明している。

問１　同じ段落に，「レジリエンスとは，元々は物理学的には弾力，生態学的には復元力をさす」とあり，さらに，心理学的に「回復力」を意味すると説明されている。よって，空欄Ａには，この「回復力」を言いかえた語で，“元に戻る”という意味の「立ち直る」が入ると考えられる。

問２　“レジリエンスの高い人が身につけている性質”についての研究成果を，九つにまとめた直後の内容に着目する。「自己肯定感が高く，楽観的で未来を信頼し，忍耐強く」いられる人という，１～３番の項目にあたる性質に続いて，５～９番にあてはまらない「感情をうまくコントロールできる人」という性質が書かれている。これが空欄Ｂにあたる４番の項目と考えられるので，少し後にある「感情をコントロールする力」がぬき出せる。

問３　筆者は，この後の具体例に続いて，なぜ感情反応より認知反応の方が大切なのかということについてわかりやすく述べている。傍線部①の五つ後の「このように」で始まる段落に，「何かにつけて感情反応をする人は，嘆いたり動揺したりするばかりで，建設的な方向になかなか歩みだすことができない」のに対して，「認知反応をする人」は「気持ちを切り替えて，建設的な方向に歩み出すこと」ができ，そのことによってレジリエンスを高めることができると書かれているので，これらの部分をまとめるとよい。

問４　Ｘ，Ｙ　傍線部②の六つ後の段落に，「あえて厳しい環境に身を置く」と，「負荷をかけることで力がつき，ストレス耐性が高まる」ため，「レジリエンスを高める」ことができるとある。これに対して，家庭や学校で「厳しい状況に陥らないよう」に「過保護な環境」に置かれて育った人は，子どものころから守られて挫折を知らずにきたため，「レジリエンスが鍛えられていない」。だから，「思うような成果が出ないといった厳しい状況に耐えられず，心が折れてしまう」のである。

問５　直後で，筆者は，「勉強でも何でも，がむしゃらに取り組むことで，必要な能力が徐々に開発されていく」とし，「無理をしなければ」「潜在能力は開発され」ず，なかなかうまくいかないが，「負荷がかかるからこそ，潜在能力が引き出され」ると述べている。傍線部③の「それ」にあたるのは，「無理しなくていい」「頑張らなくていい」「こうすればラクできる」などという「安易なメッセージ」に従うことであり，そのようにしてしまうと，結果を出したり，目標を達成したりすることが難しくなると筆者は主張している。

問６　本文では，レジリエンスを高めるために大切なことが，二つに分けて説明されている。一つ目は「感情反応より認知反応をするように心がけること」であり，二つ目は「適度に自分を追い込むこと」である。この二つをふまえて，レジリエンスを高めるために，自分が今後どのような行動をしようと考えているのかをまとめる。

二　**出典：小手毬るい『鳥』。**アメリカに住む中学生の「わたし」は，野鳥保護のボランティア活動を通して命の重さを学んできた。自宅で飼っているポアロが少しずつ弱っていくのを見て，やりきれないほどの悲しみを感じるが，母と話し合い，ポアロが望むとおりにしようと心に決める。

問１　ポアロは，「しっぽ」のある動物で，「ホワン」と鳴いたり，「キューンという子犬みたいな声」を出したりしている。また，ボブが痛み止めを「ドッグフード」に混ぜて与えるように指示していることからも，ポアロは犬だとわかる。

問２　少し後に「森全体」の色として「赤，黄色，オレンジ色」「茶色，ベージュ，むらさき色，ピンク色」のほか，紅葉しない針葉樹の「緑」もあると書かれている。

問３　直後に「ポアロを見ていると，泣けてくる」，「神さまはなぜ，こんなにも純粋で，罪もない生き物を連れ去ろうとするのか」と書かれているので，「わたし」の悲しみの原因は，愛犬ポアロに死がせまっていることにあるとわかる。「ゆるやかな坂道をゆっくりとした足取りで下りていくよう」に悪くなっていたポアロの体調は，ある日を境にして「がくん，がくんと，階段を踏みはずしながら下っていくように悪化」してきた。つまり，季節が進み，紅葉が深まるにつれて，ポアロの具合も悪くなっているので，「わたし」の悲しみも深まっていると想像できる。

問４　少し前に「それがせつない。せつなくて，悲しい」という，傍線部③と似た表現がある。この部分の「それ」にあたるのは，ポアロの元気だったころと変わらない「愛くるしい表情」であり，その後に，「ポアロが苦しそうで，悲しそうな表情をしてくれていたら，こんなに悲しくないのかもしれない」と，「わたし」の心情が書かれている。具合が悪くなっているにもかかわらず，ポアロの顔は「元気だったころのまんまで，どこも変わり」はないように思え，けなげに返事をする姿に「わたし」は悲しみやせつなさをより強めたのである。

問５　ボブが提案した「安楽死」という選択について，ふたりだけで話し合った「わたしたち」は，ポアロに「幸せな最期」をむかえさせたいという思いで一致した。そして，ポアロを住み慣れた自宅で看取るため，家に「連れて帰ります」と母が言い切ったとき，「わたし」も「きっぱりした気持ち」になれた。「わたし」と母の「願っていること」が「まったく同じだった」ので，「わたし」は「以心伝心かもしれない」と思ったと考えられる。

問６　自宅にポアロを連れて帰るとちゅうで「わたし」は，動物は死を恐れず，「最後の瞬間まで，ただ生きようとするだけ」だから，「動物が死んでも，悲しむことはない」というクリスの言葉を思い出した。そして，その「記憶の底に沈んでいたことば」によって「わたし」ははげまされ，ポアロと最後の瞬間まで生きていこうという思いを強くしたと考えられる。このことから，クリスのどんな言葉にはげまされたのか，さらに，その言葉に対する「わたし」の感謝をまとめるとよい。

三　主語と述語，ことわざ・慣用句の完成，敬語の知識，文学作品の知識，漢字の書き取り

問１　(1)　文末の「おいしかった」が述語となり，その主体である「桃は」が主語となる。　(2)　文末の「寝なさい」が述語だが，その動作をする主語は書かれていない。

問２　(1)「馬の耳に念仏」は，ものの価値がわからないことのたとえで，同じ意味のことわざに「猫に小判」「豚に真珠」などがある。　(2)「爪に火をともす」は，爪をろうそくや油の代わりにして明かりをつけるほど貧しい，もしくは，けちであることをたとえていう慣用句。

問３　(1)「校長先生が」が主語なので，ふつうの言い方の「来る」を，尊敬語の「いらっしゃる」「みえる」「おいでになる」「おこしになる」などに直す。　(2)　話を聞く相手は目上の「中村先生」なので，聞き手の動作を謙譲語の「うかがう」などに直す。

問４　田山花袋は，主に明治・大正時代に活躍した小説家。代表作に『蒲団』『田舎教師』などがある。『山椒魚』は，井伏鱒二の小説。『坊っちゃん』は，夏目漱石の小説。『蜘蛛の糸』は，芥川龍之介の小説。

問５　(1)　音読みは「エイ」で，「営業」などの熟語がある。　(2)「宇宙飛行士」は，地球の大気圏外で宇宙船の操縦や実験などを行う人。　(3)　機械などの一部に異常が起こって正しく働かなくなること。　(4)　外国と商品の売買を行うこと。　(5)　音読みは「チク」で，「建築」などの熟語がある。　(6)　思い切りよく金銭を出すこと。

英語入試　出題の概要

◆「探究２試験」と「第２回試験」において，それぞれ「探究社会」または「社会・理科」に代えて「英語」で受験することができます。

Ⅰ　英語を聴く力に関する問題	①聞き取ったアルファベットの組み合わせを選ぶ問題
	②アルファベットを聞き取り順番に並べる問題
	③英文の内容を表したイラストを選ぶ問題
Ⅱ　英語の語彙に関する問題	①規則性の問題
	②英文が示す英単語を答える問題
Ⅲ　英語のルールに関する問題	英文法問題
Ⅳ　長い英語の文章に関する問題	英文の内容に関する読解問題
Ⅴ　英語で表現する問題	質問を読み考えを英語で説明する問題

2024年度

開智未来中学校 探究試験 出題例

出題例

※各試験問題から，それぞれ特徴的な設問を抜粋して掲載しております（解答用紙と解答は省略）。

計算基礎（一部抜粋）

問題番号の横に＊の付いている問題は２点の配点です。それ以外は全て各１点、
合計50点です。

(1)　$6158+3473$

(2)　$8951-5192$

(3)　$14913-6728$

(4)　$4713-2649+837$

(5)　153×147

(6)　$3\times9\times12\times15\times4\times8\times0\times12\times16$

(7)　0.25×0.72

(8)　$513\div19$

(9)　$55.25\div6.5$

（中略）

(27)*　$\frac{57}{20}\times\frac{28}{45}-\frac{3}{35}\times\frac{77}{15}$

(28)*　$3\frac{3}{4}-2\frac{2}{9}\div1\frac{2}{3}+\frac{5}{6}$

(29)*　$9\times\left(2\frac{1}{3}-1\frac{1}{2}\right)\div7\frac{1}{7}$

(30)*　$1.8\times\left(1\frac{1}{4}-\frac{5}{7}\right)+\frac{8}{9}\div\frac{56}{81}$

(31)*　$\left(2\frac{2}{3}+5\frac{1}{2}\right)\div\left(8\frac{1}{4}-7\frac{1}{3}\right)$

(32)*　$12\times\left(5.25-3\frac{1}{3}\right)-\frac{6}{5}\times\left(8\frac{1}{3}+2.5\right)$

(33)*　$\left(\frac{3}{8}-\frac{2}{7}\right)\times3\frac{11}{15}+\left(3\frac{1}{2}+1\frac{1}{4}\right)\div4\frac{3}{4}$

(34)*　$1.875\div3.75\times\left(\frac{2}{3}+\frac{2}{5}\right)-\left(0.2+\frac{1}{6}\right)$

(35)*　$3.6\times1\frac{2}{3}\div\left\{\frac{6}{7}+\left(7.2\times\frac{35}{36}-1\right)\div\frac{7}{6}\right\}$

読解基礎　（一部抜粋）

3　次のルールＡ～Ｃは開智未来中学校のあるクラスで３０人が行ったゲームの内容です。また、下の〈明智くんのノート〉はこのゲームの必勝法について生徒である明智くんが考えた内容です。次のルールＡ～Ｃとノートの内容をよく読み、あとの問いに答えなさい。

ルールＡ	１人に１枚配られた紙に、全員が０～１０の整数を必ず１つ書く。
ルールＢ	全員が書いた数の平均に０．７をかけてでる数をＸとする。
ルールＣ	Ｘと自分が書いた整数の差が最も小さい人が勝者となり、景品をもらえる。

〈明智くんのノート〉

先生の景品は「少しお高いアイス」らしい。これは負けられない。だから真剣に考えてみよう。

まずはルールの確認だ……なるほど、このルールに従ってクラスのみんなが論理的に考えるとするならば、①１０、９、８は書いても勝つ可能性があまりない数なのではないだろうか？なぜなら、ルールＡにしたがって一人ひとりが書くことができる最大の数は１０だからである。しかし、ここに、ルールＢを加えて考えると、クラスの全員が１０を書いたとしたら、Ｘは［あ］になる。つまり、ルールＡとルールＢの両方にあてはまるという条件で、Ｘとして考えられるもっとも大きい数は［あ］になる。

では、みんなが僕と同じように考えて、［あ］を書いたらどうなるだろう？勝負は引き分けだろうか？あれ、待てよ……みんなが［あ］を書いた場合、Ｘは４．９になる。となると、この場合、僕はもっとも勝そうな数である［い］を書けばいいのではないだろうか？では、［い］で勝てるのだろうか？みんなが僕と同じように考えて［い］を書いたら、Ｘは３．５になる。となると、４か3がもっとも勝てそうな数になる。

では、みんなが僕と同じように考えて、４を書いたらどうなるのだろう？Ｘは２．８になる。この場合、もっとも勝てそうな数は3になる。でも、みんなが僕と同じように考えて３を書いたら、Ｘは２．１だ。もっとも勝てそうな数は2になる。なんだか同じことがずっと繰り返されるような気がする……

では、みんなが僕と同じように考えて２を書いたらＸは１．４だ。このとき、もっとも勝てそうな数は1になる。みんなが僕と同じように考えて１を書いたらＸは０．７だ。この場合は……あれ？0よりも１のほうが近いことになる。ということは、このルールＡ～Ｃにのっとって考えると、もっとも勝てそうな数は1ということになるのだろうか？

けれど、もしみんなが僕と同じように１を書いた場合には、勝負は［う］になる。つまり、この問題は、ルールにしたがって考えると全員が勝者になるのではないだろうか。どうやら景品のアイスはみんなで分けることになりそうだ……

問３　空らん［う］に当てはまる言葉を、文中から抜き出して書きなさい。

問４　下線部①について、１０を書いて勝者となるのはどのような場合か答えなさい。

問５　冒頭で示したルールＢを次のように変更しました。このとき、参加した全員が明智くんと同じように考えるとすると、勝つためにはどんな整数を書いたらよいでしょうか。

全員が書いた数の平均に０．４をかけてでる数をＸとする。

英　語（一部抜粋）

1　英語を聴く力に関する問題です。

【B】

これから５つのアルファベットを続けて発音します。まず、発音された５つのアルファベットを、発音された順に小文字で書きなさい。さらに、その５つのアルファベットを、abc… のアルファベット順に並べかえて、小文字で書きなさい。No. 1 と No. 2 の２問を出題します。

【C】

これから No.1～No.4 まで、４つの英文を読みます。それぞれの英文の内容を最もよく表しているイラストを下の①～⑧から１つずつ選び、その番号を答えなさい。

5　英語で表現する問題です。

以下の質問について、あなたの考えとその理由を２つ英文で書きなさい。その際、用いた語数を数えて解答用紙に書き入れなさい。語数の目安は 25 語～35 語とします。

[質問]

Which do you like better, reading books or watching videos?

探究(社会)（一部抜粋）

問7. 発表原稿中の下線部⑧について、次の【図２】は、関東大震災後における上野公園の西郷隆盛像周辺のようすです。ここには無事に生きているかの安否確認の情報がはられ、多くの人々が家族の情報を探しているようすがわかります。もしあなたが現在の世の中で、外出先で大地震にあったならば、どのようにして家族に自分が無事であることを知らせますか。考えられる方法をできるだけ多く解答らんに書きなさい。

【図２】

問8. 発表原稿中の下線部⑨について、あなたならどのような「地震に関する発展プロジェクト」を立ち上げますか。ともみさんが強調する「行動」を踏まえたプロジェクトを企画し、解答らんにプロジェクトのテーマと内容を書きなさい。

探究(科学)（一部抜粋）

透明の袋の中に発光ダイオードと２種類のボタン電池が入っています。２種類のボタン電池は、単独のボタン電池１つと２つのボタン電池をテープではりつけたものです。発光ダイオードの丸い部分を頭、頭から出ている２本の線を足と呼び、折れ曲がっている方をA、もう一方をBとします。

以下の注意点を読み、発光ダイオードの光り方についての問いに答えなさい。

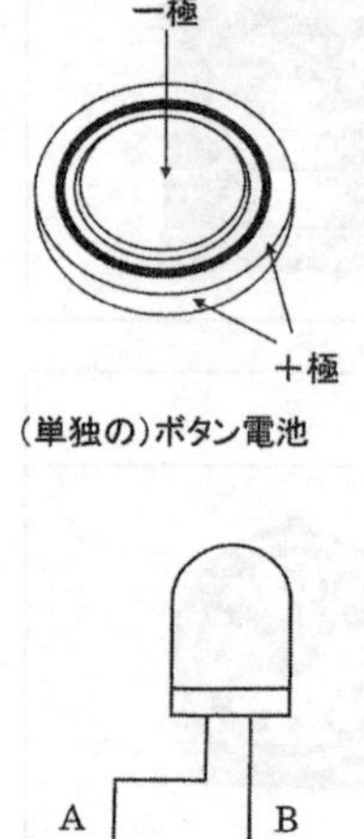

（単独の）ボタン電池

発光ダイオード

注意:

1. 発光ダイオードの光を長い時間見ないようにして下さい。
2. 光らせているときは、なるべく発光ダイオードの頭を下に向けて下さい。
3. 電池をくっつけているテープを取らないで下さい。

問１ 配布した電池と発光ダイオードの光る様子を観察し、光る組み合わせには○を、光らない組み合わせには×として表を用いて結果をまとめなさい。

問２ 問１を通して自分で考えた発光ダイオードの特徴を、文章で書きなさい。

2023年度 開智未来中学校

【算　数】〈T未来試験〉(40分)〈満点：100点〉

注　意　1．コンパス、分度器、その他の**定規類は使用しない**でください。
　　　　2．**円周率**が必要な場合、特に問題文に指示がない限り、**3.14**を用いること。

1　次の□にあてはまる数を答えなさい。

(1)　$1\frac{5}{8}-\frac{3}{4}\div(6-1.2\times4)=$□

(2)　$13\times\left(1\frac{3}{4}\times\square-\frac{1}{3}\right)-3\frac{17}{24}=3\frac{1}{3}$

(3)　5個の質問にそれぞれ「はい」か「いいえ」で答えるアンケートがあります。
このアンケートの答え方は全部で□通りあります。

(4)　下の図のように正方形のマス目が並んでいます。この図の中には正方形が全部
で□個あります。

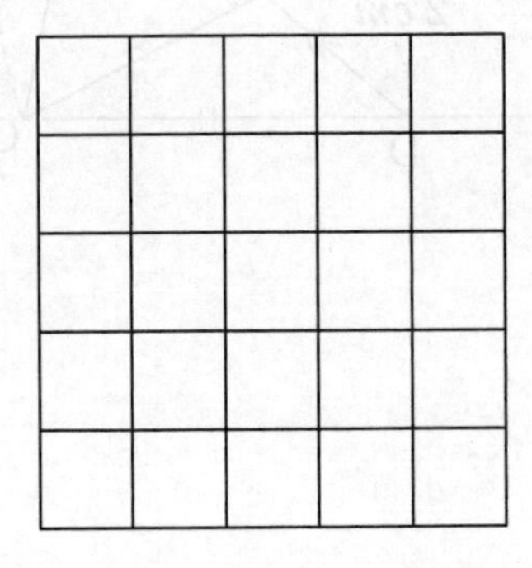

2 次の□にあてはまる数を答えなさい。

（1） 9時□分に家を出発して毎分60 m の速さで歩く太郎さんを、妹の花子さんが10時に家を出発して毎分80 m の速さで追いかけたところ、10時18分に追いつきました。

（2） 2時20分に時計の長針と短針が作る小さい方の角の大きさは□度です。

（3） 「か」、「た」、「た」、「た」、「き」（肩たたき）の5文字から3文字を選んで並べる方法は□通りです。

（4） 下の図で、BDとDCの長さは等しく、ABとEDは平行です。このとき、アの長さは□ cm です。

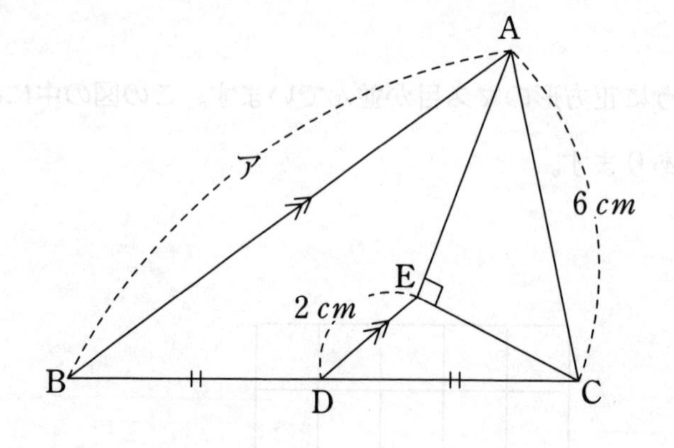

3 ある規則にしたがって次のように数が並んでいます。

$$\frac{5}{2}, \frac{5}{3}, \frac{9}{4}, \frac{9}{5}, \frac{13}{6}, \frac{13}{7}, \frac{17}{8}, \frac{17}{9}, \frac{21}{10}, \cdots\cdots$$

(1) 30番目の数は何ですか。

(2) 2との差が初めて $\frac{2}{247}$ より小さくなるのは何番目の数ですか。

4 下の図の三角形DBEは、三角形ABCを点Bを中心に回転させたものです。

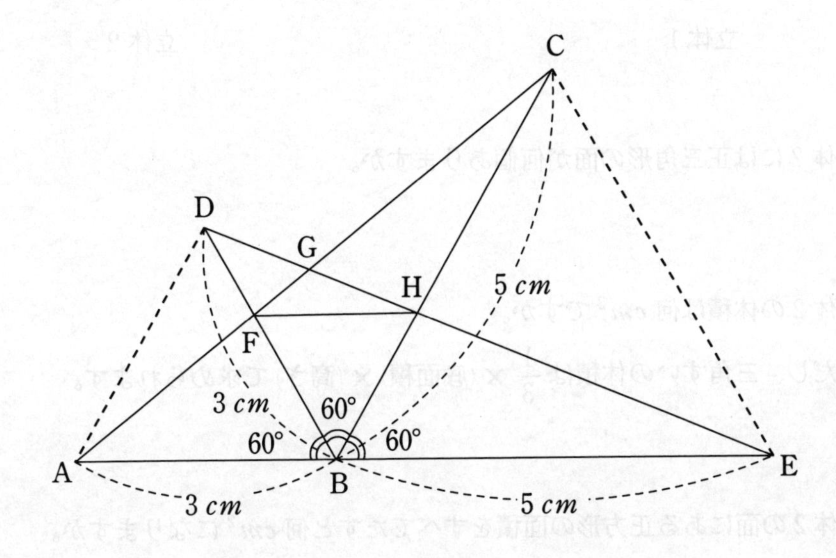

(1) CHの長さは何 *cm* ですか。

(2) FHの長さは何 *cm* ですか。

5 立体1は、1辺の長さが2 cm の立方体で、A～Lはそれぞれの辺の真ん中の点です。立体2は、立体1を三角形ABE、BCF、CDG、DAH、EIJ、FJK、GKL、HLIで切ったときにできる立体です。

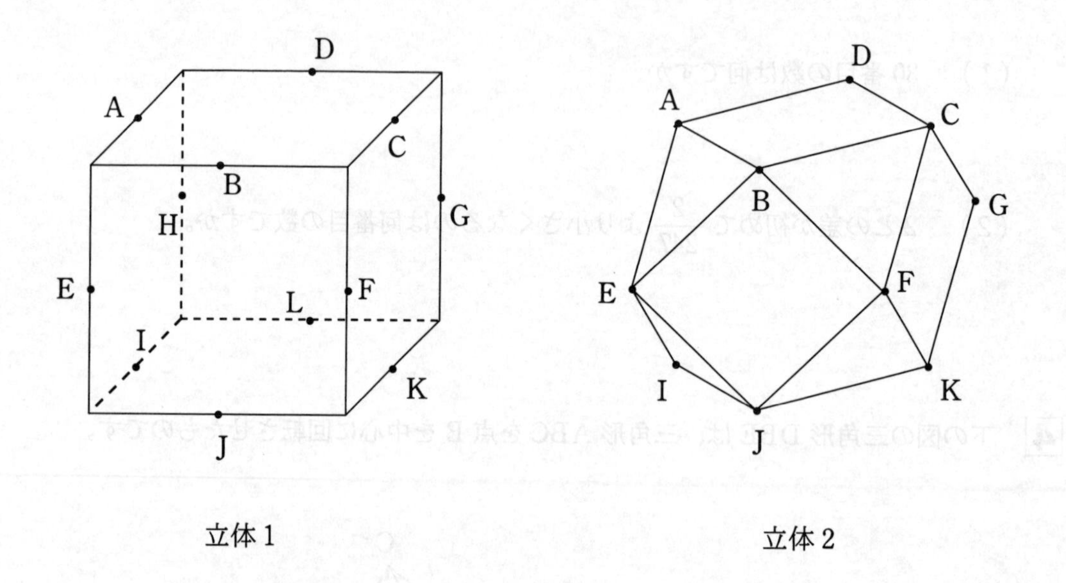

立体1　　　立体2

（1）　立体2には正三角形の面が何個ありますか。

（2）　立体2の体積は何 cm^3 ですか。

ただし、三角すいの体積は $\frac{1}{3}$ ×(底面積)×(高さ) で求められます。

（3）　立体2の面にある正方形の面積をすべてたすと何 cm^2 になりますか。

6 下の図のように、2つの点A、Bがスタート地点Sを同時に出発して、円の周りを矢印の方向に回り続けます。AとBが初めて重なった15分後にBは初めてSにもどり、その45分後にAとBは再び重なりました。

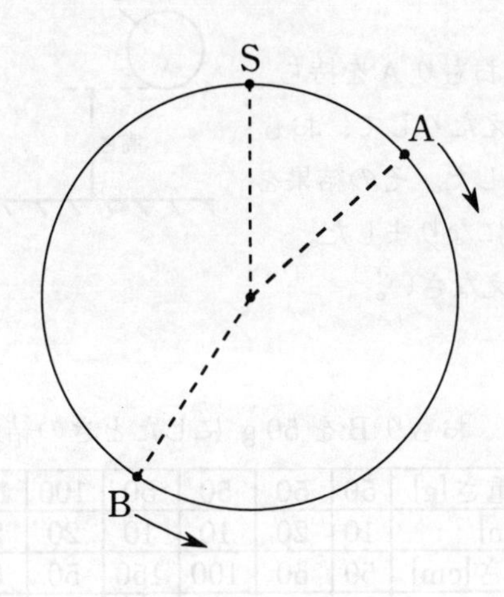

（1） AとBが初めて重なったのは、2つの点が出発してから何分後ですか。

（2） AとBの速さの比は何対何ですか。

（3） 三角形SABが初めて正三角形になるのは、2つの点が出発してから何分後ですか。

【理　科】〈T未来試験〉(40分)〈満点：100点〉

1 図1のように、ふりこのおもりAを糸がたるまないように持ち上げてから静かにはなし、最下点でおもりBにぶつける実験を、まさつのある水平面で行いました。

おもりAの重さを変えたり、おもりAを持ち上げる高さやふりこの長さを変えたりして、おもりBがすべるきょりを測定しました。その結果をまとめると、表1と表2のようになりました。この実験に関する後の問いに答えなさい。

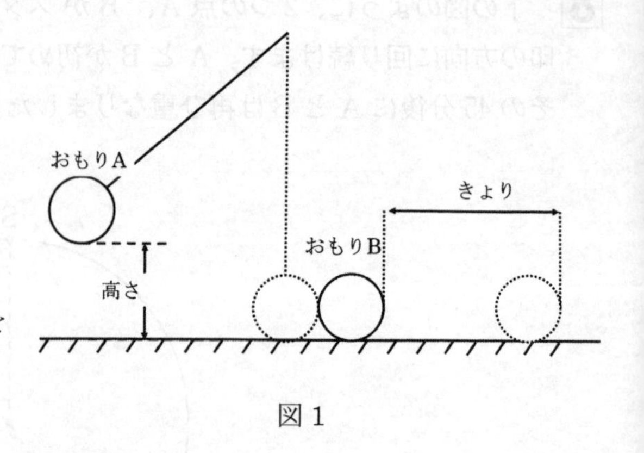

図1

表1　おもりBを50gにしたときの結果

おもりAの重さ[g]	50	50	50	50	100	150	50	100
高さ[cm]	10	20	10	10	20	20	30	30
ふりこの長さ[cm]	50	50	100	150	50	50	50	100
きょり[cm]	18	36	18	18	64	81	ア	イ

表2　ふりこの長さを50cm、高さを20cmにしたときのきょり

		おもりAの重さ		
		50g	100g	150g
おもりBの重さ	50g	36cm	64cm	81cm
	100g	16cm	36cm	52cm
	150g	9cm	23cm	36cm

問1　表1の結果より、きょりを長くするためにはどうすればよいですか。次のア～カの中から適当なものをすべて選び、記号で答えなさい。

ア　おもりAの重さを重くする。
イ　おもりAの重さを軽くする。
ウ　高さを高くする。
エ　高さを低くする。
オ　ふりこの長さを長くする。
カ　ふりこの長さを短くする。

問2　表1のア、イにあてはまる数値をそれぞれ答えなさい。

問3　50gのおもりAと150gのおもりBを用意し、ふりこの長さを100cmとして高さ50cmからおもりAを静かにはなしたときのきょりは何cmですか。数値で答えなさい。

問4　表3に書かれているものだけ、実験のときに準備できるとします。きょりを36 cmにするための【おもりAの重さ、おもりBの重さ、高さ、ふりこの長さ】の組み合わせは全部で何通りありますか。

表3　実験のために準備しているもの

おもりAの重さ[g]	おもりBの重さ[g]	高さ[cm]	ふりこの長さ[cm]
50	50	10	50
100	100	20	100
150	150	30	150

問5　おもりAとおもりBの組み合わせによっては、おもりAがおもりBとの衝突(しょうとつ)後にはね返ります。はね返った後に、おもりAが最高点に達した瞬間(しゅんかん)にひもをハサミで切ったとき、おもりAが動く方向はどの向きですか。図2のア～クの中から最も適当なものを選び、記号で答えなさい。

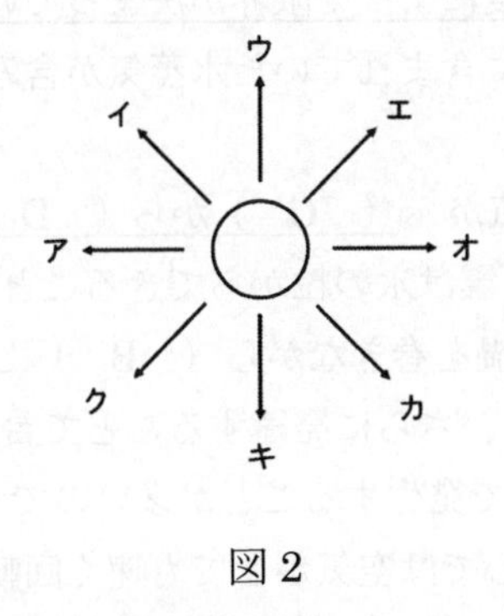

図2

2　次の文は、5月のある日の未来さんと開智先生の会話の一部です。以下の【会話文】を読み、後の問いに答えなさい。なお、同じ記号には同じ言葉が入るものとします。

【会話文】

未来さん：先月に台風が発生した際、「これまで4月に発生した中で最も大きい台風が上陸する」ということを聞きました。

開智先生：さまざまなニュースで台風について取り上げられていましたね。未来さんは、台風について何か知っていることはありますか？

未来さん：うーん。大雨が降るというイメージしかないです。

開智先生：台風について考えてみましょう。まず、熱帯付近の海上で発生する低気圧のことを「熱帯低気圧」と言います。「気圧」とは、簡単に言うと「空気が物体や空気などの何かを押(お)す力」です。「気圧」が周辺よりも低いところを「低気圧」、高いところを「高気圧」と呼びます。台風とは ①最大風速が 17.2 m /秒以上の「熱帯低気圧」のことです。

未来さん：なるほど。台風と呼ばれるためには基準があるのですね。

開智先生：その通り。ところで、「台風の目」というものを知っていますか？

未来さん：確か台風の中心だったと思います。台風なのに晴れている場所だったような…。あれ、雨が降るはずなのになぜ晴れるのかな？

開智先生：台風は、入道雲と呼ばれることもある(　A　)という雲が発達して「熱帯低気圧」になったものです。台風が発生する仕組みが分かったら、「台風の目」と呼ばれている場所が晴れている原因も分かるので、一緒(いっしょ)に考えていきましょう。

　まず、海水が温められて水蒸気になります。この水蒸気を含(ふく)む空気がある赤道付近には、北半球からの貿易風と南半球からの貿易風が衝突(しょうとつ)するように吹(ふ)いています。緯度(いど)30度付近にできる高気圧を「亜熱帯高圧帯(あねったいこうあつたい)」と言い、亜熱帯高圧帯から低緯度に吹く風を「貿易風」と言います。この貿易風同士の衝突は空気が（　B　）するきっかけとなり、（　B　）気流という空気の流れをつくります。ここで、山の頂上を想像してみてください。どのような様子が思い浮(う)かびますか？

未来さん：テレビで見た山の頂上は、寒くて雲があったと思います。

開智先生：そのイメージ通り、上空ほど気温は下がっていきます。②空気が含むことのできる水蒸気の量は、空気の温度によって限界が決まっていて、それは気温が低いほど小さくなります。もともと空気に含まれていた水蒸気が含みきれなくなったとき、水滴(すいてき)になって雲が発生します。

未来さん：なるほど。雲は水蒸気が ③（　C　）から（　D　）へと状態変化してできるのですね。

開智先生：その通り。ちなみに、雲は氷の粒(つぶ)からできることもあります。先ほど出てきた（　B　）気流は反時計回りに渦(うず)を巻きながら（　B　）していき、雲ができます。そして、この雲が(　A　)をつくり、さらに発達することで台風（熱帯低気圧）が発生するのです。

未来さん：だから台風は海の上で発生することが多いのですね。

開智先生：そうです。台風の中心では空気がとても速く回転していて、外側に引っ張られる遠心力が働きます。この遠心力によって雲が外にはじかれてしまい、「台風の目」ができるのです。

未来さん：なるほど！

開智先生：ちなみに、台風の進行方向は風の影響(えいきょう)を受けています。亜熱帯高圧帯から緯度60度までの高緯度に向かって吹く風によって、④日本付近の台風の進行方向が決まるのです。

「風向」とは「風が吹いてくる向き」のことで、貿易風の風向は北半球では北東、南半球では南東です。この南北の貿易風が集まるところを「熱帯収束帯」と言い、先ほど説明した台風が発生する場所となります。風は地球の自転や地軸(ちじく)が傾(かたむ)いていることなどの多くのことが関係して起こる現象で、台風と密接な関係があるのです。

未来さん：いろいろなことがつながって自然現象が起こっているのですね。

問１　下線部①について、熱帯低気圧が発生したある日、午前８時50分から午前９時00分までの10分間に空気が1740 m 移動したことが観測されました。この結果から解答欄(かいとうらん)に合うように風速を求めなさい。なお、数値は小数第１位まで答えなさい。

問２　（　Ａ　）～（　Ｄ　）にあてはまる適切な語句を、次のア～サの中からそれぞれ１つずつ選び、記号で答えなさい。

ア　液体　　イ　層雲　　ウ　上昇　　エ　積乱雲
オ　小さい　カ　巻積雲　キ　固体　　ク　大きい
ケ　乱層雲　コ　下降　　サ　気体

問３　下線部②について、空気１ m^3 が含むことのできる水蒸気量を飽和水蒸気量と言います。飽和水蒸気量は気温によって決まっており、下の表のような関係があります。この表を参考にして以下の問いに答えなさい。

表　それぞれの気温に対する飽和水蒸気量

気温 [℃]	飽和水蒸気量 [g/m³]
−3	3.9
−2	4.2
−1	4.5
0	4.8
1	5.2
2	5.6
3	5.9

気温 [℃]	飽和水蒸気量 [g/m³]
4	6.4
5	6.8
6	7.3
7	7.8
8	8.3
9	8.8
10	9.4

気温 [℃]	飽和水蒸気量 [g/m³]
11	10.0
12	10.7
13	11.4
14	12.1
15	12.8
16	13.6
17	14.5

(1)　気温 17 ℃で１ m^3 の空気中に 13.8 g の水蒸気を含む空気があります。この空気の気温が７℃まで下がった場合、１ m^3 あたり何 g の水蒸気が空気中に含みきれなくなりますか。

(2)　今、気温 25 ℃で 15 m^3 の空気中に 230 g の水蒸気が含まれています。この空気の気温が −1 ℃まで下がった場合、１ m^3 あたり何 g の水蒸気が空気中に含みきれなくなりますか。
答えは小数第２位を四捨五入して、小数第１位まで求めなさい。

問４　下線部③と同じ現象を次のア～オの中からすべて選び、記号で答えなさい。
ア　冬の朝、霜が降りて庭が白くなっていた。
イ　寒い日に外に出ると霧ができていた。
ウ　水を入れたペットボトルを冷凍庫に入れると凍った。
エ　濡れたタオルを干すと、タオルが乾く。
オ　氷水を入れたコップを置いていたら、水滴がついていた。

問５　下線部④について、7～10月頃の日本付近に発生する台風は、はじめ北西の方向に進んだあと、東向きに進路を変えることが多いです。この原因となる風の名称を答えなさい。

問６　以下の図は、地球と地上の風を表しています。矢印の方向は風の吹く向きを表しています。
地上に吹く風の向きとして適切なものを次のア～エの中から１つ選び、記号で答えなさい。

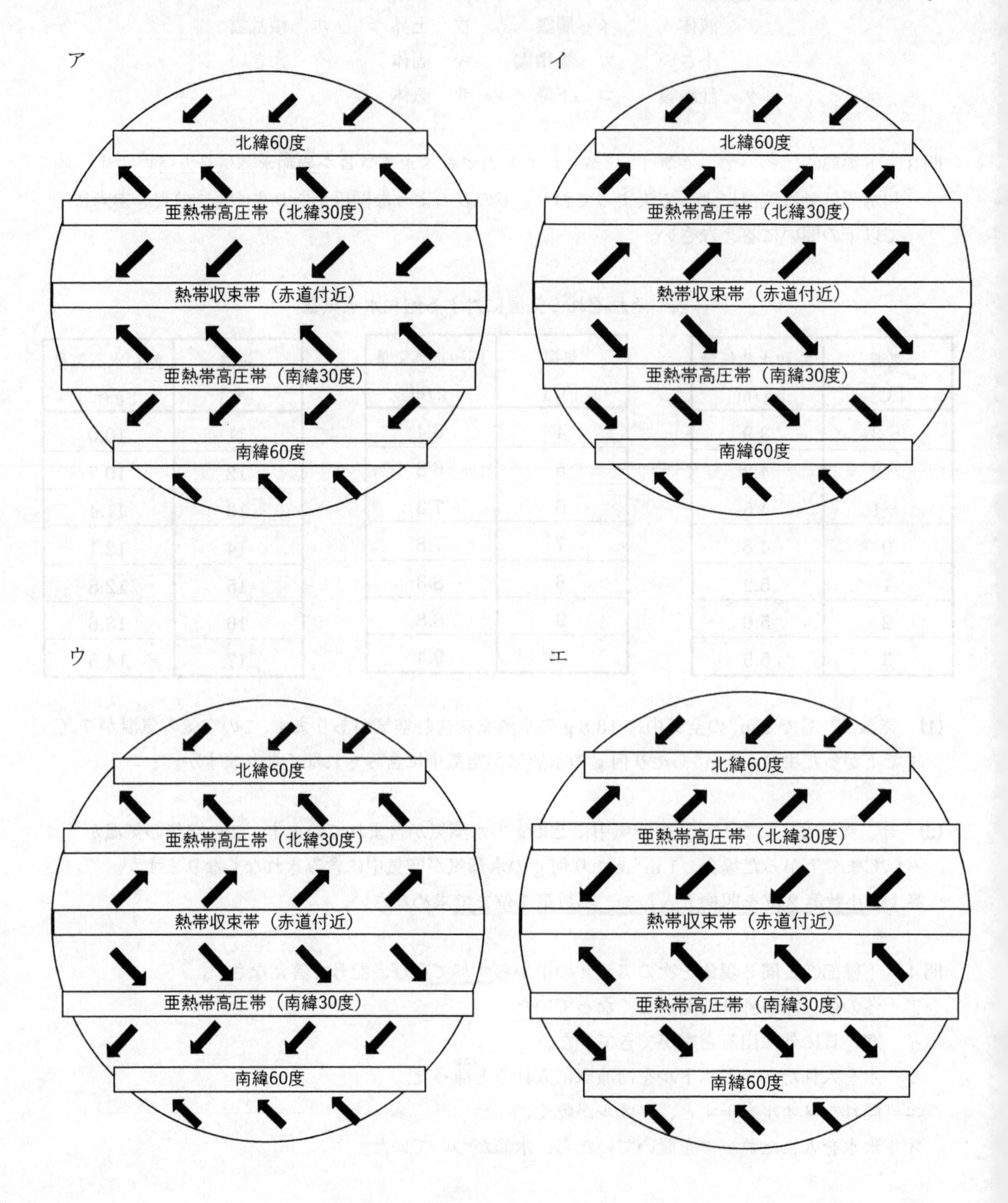

3 あるこさの水酸化ナトリウム水溶液(すいようえき)と塩酸があります。水酸化ナトリウム水溶液 50 cm^3 に異なる体積の塩酸を加えて、A 液〜D 液をつくりました。そして、それぞれの液を加熱して液体を完全に蒸発させたところ、下の表に示された重さの固体が残っていました。このうち、A 液と B 液の固体には、水酸化ナトリウムと食塩が混ざっています。また、それぞれの液に BTB 溶液を加えたところ、C 液だけが中性であることが分かりました。この実験に関する後の問いに答えなさい。

	A 液	B 液	C 液	D 液
水酸化ナトリウム水溶液	50 cm^3	50 cm^3	50 cm^3	50 cm^3
塩酸	10 cm^3	20 cm^3	30 cm^3	40 cm^3
固体	9 g	10.5 g	12 g	(ア) g

問１　A 液に BTB 溶液を加えたら、何色になりますか。

問２　水酸化ナトリウム水溶液 25 cm^3 に塩酸 5 cm^3 を加えて加熱したら何 g の固体が残りますか。

問３　A 液を蒸発させて残った固体 9 g に塩酸を 20 cm^3 加えました。その後に再び加熱したら何 g の固体が残りますか。

問４　D 液を加熱したら何 g の固体が残りますか。上の表の（　ア　）にあてはまる数値を答えなさい。

問５　B 液を蒸発させて残った固体 10.5 g のうち、水酸化ナトリウムは何 g 含まれていますか。

C 液の水をすべて蒸発させると、蒸発した水の重さが全部で 76 g でした。これを用いて、C 液に関する後の問いに答えなさい。

問６　C 液のこさは何％ですか。<u>小数第１位を四捨五入して整数値</u>で答えなさい。

問７　C 液を 70 ℃に加熱して水を蒸発させました。このとき食塩が溶(と)けきれずに、水溶液の底やまわりに食塩の固体ができ始めるのは水が何 g 蒸発したときですか。ただし、食塩は 70 ℃で 100 g の水に対して 37.5 g まで溶けるものとします。

問８　20 ％の食塩水を 55 g つくり、これを C 液に加えました。この水溶液を 70 ℃に加熱すると、あと何 g の食塩が溶けますか。ただし、この問題に限り水の蒸発は考えないものとします。

問三　次の文を読み、傍線部を正しい尊敬語または謙譲語に直しなさい。
ただし「〜れる・〜られる」という形は用いないこと。

(1)　社長にパソコンの使い方を教えてやる。
(2)　もうすぐこちらへ木村先生が参る。

問四　「石川啄木」の作品を、次のア〜エの中から選び、記号で答えなさい。

ア　春と修羅　　イ　一握の砂　　ウ　奥の細道　　エ　サラダ記念日

問五　次の各文の傍線部を漢字に直しなさい。

(1)　彼は社長のフクシンの部下だ。
(2)　買い物には大型バッグがチョウホウする。
(3)　ハカクの値段で宝石を買った。
(4)　タイシャク関係をはっきりさせる。
(5)　大学に医学部をソウセツする。
(6)　科学の発展にコウセキをあげる。

問五　傍線部④「やだっ、涼万。間違えて制服着てるよ！」とありますが、「母親」がこのように言ったのはなぜですか。理由を説明しなさい。

問六　傍線部⑤「涼万は軽く頭を振ると、後ろ髪を引かれる思いを振り切って、昇降口に向かって一歩を踏み出した」とありますが、この行動には「涼万」の思いが表れていると考えられます。その思いを、「涼万」が自分に語りかける形で、七十字以内で答えなさい。

三　次の各問いに答えなさい。

問一　次の各文（文節で区切ってある）の主語と述語を記号で答えなさい。文中になければ「なし」と答えなさい。

(1) ア やさしいなあ　イ おばあさんに　ウ 座席を　エ ゆずった　オ 田中くんは。

(2) ア 幼かった　イ 頃は　ウ 他人を　エ 思いやる　オ 余裕さえ　カ 無かった。

問二　下の意味を読み、□にあてはまる最もふさわしい言葉を、漢字一字で答えなさい。

(1) □いらず　（意味）内輪の親しい者ばかりで、中に他人を交えないこと

(2) 角をためて□を殺す　（意味）少しの欠点を直そうとして、かえって物事全体をだめにしてしまう

でも、岳みたいに熱くなれない。

ドリブルの音が、気づけば耳から遠のいていた。涼万は軽く頭を振ると、後ろ髪を引かれる思いを振り切って、昇降口に向かって一歩を踏み出した。⑤

（佐藤いつ子『ソノリティ　はじまりのうた』による）

（問題作成のために、本文を一部省略・改変したところがあります）

問一　五組の合唱の指揮者と伴奏者の名前を答えなさい。

問二　傍線部①「手のひらを返したような晴美の態度」とありますが、これはどういうことですか。それを説明した次の文の空欄［ア］、［イ］に入る言葉を本文から抜き出しなさい。

> それまでは、［ア］のに、［イ］ということ。

問三　傍線部②「今日の涼万は違った」とありますが、これはどういうことですか。それを説明した次の文の空欄［ウ］、［エ］に入る言葉を考えて答えなさい。

> これまでは、［ウ］だが、［エ］ということ。

問四　傍線部③「涼万は顔を上げられなかった」とありますが、それはなぜですか。理由を説明しなさい。

が聞こえてきた。ドリブルしているのは岳に違いない。涼万は足を止めた。
岳は朝練の集合時間よりも早く来て、よく先にひとりで練習している。一年生は朝練といっても、ボール拾いや声出しが中心で、なかなかメインの練習には加われない。
小学生のときからミニバスケットのクラブに入っていた岳はそれが不満らしく、もっとうまくなって一年でもまともな練習に加われるように、早くレギュラーの座を奪いたい、と涼万に豪語していた。
ダン、ダン、ダン、ダン……。
床を打つドリブルの音は背骨にずんと響く。ドリブルの音が離れていって最後に消えると、シュポッというボールが網をすり抜ける音がした。胸のすく音だ。
ナイッシュー。
涼万は心の中でつぶやいた。
最初はデッカいことを言うやつだと思ったけど、岳のバスケに対する熱は半端ない。
岳だったら、本当に一年生のあいだに、レギュラー取れるかも知れないな。
ん？……俺は、どうなんだ？　自分も同じバスケ部員なのに、ひとごとみたいに岳に感心している俺ってどうなんだ？
バスケは好きだ。でも岳ほどではない。これは確かだ。ただでさえ朝早く起きるのが苦手なのに、集合前に練習しようなんて発想は、さらさらない。
スポーツが得意だから、中学に入ったら運動系の部活に入ろうと決めていた。バスケ部に入ったのは、サッカーや野球は小学生からやっていたやつにかなわないと思ったし、陸上はただ走っているだけで地味だし、くらいの感じだった。
バスケは初心者が多い。なんでも器用にこなす涼万は、最初から経験者と間違われるほど、それなりにうまかった。

まだパジャマ姿の母親が、閉まりかけた玄関の扉を手で押さえて慌てて叫んだ。
「いや、だいじょうぶ」
涼万は走りながら、少しだけ振り返って答えた。いつも部活の朝練がある日は、朝からトレーニングウェアを着て出かける。
母親は、まだ寝ぼけていた涼万がうっかり制服を着て出かけてしまったと、勘違いしたようだ。
ゆうべから涼万の心は、明日の朝は合唱コンの練習に行くと決めていた。だから、岳の執拗なメッセージも、既読をつけると面倒だから、未読状態のままスルーした。
スマホのロック画面には、何度も岳からの通知が流れた。
——明日の朝練、部活行くっしょ
——おーい
——帰り、キンタに会えた？
——おーい
——もう寝た？
涼万はため息をついて、スマホを裏返した。
そっか、疲れて寝たことにすればいいんだ。だから気づかなかったってことで。
心の中で岳への言い訳を考えながら、「明日は合唱コンの練習に行く」ってはっきり断れずにいる自分にイラついた。
言い訳考えてホッとしている自分、ちっちぇー。
くそっ。
学校に着くと、昇降口に向かう途中の体育館から、単独でバスケットボールをドリブルする音

「あぁ、キンタね。そんなのシカトしちゃえばいいじゃん。岳たちは部活の朝練に来いよ」
「そっか、それもありだな。涼万、どうする？」
岳の声がにわかに弾んだ。
「いや、キンタ怒らす方がめんどい気がすっけど」
涼万は間髪いれずに、さらりとかわした。
「それな。でも俺、バスケのためなら早起き出来るけど、合唱コンの練習のために早起き出来る自信ないわー」
岳が言うと、まわりのみんなも同調するように笑った。
「やっぱ部活に行こっと。涼万もそうするべ。なっ」
「う、うん」
岳のいかつくて鋭い目が迫ってきて、ついうなずいてしまった。岳の目力にはいつも圧倒される。
「俺たち、合唱なんてガラじゃないしー。やっぱ部活に行くわ」
強引な岳に反発を感じながらも、涼万ははっきり断れない自分に対して、もっとイラついた。部活に行きたいなら、お前ひとりで行けばいいじゃん。いちいち俺を巻き込むな。心の中では鮮明な言葉になっているのに、ひとことも口に出せない自分がもどかしい。情けない。
岳とつるんでいることで、目立つ存在でいられる。それは恩恵かも知れないが、こんな風にいっしょの行動を強要されると、うっとうしい。
④翌朝、涼万はバナナを半分だけかじると、十秒で歯を磨いて家を飛び出した。
「やだっ、涼万。間違えて制服着てるよ！」

また混声パートに戻っても、ほとんどの女子も涼万の方を向いてしまい、女子の声もしまりがなくなった。

それでも、音心の伴奏は何事もなかったかのように流れ続け、おそらく早紀も指揮棒を振っているのだろう。

苦しすぎて、涼万の目から涙が出た。ハンカチで口もとを押さえようとズボンのポケットをまさぐったが、どうやらハンカチも忘れてきたらしい。

とうとう誰も歌わなくなった。音心の伴奏がすごく中途半端なところでプツッと途切れた。早紀の指揮棒も宙で止まってしまったのだろうか。

③涼万は顔を上げられなかった。

「だりぃよな。朝練なんてマジめんどい」

部活が終わって一年部員がそろって部室を出ると、岳が舌打ちした。

「お、おう」

涼万はあいまいに相づちをうった。目を合わせなくてすむように、首に巻いたスポーツタオルで顔をぬぐう。ぬぐってもぬぐっても、汗はじわじわとしみ出てくる。

「部活の朝練もめんどくなっちゃったの?」

バスケに関してだけは積極的な岳のセリフに、他の部員が意外そうな顔をして首をつっこんできた。

「ちげぇよ。明日からうちのクラス、合唱コンの朝練やるんだってよ」

「へぇ〜。五組気合い入ってきたね。まさか優勝狙ってんの?」

「あいつが急に張り切り出してよぉ」

岳は、少し前を歩いていく女子バスケの集団に向かって、あごをしゃくった。

誰もまともに歌わなかったら、早紀が気の毒に思えて仕方がない。これから始まる好ましくないことに身構えるように、早紀のくちびるが結ばれた。

今日はちゃんと歌ってみようかな……。

急にそんな気になった。自分がらしくないことをしようとしているのは分かっていた。でも、前のめりになって体全体で指揮をする早紀の姿を見ると、真面目に歌いたい、歌ってあげたいという衝動が突き上げてきた。

男声パートの入りぎわ、涼万はすっと息を吸い込んだ。が、その息が喉を刺激したのか、むせそうになった。息を止めて、必死で咳を押し戻す。

――迷いながら躓き(つまず)ながら

とても二十人の声とは思えない貧弱な男声パートが始まった。

涼万の咳は、出してはいけないと思えば思うほど、余計に耐えがたいほど喉を刺激した。喉もとを両手で押さえ、目をギュッと閉じる。かろうじてこらえた。顔が真っ赤になった。

となりの男子生徒やそのとなりにいた岳までも、涼万の方をちらちら見だした。涼万がうすめを開けて早紀を見ると、心配そうな早紀の瞳とかちりと合った。

そのとたん、火山が噴火したみたいに、咳が爆発した。いったん噴出してしまった咳は、とどまるところを知らなかった。慌てて腕で口もとを押さえた。腰は折れ、顔はますます真っ赤になった。咳は教室中に響き渡った。

男子たちは歌うのを止めてしまった。となりの男子が背中をさすってくれた。岳が、

「おい、大丈夫かよ」

と、声をかけた。涼万は俺のことはほっといてくれと言わんばかりに、震える片手を上げた。

すでに授業時間は半ばを過ぎていたが、やっと合唱隊形に並んだ。涼万は一番後ろの列の真ん中あたりの位置だ。

「では、『ソノリティ』いきます」

早紀が指揮棒をサッと頭上に持っていった。肩まで伸びたまっすぐな黒髪が少し揺れた。それを合図にみんなが同時に、足を肩幅くらいに開いた。早紀の瞳の奥に輝きがともった。

早紀は目線を伴奏者の音心(そうる)に移すと、小さく指揮棒を振り出した。音心の前奏が滑るように始まった。

早紀は今度はみんなの方に向き直り、大きく指揮棒を右上に振り上げた。華奢(きゃしゃ)な体にエネルギーが流れ出した。歌が始まる。

――はじめはひとり孤独だった

出だしは、ソプラノもアルトも男声もいっせいに同じ強さで入るのだが、いつものことながら男声はほとんど出ていなかった。

ソプラノは人数が多いし、アルトには声の大きい晴美がいる。そのおかげで、女子はそれなりに形になっているのだが、男子はつぶやくような声しか出さない。

それでも早紀の指揮棒は、なめらかに宙を切り続けた。指揮棒は早紀の指先と一体になって、その先っぽから目に見えないベクトルみたいなものが放たれているようだった。

やがて早紀の目に不安の色が浮かんだ。あと少しで男声パートだけのメロディーが始まる。そこがいつも一番悲惨だった。ソプラノやアルトの歌声がなくなれば、男声だけではほとんど歌詞も聴き取れないようなみじめな音量だった。

ふだんはそんなことまったく気にしていなかったのに、②今日の涼万は違った。このまま男子が

二

次の文章を読んであとの問いに答えなさい。

「涼万(りょうま)、風邪か？」

岳が涼万をうかがうようにのぞいた。

「い、いや。だいじょぶ」

咳(せき)の合間に、切れ切れに言葉をつないだ。少し風邪気味かも知れないが、それだけじゃない感じだ。

最近ずっと、喉(のど)の調子がおかしい。もうすっかり低音が定着している岳に聞いてみたいような気もしたが、なんだか照れくさくて聞けない。

これが、「声変わり」の前兆なのだろうか。

「ねぇねぇ、合唱の練習しようよ」

今までだべっていた女子たちが急にやる気になった。

「男子たち、並んでー。岳も涼万も、早くっ！」

クラスの仕切り役、女子バスケ部の金田晴美が張り切りだした。

「キンタ、うっせ～」

岳が間髪いれずに返した。晴美はキンタと呼ばれている。

「はぁ？　時間ないんだから急いでよ」

①手のひらを返したような晴美の態度に、岳は涼万の方を向いて、

「涼万、マジだるくね？　どっかばっくれる？」

冗談とも本気とも取れない口調で言った。涼万が答えの代わりに微妙な笑みを浮かべると、岳は体を揺らし、気だるさを精一杯アピールして教室の前に向かって歩き始めた。

涼万は岳のあとにだらだらと続いた。ふたりの様子につられるように、他のクラスメイトたちもようやく前に集まった。

（注1）対照実験……一定の因子の作用を明らかにするために、その因子を取り除きそれ以外は全く同一条件下で実験を行うことで、両者の結果を比較検討すること。
（注2）不可逆性……一度変化したものが、再び元の状態に逆戻りできない性質。

問一　空欄［A］に入る言葉として最も適当なものを、次のア～エの中から選び、記号で答えなさい。
ア　その薬を投与された患者たちの快復具合と同じであれば
イ　その薬を投与された患者たちの快復具合と同じであったとしても
ウ　その薬を投与された患者たちの快復具合より高ければ
エ　その薬を投与された患者たちの快復具合より低ければ

問二　空欄［B］に入る言葉を本文から抜き出しなさい。

問三　傍線部①「右の見方」とありますが、どのような見方ですか。説明しなさい。

問四　傍線部②「それら」とありますが、どういうことですか。説明しなさい。

問五　空欄［C］に入る言葉を考えて答えなさい。

問六　空欄［X］には、「中国語の部屋」の「思考実験2」から導かれる結論が入ります。あなたなら空欄［X］にどのような言葉を入れますか。答えなさい。

してみましょう。

【中国語の部屋の思考実験２】

部屋の中の人が部屋から出て中国料理店のウェイターになるとしよう。その人は最初は何が何だかわからないだろう。しかし、中国料理店の中で中国語を話す人々のやり取りを通して、たとえばある記号が常にチャーハンの注文と結びついていて、別の記号がフカヒレの水餃子の注文と結びついている、といったことがわかるようになるだろう。

このようなことが、それらの記号が何を意味するかを理解することの始まりであり、このようなことを経験しない限りは、いかに適切に記号を変換処理することができるとしても、それらの記号を使って考えることはできないのではないでしょうか。もしそう言えるのだとすれば、以上の思考実験が示しているのは、「考えること」や「理解すること」には、たんに脳の中で情報が処理されるだけでなく、

X

が必要だということではないでしょうか。

はたして、以上の議論は正しいと結論づけることはできるでしょうか。残念ながら、これまでと同様にその判定を下すにはまだ議論が十分ではないでしょう。しかし、現実だけを見つめていても、哲学の問いに答えを出すことはできないということは理解してもらえたでしょうか。思考実験は、哲学が現実からすこし身を引きはがして、本質を探し出すための重要な道具立てなのです。

（金杉武司『哲学するってどんなこと？』による）

（問題作成のために、本文を一部省略・改変したところがあります）

れば、部屋の中にいる人は中国語の意味を理解していないからです。その人は、それらの記号が何を意味するのかをまったく知らず、ただ記号の形式（しるしの形）に従って規則どおりに記号を変換処理しているだけだというのがその理由です。

そして、部屋の中の人が行っていることは、コンピュータの情報処理の仕組みに等しいと言うことができます。コンピュータは「０」と「１」の記号列という入力に対して、プログラムに従って操作を加えて、最終的に同じく「０」と「１」の記号列を出力します。そしてプログラムとは、「０」と「１」の記号列という記号のさまざまな形式に対してどのような操作を加えて、それをどのような「０」と「１」の記号列に変換するかを示す規則に他なりません。つまり、コンピュータも、記号の形式に従って規則どおりに記号を変換処理しているだけだという点では同じだということです。

もちろん、部屋の中の人はまだ記号の変換の仕方をマスターしたとは言えませんので、この人自身をコンピュータの情報処理になぞらえるのは適切ではありません。それゆえ、この限りでは、仮に部屋の中の人が中国語の意味を理解していないという右の議論が正しいとしても、コンピュータの情報処理だけでは「考えること」や「理解すること」にとって不十分だという結論を下すことはできません。

そこでさらに、部屋の中の人が規則とデータをすべて記憶したとしましょう。この人は、部屋の中で規則とデータを頼りにやっていたことを部屋の外で自力でできるようになりました。つまり、この人は、コンピュータ上で動く会話プログラムと同じになったのです。しかし、右の議論によれば、この人は依然として中国語の意味を理解しているとは言えません。この人は、依然として記号の形式に従って規則どおりに記号を変換処理しているだけだからです。これは、コンピュータの情報処理やそれと類比的な脳の神経細胞ネットワークの中での情報処理だけでは、「考えること」や「理解すること」には不十分であるということを意味するのではないでしょうか。

では、他に何が必要なのでしょうか。それを確かめるために、さらにつぎのような思考実験を

当ててじっとしていたり、あるいはおおげさに身振り手振りしたりしているかもしれません。しかし、①右の見方が正しいとすれば、②それらは「考えること」や「理解すること」にたまたま伴っているだけのものであり、脳の神経細胞ネットワークの中で電気信号が適切に行き交うということさえ生じれば、「考えること」や「理解すること」が生じることになる、というわけです。

しかし、この見方が正しいかどうかを現実に確かめることはできません。脳の神経細胞ネットワークにおける情報処理だけを身体から切り離すことは現実にはできないからです。そこで、その正しさを確かめるために考え出されたのが、以下に示す「中国語の部屋」の思考実験です。

つぎのような思考実験をしてみましょう。

【中国語の部屋の思考実験１】

自分が二つの窓（I窓とO窓）をもつ部屋の中にいると想像しよう。I窓からは複雑なしるしが書かれた紙が入ってくる。部屋の中には日本語で書かれた大きな本があり、その中には、「I窓から、これこれのしるしが書かれた紙を受け取ったらいつでも、それに対してこれこれの操作を加えてでき上がるしるしが書かれた紙を、O窓から出せ」という形式の命令が書かれている。部屋の内部には色々なしるしが書かれた大量の紙もある。このしるしが、じつは中国語の文字だとしよう。つまり、I窓から入ってくるしるしは中国語で書かれた「問い」であり、O窓から出ていくしるしは、それに対する中国語の適切な「答え」になっているのである。

中国語の話し手が部屋の外側から見れば、自分は部屋の中にいる人と会話をしていると思うかもしれません。しかし、部屋の中にいる人はその中国語の話し手と会話をしていると言えるでしょうか。

この思考実験に基づくある議論によれば、［　C　］。なぜなら、その議論によ

確かめるしかありません。つまり、そのようなことが原理的に可能かどうかを、頭の中で実験してみるということです。もちろん、頭の中だからと言って、何でも考える(想像する)ことができるわけではありません。論理に反するようなことは考えることもできませんし、また科学的知識を含めて、私たちがすでに手に入れているさまざまな知識に反するようなことを安易に考えることも認められません。しかし、実験室で実験することができない以上、科学とは異なり、哲学では頭の中で実験するしかないのです。それゆえ、この種の実験は「思考実験」と呼ばれます。

このように、思考実験は、ものごとの本質を見つけ出そうとする哲学にとって重要な方法だと言うことができます。それは、具体例からものごとの本質を見つけ出すという方法においても同様です。ものごとのある特徴が当のものごとの本質であるのかどうかを確かめるには、現実に存在する具体例の中だけでなく、原理的には存在しうる可能的な具体例の中にも反例がないかどうかを確かめる必要があるからです。そのような原理的に可能な具体例については、頭の中で思考実験を行うことによって確かめるしかないのです。

ここからは、思考実験を用いてものごとの本質を探究する方法を、「時間」とは別の哲学的主題を例にしてすこしくわしく見ていきましょう。その主題とはまさに「考えること」です。

現代はＡＩ(人工知能)の技術がめざましく発展している時代です。もっとも複雑で抽象的なゲームの一つである囲碁において二〇一六年にはＡＩのプログラムが人間の世界チャンピオンに完勝したり、たとえば会話アプリなど、私たちの日常生活の中で利用されるＡＩ技術も増えてきたりしています。このようなＡＩの研究や技術開発の発展の背景には、「考える」ということをコンピュータの情報処理と類比的に捉える見方があります。この見方によれば、脳の神経細胞ネットワークの中での電気信号のやり取りは、コンピュータの情報処理と根本的には同じであり、これこそが「考えること」や「理解すること」の本質だということになります。何かを考えたり言葉の意味を理解したりしているとき、人間にはさまざまなものごとが生じています。あごに手を

快復具合を調べる「対照実験（注１）」を行うこともまた必要です。それは、このような実験が、ある結果が生じた原因を確かめようとするものであり、そのためには、その結果が生じた原因とその結果にたまたま伴っていただけのものとを選別する必要があるからです。つまり、偽薬を投じる右のような対照実験の患者たちの快復具合が［　A　］、問題の薬の投与と症状快復がたまたま伴っていただけなわけではなく前者が後者の原因の少なくとも一つだということを確かめることができるので、そのような対照実験が実施されるということです。

あるものごとの本質は、それが当のものごとの内在的な特徴であるにせよ関係的な特徴であるにせよ、当のものごとにとって必要かつ十分でもあるような特徴であり、それゆえ、ある結果が生じた原因がその結果にたまたま伴っていただけのものではないのと同様に、当のものごとにたまたま伴っているだけのものではありません。したがって、哲学は、あるものごとの本質を見つけ出すためには、その本質を当のものごとにたまたま伴っているだけのものから選別しなければなりません。この点では、哲学は［　B　］が実験によってやろうとしていることと同じことをやろうとしていると言うことができます。

しかし、どのようにして、本質とたまたま伴っているだけのものを選り分ければよいのでしょうか。たとえば、時間の不可逆性（注２）が時間の本質なのかそれとも時間にたまたま伴っているだけのものにすぎないのかということを、どのようにして確かめればよいのでしょうか。この点を、科学のように実験室の中で確かめることはできません。というのも、時間から不可逆性を切り離すことができるかどうかを、この現実において確かめることはできないからです。この現実において時間から不可逆性を切り離すことはもちろんできません。しかし、それだけでは、時間から不可逆性を切り離すことが原理的にも不可能なことかどうかはわかりません。それはたんに、現時点の人類の技術では切り離すことができないだけで、そのような技術的な制約を超えた意味での原理的な可能性の下では切り離すことができるかもしれないからです。

2023年度

開智未来中学校

【国 語】〈T未来試験〉(四〇分)〈満点:一〇〇点〉

一 次の文章を読んであとの問いに答えなさい。

「実験」と言えば、皆さんの頭には科学での実験が思い浮かぶでしょう。小学校や中学校の理科の時間に理科室などで私たちが行った実験も、科学での実験の一例です。しかし、科学の実験ではそもそも何が行われているのでしょうか。

まずはその事例を一つ見てみましょう。

【科学実験の事例】

ある新型ウイルスの感染症が流行し、その感染症の治療薬になるかもしれない薬が治療で試験的に利用された。その薬を投与された患者たちの症状は、一定程度快復した。しかし、この症状快復は患者たちの自然免疫のはたらきだけで十分にもたらされるものだという可能性もあった。そこで、科学者たちは、その薬を一定期間、投与された患者たちと投与されなかった(さらに、症状快復に影響しない偽薬を与えられ、治療薬を試していると告げられた)患者たちそれぞれの症状の快復具合を比較することで、この薬の効果を確かめようとした。

この事例のように、ある薬の投与が症状快復の原因であるのかどうかを確かめるためには、その薬を投与した患者たちの症状の快復具合を調べる実験に加えて、その薬を投与しない患者たちの

2023年度

開智未来中学校 ▶解説と解答

算 数 <T未来試験>（40分）<満点：100点>

解 答

1 (1) 1 (2) $\frac{1}{2}$ (3) 32通り (4) 55個 2 (1) 54分 (2) 50度 (3) 13通り (4) 10cm 3 (1) $\frac{61}{31}$ (2) 123番目 4 (1) $3\frac{1}{8}$cm (2) $1\frac{7}{8}$cm 5 (1) 8個 (2) $6\frac{2}{3}\text{cm}^3$ (3) 12cm^2 6 (1) 60分後 (2) 1：4 (3) 100分後

解 説

1 四則計算，逆算，場合の数，構成

(1) $1\frac{5}{8}-\frac{3}{4}\div(6-1.2\times4)=\frac{13}{8}-\frac{3}{4}\div(6-4.8)=\frac{13}{8}-\frac{3}{4}\div1.2=\frac{13}{8}-\frac{3}{4}\div\frac{6}{5}=\frac{13}{8}-\frac{3}{4}\times\frac{5}{6}=\frac{13}{8}-\frac{5}{8}=\frac{8}{8}=1$

(2) $13\times\left(1\frac{3}{4}\times\square-\frac{1}{3}\right)-3\frac{17}{24}=3\frac{1}{3}$より，$13\times\left(1\frac{3}{4}\times\square-\frac{1}{3}\right)=3\frac{1}{3}+3\frac{17}{24}=3\frac{8}{24}+3\frac{17}{24}=6\frac{25}{24}=\frac{169}{24}$，$1\frac{3}{4}\times\square-\frac{1}{3}=\frac{169}{24}\div13=\frac{169}{24}\times\frac{1}{13}=\frac{13}{24}$，$1\frac{3}{4}\times\square=\frac{13}{24}+\frac{1}{3}=\frac{13}{24}+\frac{8}{24}=\frac{21}{24}=\frac{7}{8}$ よって，$\square=\frac{7}{8}\div1\frac{3}{4}=\frac{7}{8}\div\frac{7}{4}=\frac{7}{8}\times\frac{4}{7}=\frac{1}{2}$

(3) 5個の質問のすべてに2通りの答え方があるから，全部で，2×2×2×2×2＝32(通り)の答え方がある。

(4) 1つのマス目の1辺の長さを1とする。1辺の長さが1の正方形は，たて方向と横方向に5個ずつあるので，全部で，5×5＝25(個)ある。また，1辺の長さが2の正方形は，たて方向と横方向に4個ずつあるから，全部で，4×4＝16(個)ある。同様に考えると，1辺の長さが3の正方形の数は，3×3＝9(個)，1辺の長さが4の正方形の数は，2×2＝4(個)，1辺の長さが5の正方形の数は1個なので，全部で，25＋16＋9＋4＋1＝55(個)とわかる。

2 速さ，時計算，場合の数，構成，相似

(1) 花子さんが，10時18分－10時＝18分で歩いた道のりは，80×18＝1440(m)である。また，太郎さんが同じ時間で歩いた道のりは，60×18＝1080(m)だから，太郎さんが出発から10時までに歩いた道のりは，1440－1080＝360(m)とわかる。よって，この時間は，360÷60＝6(分)なので，太郎さんが出発したのは，10時－6分＝9時54分と求められる。

(2) 下の図1で，2時ちょうどに長針と短針が作る角(アの角)の大きさは，360÷12×2＝60(度)である。この後，長針は1分間に，360÷60＝6(度)の割合で動き，短針は1分間に，360÷12÷60＝0.5(度)の割合で動くから，長針は短針よりも1分間に，6－0.5＝5.5(度)多く動く。よって，20分間では，5.5×20＝110(度)多く動くので，2時20分に長針と短針が作る角(イの角)の大きさは，110－60＝50(度)になる。

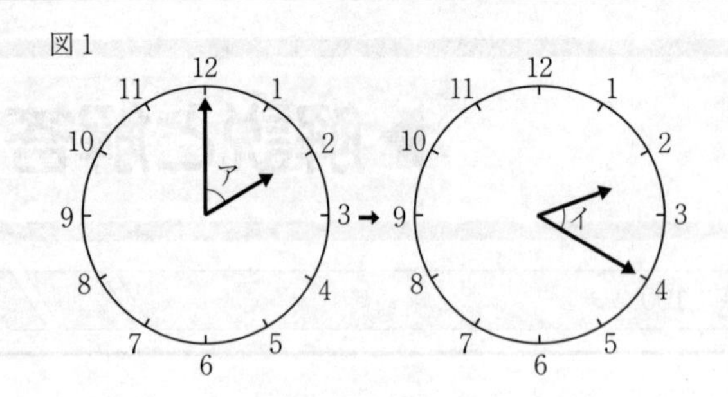

図2

・「た」が3文字の場合
{た，た，た}
・「た」が2文字の場合
{た，た，か}，{た，た，き}
・「た」が1文字の場合
{た，か，き}

⑶　はじめに「た」の文字数で場合分けをすると，上の図2のようになる。これらを並べる方法は，「た」が3文字の場合は1通り，「た」が2文字の場合は3通りずつ，「た」が1文字の場合は，$3\times2\times1=6$(通り)ある。よって，全部で，$1+3\times2+6=13$(通り)と求められる。

⑷　右の図3のように，DEを延長してACと交わる点をFとする。このとき，ABとFDは平行だから，BD：DC＝AF：FCとなり，FはACの真ん中の点になる。また，角AECは直角なので，Fを中心としてFAを半径とする円をかくと，円は点Eを通ることがわかる。よって，FEの長さは円の半径に等しく，$6\div2=3$(cm)だから，FDの長さは，$3+2=5$(cm)と求められる。さらに，三角形CFDと三角形CABは相似であり，相似比は1：2なので，アの長さは，$5\times\frac{2}{1}=10$(cm)とわかる。

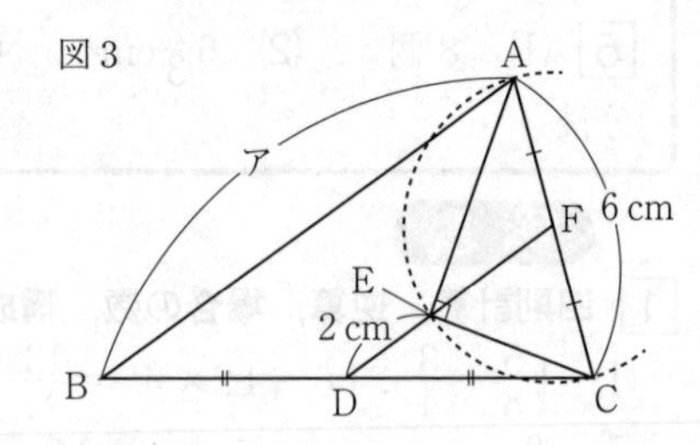

3 数列

⑴　分母には2から順に整数が並んでいるから，30番目の分母は，$30+1=31$である。また，分子には，5で始まり4ずつ増える数が2個ずつ並んでいる。よって，2個ずつに区切ると，30番目の分子は，$30\div2=15$(組目)の数になる。つまり分子は，$5+4\times(15-1)=61$になるので，30番目の数は$\frac{61}{31}$とわかる。

⑵　$\frac{5}{2}-2=\frac{1}{2}$，$2-\frac{5}{3}=\frac{1}{3}$，$\frac{9}{4}-2=\frac{1}{4}$，$2-\frac{9}{5}=\frac{1}{5}$，…のように，2との差は1番目の数から，$\frac{1}{2}$，$\frac{1}{3}$，$\frac{1}{4}$，$\frac{1}{5}$，…となる。すると，$\frac{2}{247}=\frac{1}{123.5}$であり，2との差が$\frac{1}{123}$になるのは122番目の数，$\frac{1}{124}$になるのは123番目の数である。よって，初めて$\frac{2}{247}$より小さくなるのは123番目とわかる。

4 平面図形―図形の移動，相似，長さ

⑴　右の図で，三角形CBEは正三角形だから，角CEBの大きさは60度である。よって，角DBA＝角CEBより，DBとCEは平行とわかるので，かげをつけた2つの三角形は相似になる。このとき，相似比は，DB：EC＝3：5だから，BH：CH＝3：5となり，CHの長さは，$5\times\frac{5}{3+5}=\frac{25}{8}=3\frac{1}{8}$(cm)と求められる。

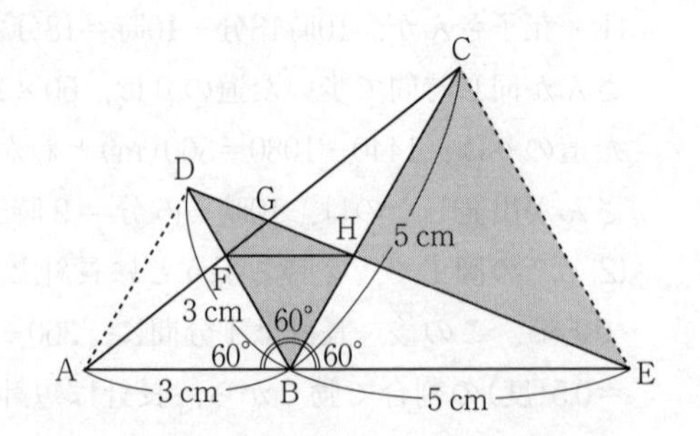

⑵　三角形CAEと三角形FABは相似であり，相似比は，AE：AB＝(3＋5)：3＝8：3なので，$BF=5\times\frac{3}{8}=\frac{15}{8}$(cm)とわかる。また，⑴より，$BH=5-\frac{25}{8}=\frac{15}{8}$(cm)とわかるから，BF＝BHよ

り，三角形BHFも正三角形になる。よって，FHの長さも，$\frac{15}{8}$cm＝$1\frac{7}{8}$cmである。

5 立体図形―構成，体積，面積

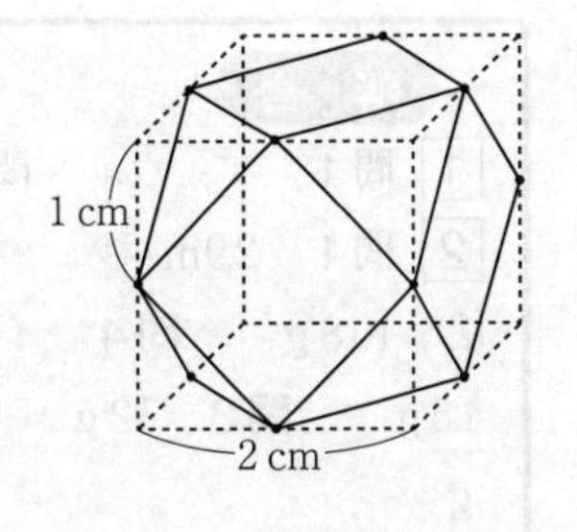

(1) 右の図のように，もとの立方体の頂点の部分に正三角形の面ができる。また，立方体の頂点の数は8個だから，正三角形の面の数も8個になる。

(2) もとの立方体の体積は，2×2×2＝8(cm^3)である。また，立方体から切り取った三角すい1個の体積は，$\frac{1}{3}\times\left(1\times1\times\frac{1}{2}\right)\times1=\frac{1}{6}$($cm^3$)であり，切り取った三角すいの数は8個なので，この立体の体積は，$8-\frac{1}{6}\times8=\frac{20}{3}=6\frac{2}{3}$($cm^3$)と求められる。

(3) もとの立方体の面の部分に正方形ができる。また，立方体の面の数は6個だから，正方形の面の数も6個になる。次に，正方形の対角線の長さは2cmであり，正方形の面積は，(対角線)×(対角線)÷2で求めることができるので，1個の正方形の面積は，2×2÷2＝2(cm^2)とわかる。よって，正方形の面積の合計は，2×6＝12(cm^2)と求められる。

6 旅人算，速さと比

(1) AとBが重なるのは，AとBが動いた長さの和が円の周りの長さと等しくなるときだから，AとBは同じ時間ごとに重なることになる。また，1回目に重なってから2回目に重なるまでの時間は，15＋45＝60(分)なので，AとBは60分ごとに重なることがわかる。よって，初めて重なったのは出発してから60分後である。

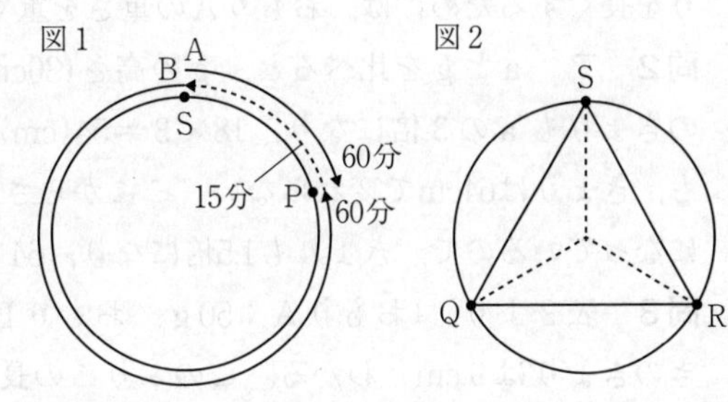

(2) 右の図1のように，AとBが1回目に重なった点をPとすると，AはSからPまで60分で動き，BはPからSまで15分で動く。よって，AとBが同じ長さを動くのにかかる時間の比は，60：15＝4：1とわかる。長さが等しいとき，速さの比は時間の比の逆比になるから，AとBの速さの比は，$\frac{1}{4}:\frac{1}{1}=1:4$と求められる。

(3) 右上の図2のように円周を3等分する点をS，Q，Rとすると，三角形SABが正三角形になるのは，AとBの一方がQ，もう一方がRにくるときである。ここで，AとBの速さの比は1：4なので，AがS→Rと動く間に，BはS→Q→R→S→Qと動くことになる。よって，三角形SABが初めて正三角形になるのは，Aが初めてRにきたときとわかる。また，図1で，AとBが1回目に出会うまでにAとBが動いた長さの比は1：4だから，SからPまで(時計回り)の長さは円の周りの長さの，$\frac{1}{1+4}=\frac{1}{5}$にあたることになる。一方，図2でSからRまで(時計回り)の長さは円の周りの長さの$\frac{1}{3}$なので，SからPまでの長さとSからRまでの長さの比は，$\frac{1}{5}:\frac{1}{3}=3:5$とわかる。したがって，AがSからPまで動く時間とSからRまで動く時間の比も3：5だから，初めて正三角形になるのは，$60\times\frac{5}{3}=100$(分後)と求められる。

理科　＜T未来試験＞（40分）＜満点：100点＞

解答

1　問1　ア，ウ　問2　ア　54　イ　96　問3　22.5cm　問4　9通り　問5　キ
2　問1　2.9m/秒　問2　A　エ　B　ウ　C　サ　D　ア　問3　(1)　6.0g　(2)　10.8g　問4　イ，オ　問5　へん西風　問6　エ
3　問1　青色　問2　4.5g　問3　12g　問4　12　問5　2.5g　問6　14%　問7　44g　問8　22g

解説

1　物体の運動についての問題

問1　表1にある8つの結果を左からa～hとする(右の表)。まず，高さとふりこの長さが同じb，e，fを比べると，おもりAの重さが重くなるほど，きょりは長くなることがわかる。ただし，その関係は比例ではない。次に，おもりAの重さとふりこの長さが同じa，bを比べると，きょりは高さに比例していると考えられる。そして，おもりAの重さと高さが同じa，c，dを比べると，ふりこの長さはきょりに関係しないといえる。以上のことから，きょりを長くするためには，おもりAの重さを重くするか，高さを高くすればよい。

	a	b	c	d	e	f	g	h
おもりAの重さ［g］	50	50	50	50	100	150	50	100
高さ［cm］	10	20	10	10	20	20	30	30
ふりこの長さ［cm］	50	50	100	150	50	50	50	100
きょり［cm］	18	36	18	18	64	81	ア	イ

問2　**ア**　aとgを比べると，gの高さ(30cm)はaの高さ(10cm)の，30÷10＝3(倍)なので，gのきょりもaの3倍になり，18×3＝54(cm)となる。　**イ**　eのふりこの長さを100cmにしても，きょりは64cmで変わらない。ここからさらに高さを30cmにすると，高さは，30÷20＝1.5(倍)になっているので，きょりも1.5倍になり，64×1.5＝96(cm)になる。

問3　表2より，(おもりA；50g，おもりB；150g，高さ；20cm，ふりこの長さ；50cm)のときのきょりは9cmとわかる。このふりこの長さを100cmにしても，きょりは9cmで変わらない。そして，さらに高さを20cmから50cmにすると，きょりは，50÷20＝2.5(倍)になる。つまり，9×2.5＝22.5(cm)となる。

問4　表2より，高さ20cm，ふりこの長さ50cmの場合において，きょりが36cmとなっているのは，①(おもりA；50g，おもりB；50g)のとき，②(おもりA；100g，おもりB；100g)のとき，③(おもりA；150g，おもりB；150g)のときの3通りがある。そして，①～③のそれぞれについて，きょりが変わってしまうので高さは変えられないが，ふりこの長さは変えてもきょりに関係しないので，ふりこの長さが50cmの場合に加え，100cmにした場合と，150cmにした場合が考えられる。以上より，きょりを36cmにするための組み合わせは，3×3＝9(通り)ある。

問5　おもりAがおもりBとの衝突(しょうとつ)後にはね返り，最高点に達した瞬間(しゅんかん)に，おもりAは一瞬静止する。よって，この瞬間にひもを切ると，おもりAは真下に落ちる。

2　台風についての問題

問1　10分間，つまり，60×10＝600(秒間)に空気が1740m移動したので，風速は，1740÷600＝2.9(m/秒)である。

問2　**A**　入道雲と呼ばれるのは，積乱雲である。台風は主に積乱雲からできている。　**B**　雲は空気が上昇することで発生する。　**C**，**D**　直前の開智先生の説明には，水蒸気が水滴になって雲が発生するとある。それを受けて未来さんは，雲は気体の水蒸気から液体の水への状態変化によってできると考えた。

問3　⑴　表より，7℃の空気1 m^3が含むことのできる水蒸気量は7.8ｇなので，空気中に含みきれなくなる水蒸気量は，13.8－7.8＝6.0(ｇ)である。　⑵　表より，－1℃の空気1 m^3が含むことのできる水蒸気量は4.5ｇなので，15 m^3では，4.5×15＝67.5(ｇ)の水蒸気を含むことができる。よって，空気中に含みきれなくなる水蒸気量は，230－67.5＝162.5(ｇ)とわかる。これは，162.5÷15＝10.83…より，空気1 m^3あたり約10.8ｇとなる。

問4　アは気体から固体への変化，イとオは気体から液体への変化，ウは液体から固体への変化，エは液体から気体への変化にそれぞれ関係する現象である。

問5　日本の上空にはつねに強い西風が吹いており，これをへん西風という。このへん西風の影響により，移動性の高気圧や低気圧が西から東へ移動して日本の天気が西から変化したり，北上してきた台風が日本付近で進路を東向きに変えたりする。

問6　開智先生の説明をまとめると，亜熱帯高圧帯から熱帯収束帯に向かって吹く風を貿易風といい，その風向は，北半球では北東，南半球では南東である。また，亜熱帯高圧帯から北緯60度までの高緯度に向かって吹いているのはへん西風であり，これは西側から吹いている。これらのことに当てはまるのはエである。

3　水溶液の性質と中和についての問題

問1　C液が中性であることから，水酸化ナトリウム水溶液50 cm^3と塩酸30 cm^3が完全に中和して中性になり，食塩12ｇができることがわかる。これと比べてA液は塩酸の量が少ないので，A液では中和後に水酸化ナトリウム水溶液が余っている。よって，アルカリ性になっているので，BTB溶液を加えると青色になる。なお，BTB溶液は中性で緑色，酸性で黄色になる。

問2　水酸化ナトリウム水溶液の量も塩酸の量もA液の半分なので，残る固体の重さも半分になる。したがって，9÷2＝4.5(ｇ)と求められる。

問3　A液にはそれを蒸発させて残った固体9ｇが溶けているのだから，この固体9ｇに塩酸20 cm^3を加えるのは，A液に塩酸20 cm^3を加えるのと同じである。よって，水酸化ナトリウム水溶液50 cm^3に，10＋20＝30(cm^3)の塩酸を加えたときに残る固体の重さを求めればよい。この加え方はC液と同じなので，残る固体の重さは12ｇである。

問4　D液では，水酸化ナトリウム水溶液50 cm^3と塩酸30 cm^3が完全に中和して食塩12ｇができ，40－30＝10(cm^3)の塩酸が余る。この余った塩酸は加熱しても固体を残さない(塩酸は塩化水素という気体の水溶液であるため)ので，残る固体は食塩12ｇとなる。

問5　B液では，塩酸20 cm^3が完全に中和して，12×20÷30＝8(ｇ)の食塩ができる。したがって，残った固体10.5ｇに含まれている水酸化ナトリウムの重さは，10.5－8＝2.5(ｇ)である。

問6　C液に含まれている水の重さは76ｇ，食塩の重さは12ｇなので，C液の重さは，76＋12＝88(ｇ)である。よって，C液のこさは，12÷88×100＝13.6…より，約14％となる。

問7　C液に含まれている食塩12ｇを溶かすのに必要な70℃の水の重さは，100×12÷37.5＝32(ｇ)である。したがって，食塩が溶けきれずに固体ができ始めるのは，水が，76－32＝44(ｇ)蒸発したときとわかる。

問8　20％の食塩水55ｇには，食塩が，55×0.2＝11（ｇ），水が，55－11＝44（ｇ）含まれているので，これをC液に加えてできた水溶液には，食塩が，12＋11＝23（ｇ），水が，76＋44＝120（ｇ）含まれることになる。したがって，70℃の水120ｇに溶かすことのできる食塩の重さは，37.5×120÷100＝45（ｇ）なので，あと，45－23＝22（ｇ）の食塩が溶ける。

国語　＜T未来試験＞（40分）＜満点：100点＞

解答

□一 **問1**　エ　**問2**　科学　**問3**　（例）「考える」ことをコンピュータの情報処理と類比的にとらえる見方。　**問4**　（例）何かを考えたり言葉の意味を理解したりするときに人間に生じる，あごに手を当ててじっとしていたり，おおげさに身振り手振りしたりすること。　**問5**　（例）部屋の中にいる人が外にいる中国語の話し手と会話をしているとは言えません　**問6**　（例）外の世界へ出て，実際に自分の身体を使って体験すること　□二 **問1**　**指揮者**…早紀　**伴奏者**…音心　**問2**　**ア**　だべっていた　**イ**　張り切りだした　**問3**　**ウ**　（例）男子の歌声が小さいことを気にしていなかった涼万　**エ**　（例）今日はしっかり歌おうと思った　**問4**　（例）自分が咳をしたせいで合唱を止めてしまい，申し訳なく思ったから。　**問5**　（例）部活の朝練がある日はトレーニングウェアを着て出かけるのに，涼万が制服を着て出かけようとしたから。　**問6**　（例）やっぱり，岳といっしょにバスケの朝練に出たほうがいいのかな。いや，今日は合唱の朝練に行くと決めたんだから，俺は合唱に行こう。　□三 **問1**　⑴　**主語**…オ　**述語**…ア　⑵　**主語**…オ　**述語**…カ　**問2**　⑴　水　⑵　牛　**問3**　⑴　さしあげる　⑵　いらっしゃる　**問4**　イ　**問5**　下記を参照のこと。

●漢字の書き取り

□三 **問5**　⑴　腹心　⑵　重宝　⑶　破格　⑷　貸借　⑸　創設　⑹　功績

解説

□一 **出典は金杉武司の『哲学するってどんなこと？』による。**科学における実験と比較しながら，哲学はものごとの本質を見つけ出すためにどのようなことをしているのか説明している。

問1　偽薬を投じた患者たちの快復具合と「問題の薬」を投じた患者たちの快復具合を比べて，どうであれば，「問題の薬の投与」が「症状快復」の原因の一つだと確かめることができたといえるのかを考える。

問2　空欄Aの段落に，科学では，ある結果が生じた原因を確かめるために，「その結果が生じた原因とその結果にたまたま伴っていただけのものとを選別する」対照実験を行うと述べられている。空欄Bの直前では，哲学についても，「あるものごとの本質を見つけ出すためには，その本質を当のものごとにたまたま伴っているだけのものから選別しなければ」ならないと述べられているので，この点で哲学は，「科学」が実験によってやろうとしていることと同じだといえる。

問3　同じ段落で紹介されている「『考える』ということをコンピュータの情報処理と類比的に捉

える見方」を指している。

問4　「『考える』ということをコンピュータの情報処理と類比的に捉える見方」が正しいとすれば，人間が考えるときに行う「あごに手を当てて～身振り手振りしたり」することは，コンピュータの情報処理にはないので，「『考えること』や『理解すること』にたまたま伴っているだけのもの」であると述べられている。

問5　空欄Cに入るのは，直前で示された「部屋の中にいる人はその中国語の話し手と会話をしていると言えるでしょうか」という問いに対する答えである。続く部分に，「部屋の中にいる人は中国語の意味を理解していない」，「ただ記号の形式(しるしの形)に従って規則どおりに記号を変換処理しているだけ」だと答えの理由が述べられているので，「部屋の中にいる人が部屋の外にいる中国語の話し手と会話をしているとは言えません」などがあてはまる。

問6　「思考実験２」では，部屋の中の人が部屋の外に出ることで，「中国語を話す人々のやり取り」を聞いたり，「ある記号が常にチャーハンの注文と結びついて」いるというようなことを見たりして，「記号が何を意味するかを理解する」ようになっている。したがって，「考えること」や「理解すること」には，外の世界に出て，自分の身体を通して体験することが必要だということができる。

二　**出典は佐藤いつ子の『ソノリティ　はじまりのうた』による。**合唱コンクールを目前にして，涼万のクラスでは合唱の朝練をすることになったが，部活の朝練に行くか合唱の朝練に行くか，涼万の中で迷いが生じる。

問1　合唱練習を始めた場面に注目する。「早紀が指揮棒をサッと頭上に持っていった」とあることから，指揮者は早紀であることがわかる。また，そのすぐ後に「早紀は目線を伴奏者の音心に移すと」とあるので，伴奏者は音心である。

問2　「手のひらを返す」は，“それまでの態度をがらりと変える”という意味。今まで「だべっていた」のに，急にやる気になって「張り切りだした」晴美のようすを表している。

問3　傍線部②の直前に「ふだんはそんなことまったく気にしていなかった」とある。「今日の涼万」が気にしているのは，この後の男声パートを誰もまともに歌わなかったら早紀が気の毒だということである。そして，「今日はちゃんと歌ってみようかな……」と考えていることをおさえる。

問4　合唱中，涼万は咳が止まらなくなってしまった。そのせいでみんなが歌うのをやめ，合唱が止まってしまった。涼万が顔を上げられないのは，みんなに対する申し訳ない気持ちからだと考えられる。

問5　続く部分に注目する。「母親」は，涼万が部活の朝練に行くと思っているので，いつものトレーニングウェアではなく制服を着ているのを見て，涼万が間違えていると思ったのである。

問6　涼万が，岳といっしょにバスケの朝練に出ようかという思いと，合唱の朝練に行こうという気持ちの間でゆれていることをおさえる。前の日，岳にいっしょにバスケの朝練に行こうとさそわれていたが，涼万は「強引な岳に反発を感じ」たが，「はっきり断れない自分に対して」もいらだちを感じていた。そして，この日は自分の意思で合唱の朝練に行くと決めていた。傍線部⑤には，バスケの朝練に行こうかと迷う気持ちを振り切って，自分の意思をつらぬいた涼万の姿がえがかれている。

三　**主語と述語，慣用句・ことわざの完成，敬語の知識，文学作品と作者，漢字の書き取り**

問1　⑴　語順を入れかえることで意味を強める「倒置法」が使われた文であることに注意する。ふつうの語順に直すと文の最後に来る，「やさしいなあ」が述語である。それに対して「だれが」を表す「田中くんは」が主語になる。　⑵　文の最後にある「無かった」が述語，「何が」無かったのかを表す「余裕さえ」が主語である。

問2　⑴「水いらず」は，他人を交えず，内輪の者だけで集まっているようす。　⑵「角をためて牛を殺す」は，“小さな欠点などを直そうとして，すべてをだめにしてしまう”という意味。

問3　⑴「社長」に対して行う自分自身の行動なので，謙譲語の「さしあげる」に直す。　⑵「参る」は「来る」の謙譲語であるが，「木村先生」の行動なので，尊敬語の「いらっしゃる」に直す。

問4　イの『一握の砂』は，石川啄木の一作目の歌集である。なお，『春と修羅』は宮沢賢治，『奥の細道』は松尾芭蕉，『サラダ記念日』は俵万智の作品である。

問5　⑴　心から信頼すること。　⑵　便利で役に立つこと。　⑶　基準から大きくはずれていること。　⑷　貸すことと借りること。　⑸　それまでなかった施設や機関を新しくつくること。　⑹　あることを成しとげたという立派な働き。

2023 年度

開智未来中学校

【算　数】〈算数１科試験〉（60分）〈満点：100点〉

注　意　1．コンパス、分度器、その他の**定規類は使用しない**でください。
2．**円周率**が必要な場合、特に問題文に指示がない限り、**3.14**を用いること。

1　次の□にあてはまる数や記号を答えなさい。

（1）　$2-1\frac{1}{4}\div\left(\frac{1}{2}+\frac{1}{3}\right)=\square$

（2）　$18.9\div\left(2\frac{1}{3}+\square\times6\right)=2.1$

（3）　えん筆が□本とペンが何本かあり、その本数の比は1：3です。友達にペンを10本あげたので、えん筆と残ったペンの本数の比は2：5になりました。

（4）　次の図形ア、イ、ウ、エを面積が大きい順に並べると、

□→□→□→□です。

ア：1辺の長さが1 *cm* の正六角形
イ：1辺の長さが2 *cm* の正方形
ウ：1辺の長さが2 *cm* の正三角形
エ：半径が1 *cm* の円

2 次の□にあてはまる数や記号を答えなさい。

（１） 15, 36, 41, 59, 73, 92, 125, 134 の８つの数から２つの数を選ぶとき、

ア□と イ□を選ぶと、この２つの数の差は12の倍数になります。

（２） 昨年Ａさんはお年玉でもらった金額の80%を使いました。今年はもらったお年玉の金額が昨年に比べて20％増え、使った金額は10％増えました。Ａさんは使った金額の残りはすべて貯金しています。Ａさんが今年貯金した金額は昨年と比べて□%増えました。

（３） 下のような３×３のマス目があり、コマが上下左右のとなり合うマスに１つずつ進みます。コマがＡのマスを出発してすべてのマスをちょうど１回ずつ通る方法は□通りあります。

A		

（４） 次の４人のうち本当のことを話しているのは１人だけで、他の３人はうそをついています。

Aさん：Dさんは本当のことを話しています。
Bさん：Cさんはうそをついています。
Cさん：Aさん、Dさんはどちらもうそをついています。
Dさん：Aさんは本当のことを話しています。

本当のことを話しているのは□さんです。

3 友だちではないが、共通の友だちがいるような人を「友だちの友だち」、友だちでも「友だちの友だち」でもない人を「他人」と呼ぶことにします。

（１） Aさんを含む６人の班があります。６人全員に班の中に２人ずつ友だちがいるとき、Aさんにとっての「他人」は班の中に何人いますか。考えられる最も多い人数を答えなさい。

（２） Bさんを含む10人の班があります。10人全員に班の中に３人ずつ友だちがいるとき、Bさんにとっての「他人」は班の中に何人いますか。考えられる最も多い人数を答えなさい。

4 ４つの異なる整数があり、小さい順に A, B, C, D とします。また、C は B の倍数で、$\frac{1}{A}, \frac{1}{B}, \frac{1}{C}, \frac{1}{D}$ の和は１になります。

（１） A の値は何ですか。

（２） D の値は何ですか。

5 下の図のＡ地点からＢ地点に向かって太郎さんと花子さんの２人が歩きます。道はＣ地点で近道と回り道に分かれます。回り道の道のりはＡ地点からＣ地点までの道のりの３倍で、近道の道のりより 2000 m 長いです。

花子さんは先にＡ地点を出発して、回り道を通ってＢ地点に向かいます。太郎さんは花子さんの 60 分後にＡ地点を出発し、近道を通ってＢ地点に向かいます。太郎さんは花子さんの 50 分後にＣ地点を通り、その 100 分後に花子さんと同時にＢ地点に着きました。

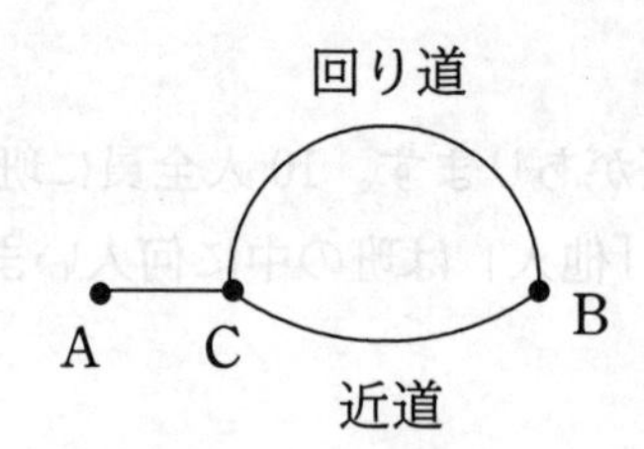

（１） 花子さんはＡ地点を出発した何分後にＣ地点に着きましたか。

（２） 花子さんと太郎さんの歩く速さの比は何対何ですか。

（３） 花子さんの歩く速さは毎分何 m ですか。

6 下の図の ABCD は正方形で、M は AG の真ん中の点です。また、EMとAGは直角に交わっています。

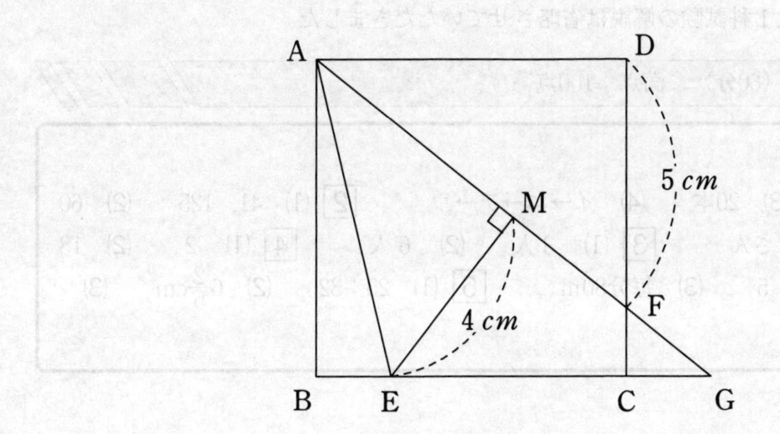

（1） 三角形 ADF と三角形 AEG の面積の比は何対何ですか。

（2） EGの長さは 何 *cm* ですか。

（3） BE の長さは何 *cm* ですか。

2023年度
開智未来中学校 ▶解　答

※　編集上の都合により，算数１科試験の解説は省略させていただきました。

算　数 <算数１科試験>（60分）<満点：100点>

解　答

1 (1) $\frac{1}{2}$　(2) $1\frac{1}{9}$　(3) 20本　(4) イ→エ→ア→ウ　2 (1) 41，125　(2) 60%　(3) 8通り　(4) Cさん　3 (1) 3人　(2) 6人　4 (1) 2　(2) 18　5 (1) 50分後　(2) 4：5　(3) 毎分80m　6 (1) 25：32　(2) $6\frac{2}{5}$cm　(3) $1\frac{2}{5}$cm

2023年度 開智未来中学校

※４教科受験（算数・社会・理科・国語）または３教科受験（算数・英語・国語）あるいは２教科受験（算数・国語）となります。英語の試験の概要については、解説をご覧ください。

【算　数】〈第２回試験〉（40分）〈満点：100点〉

注　意　1．コンパス、分度器、その他の**定規類は使用しない**でください。
　　　　2．**円周率**が必要な場合、特に問題文に指示がない限り、**3.14**を用いること。

1 次の□にあてはまる数を答えなさい。

（1）　$0.9 \times 0.99 - 0.1 \times 0.01 = \square$

（2）　$\frac{1}{2} + \frac{1}{3} + \square \div 2 = 1$

（3）　150グラムの□%は30グラムです。

（4）　30人の生徒が１列に並んでいます。かずこさんの前に10人並んでいるとき、かずこさんの後ろには□人並んでいます。

2 次の□にあてはまる数を答えなさい。

（1）　毎分12リットルの割合で水を入れると６分でいっぱいになる水そうがあります。この水そうに毎分18リットルの割合で水を入れると、水そうは□分でいっぱいになります。

（2）　４でも５でも６でも割り切れる整数のうち、最も小さい数は□です。

（３）　Ａさんの身長は140 *cm* で、Ｂさんの身長は146 *cm* です。
Ａさん、Ｂさん、Ｃさんの３人の身長の平均が148 *cm* のとき、Ｃさんの身長は
□ *cm* です。

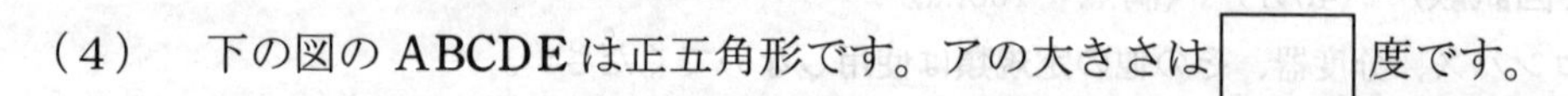

（４）　下の図のＡＢＣＤＥは正五角形です。アの大きさは□度です。

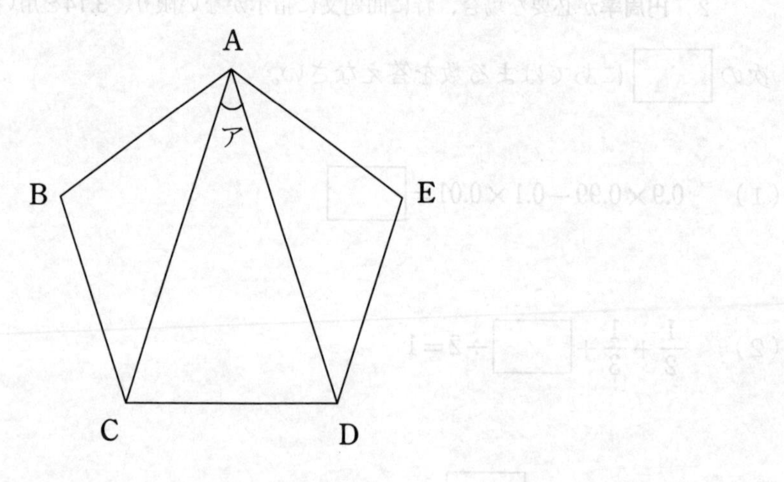

3　下の図で、ＤＥとＢＣは平行です。

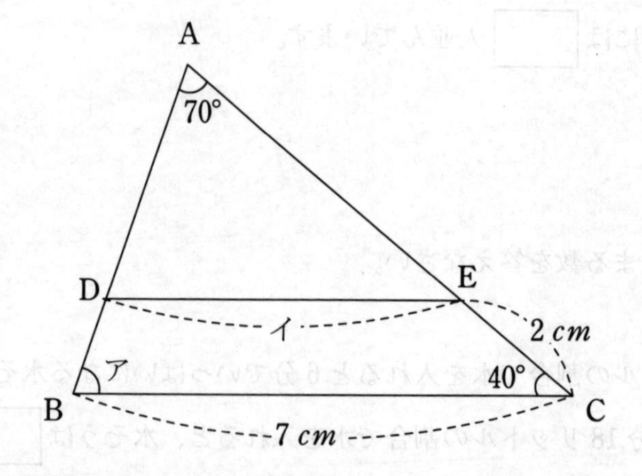

（１）　アの大きさは何度ですか。

（２）　イの長さは何 *cm* ですか。

4 ひとしさんの学年の 60 ％の生徒は 13 才で、40 ％の生徒は 12 才です。学年の 20 ％の生徒はピアノを習っており、そのうち 13 才の生徒と 12 才の生徒はどちらも 50 人ずついます。

（１） ひとしさんの学年の人数は何人ですか。

（２） ひとしさんの学年の生徒のうち、ピアノを習っていない 12 才の生徒の割合は何％ですか。

5 下の図のように、玉（● で表す）と棒（—— で表す）をくみ合わせ、ある規則にしたがって【図１】のように図形を作ります。２番目の図形には、玉が６個、棒が９本あります。

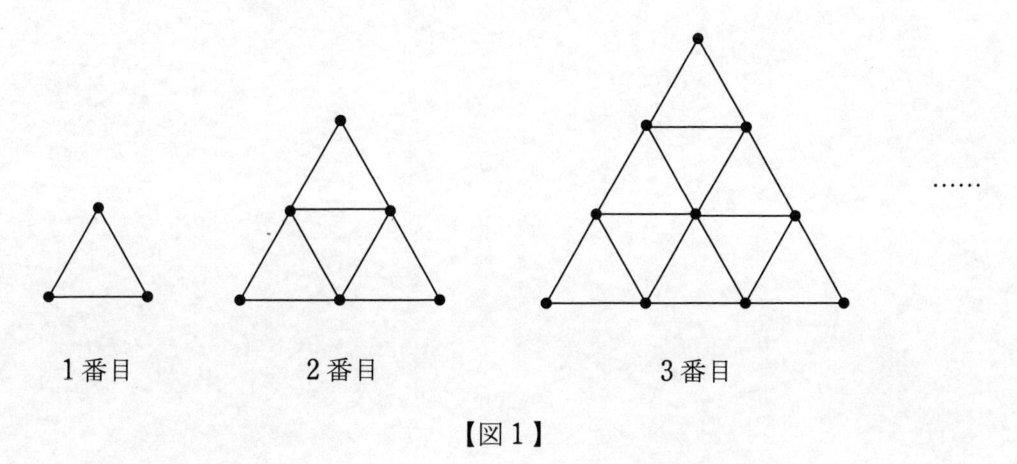

【図１】

（１） ３番目の図形に棒は何本ありますか。

（２） 10 番目の図形に玉は何個ありますか。

（３） 10 番目の図形に棒は何本ありますか。

6 容器Ａには濃さが３％の食塩水が200グラム入っており、容器Ｂには濃さの分からない食塩水が300グラム入っています。

（１） 容器Ａの食塩水に含まれている食塩の量は何グラムですか。

容器Ａの食塩水から水を50グラム蒸発させ、容器Ａに残った食塩水をすべて容器Ｃに入れました。

（２） 容器Ｃの食塩水の濃さは何％ですか。

（３） 容器Ｃの食塩水に容器Ｂの食塩水を全部入れてかき混ぜると、濃さは６％になりました。容器Ｂの食塩水の濃さは何％でしたか。

【社　会】〈第２回試験〉（理科と合わせて40分）〈満点：50点〉

次の文章と資料は開智未来中学校の生徒が探究活動で行った２回の面談の記録です。それぞれの面談の記録を読み、あとの問いに答えなさい。

第１回面談

未来：先生、私は「日本の里山は本当に自然が豊かだったのか」という問いで探究活動を行いたいと考えています。

先生：なかなか思い切った問いですね。ふつう、「里山」というと自然が豊かで、人々はその自然と調和して生きていくというイメージですが、なぜ、そうした問いを考えたのですか？

未来：実は、先日、鉱毒事件で有名な栃木県の［　①　］銅山に行ったのですが、その資料館で今では緑豊かになっている山の木々が、昔はほとんど切られてしまっていたことを知りました。環境問題というと現在の問題のように感じるけれど、ずっと昔からあったのだと驚いたからです。

先生：とても大切な経験をしましたね。未来さんがいうように、日本の里山はかつてはほとんどがはげ山だったという人がいます。戦国時代に日本を訪れた宣教師のジョアン＝ロドリゲスという人は「日本の山にはほとんど木がない」といった内容を書き残しています。また、②江戸時代に描かれた絵図では集落の近くにはげ山が広がっていることが確認できます。はげ山が増えたことで水害が増えたため、幕府は山に植林することを指示したりもしました。

未来：そこで疑問なのですが、現在に生きる私たちの方がよほどたくさんの木を使っていそうなのに、どうして昔のほうが山の木々が少ないのでしょうか？

先生：いい質問ですね。それに答えるために、未来さんは料理をするときにどのようなエネルギーを使うか考えてみましょう。また、寒いときはどのように暖まるでしょうか？

未来：うちではガスのコンロを使っています。また、寒いときはエアコンの暖房を……あっ、そうか！昔の人は［　　　③　　　］のですね。だから、たくさんの木を切る必要があったのですね。

先生：その通りです。化石燃料がエネルギーの中心を占めるようになるまでは、どこの国のどのような地域でも木は重要なエネルギー資源だったのです。映画「もののけ姫」ではたたら場という製鉄を行う場所を舞台に山の木々が伐採（ばっさい）される様子が描かれていますし、日本が江戸時代に差しかかる頃にイギリスで活躍した劇作家のシェイクスピアは、木材が不足したため劇場を建てるために廃材（はいざい）を利用したと記録されています。イギリスでも同じ状況だったのです。

未来：世界中どこでも当時は同じ状況だったのですね。

先生：その通りです。イギリスではこうした木材の不足に対して、その後、石炭を利用した暖房が普及（ふきゅう）しました。石炭は地下から掘り出して活用します。イギリスでは至るところに炭鉱がつくられ、石炭を採掘（さいくつ）するようになったのです。ところが、地中から石炭を掘り出す際には、石炭とともに大量の地下水も湧き出します。この地下水は放っておくと地下にたまってしまい、炭鉱が水没することになってしまうのです。当時、イギリスの炭鉱では地下水をどうやってくみ上げるかが大きな問題となりました。そこで、採掘した石炭と湧き出した大量の地下水に注目し、蒸気を動力とする機械が活躍するようになったのです。このできごとを［　④　］革命といいます。こうして、石炭がエネルギーの主役になったのです。

未来：　日本の［　④　］革命は日清戦争の前後からおこったのですよね。

先生：　その通りです。よく授業を覚えていましたね。日本の［　④　］革命は、日清戦争以前に繊維工業でおこりました。そして、その後⑤下関条約で清から得た賠償金をもとに重工業でも［　④　］革命がおこったのです。

未来：　［　④　］革命がおこると石炭がエネルギーの中心になって、木々の伐採は減少したのですね。

先生：　いいえ、そうではないのです。明治時代以降も木材は重要なエネルギー資源として活用されていました。それから、第２次世界大戦が終わるころにも日本の里山の木々はかなり伐採されていたようです。次回までにそのあたりを調べてみましょう。

問１　文中の空欄［　①　］に当てはまる地名を**漢字**で答えなさい。

問２　文中の下線部②について、河川の水の量は流域の土地利用によって大きく異なることが知られています。次の図１は棒グラフで降水量の時間変化を、折れ線グラフで「流域に森林の多い河川」、「流域に水田の多い河川」、「流域に裸地*の多い河川」の水の量の変化をそれぞれ示しています。この図１を参考にして、あとの(1)・(2)に答えなさい。

＊ 裸地とは、はげ山のように植物などがはえていない、地面がむき出しになっている土地のことを意味します。

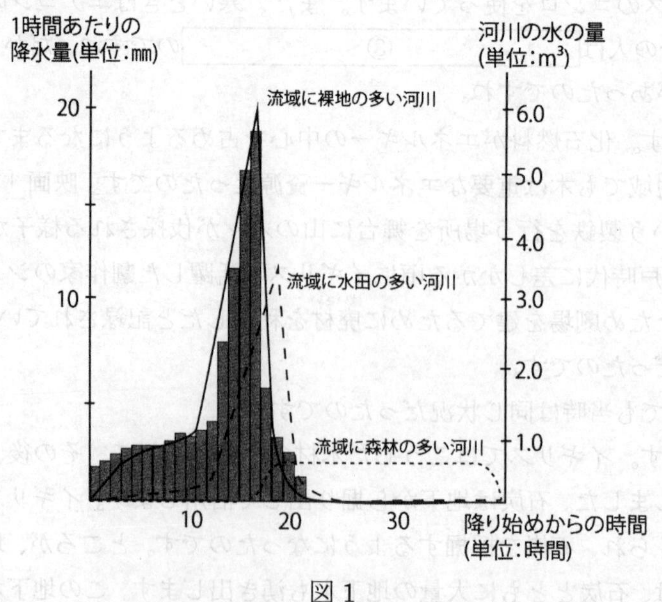

図１

(1)　次の**ア～エ**のうちから、図1を読み取った内容として**間違っているもの**を1つ選び、記号で答えなさい。

ア　流域に裸地の多い河川では、降水量の増加にあわせて、河川の水の量が増加している。

イ　流域に水田の多い河川では、雨が降り始めてから数時間は河川の水の量はあまり増加していない。

ウ　流域に森林の多い河川では、雨が降っている間は河川の水の量は増加していない。

エ　3つの河川を比較した場合、流域に裸地の多い河川が最もピークのときの水の量が多い。

(2)　図1を参考にして、はげ山に植林をすることによって、雨が降ったときに河川の水の量がどのように変化するか答えなさい。

問3　文中の空欄［　③　］に当てはまる内容を答えなさい。

問4　文中の空欄［　④　］に当てはまる語句を**漢字2字**で答えなさい。

問5　文中の下線部⑤について、次の(1)・(2)に答えなさい。

(1)　下関条約について述べた次の**ア～エ**の文章のうち、内容が**正しいもの**を1つ選び、記号で答えなさい。

ア　条約の調印には伊藤博文が日本の全権として臨んだ。

イ　日本は清国から1億円の賠償金を得た。

ウ　朝鮮が清国から日本に割譲(かつじょう)された。

エ　琉球が独立国であることが日本とロシアの間で確認された。

(2)　下関条約で得た賠償金をもとに明治政府が建設した製鉄所を答えなさい。

第2回面談

未来：　先生、調べてみたら、日本では第2次世界大戦中に再び、里山の木々が切られてはげ山になっていたことを知りました。日本では明治時代に［④］革命がおこっていたのになぜなのでしょうか？

先生：　未来さんの疑問を理解するためには、第2次世界大戦がなぜおこったのかを、エネルギーに注目して考えてみる必要があります。そうすることで、里山の環境変化が理解できるかもしれませんね。それでは、まず、第2次世界大戦の前におこった第1次世界大戦に焦点（しょうてん）を当ててみましょう。

未来：　第1次世界大戦から考える必要があるのはなぜですか？

先生：　第1次世界大戦では戦い方がそれまでとがらりと変わるからです。第1次世界大戦では、飛行機や［⑥］といった近代的な兵器が使われました。これらの兵器は石油をエネルギーとして動きます。実は欧米列強の国々では、第1次世界大戦以降、エネルギーの主役が石炭から石油に移り変わっていったのです。こうした変化をエネルギー革命と言います。そして、ヨーロッパの国々ではこうした石油の多くを植民地などから輸入していました。ところが、日本では石油はほとんどとれません。また、当時の日本の支配を受けていた国や地域でも石油がとれる場所はほとんどありませんでした。しかし、自動車の普及や、軍部が飛行機や［⑥］を活用したことにより石油の需要は日本でも増えつづけていたのです。そのため、当時の日本は石油の輸入をアメリカ合衆国に頼っていました。

未来：　アメリカ合衆国とは第2次世界大戦で戦うことになりますよね？

先生：　そうですね。この当時、日本は中国や太平洋地域に進出しようとしていたアメリカ合衆国と対立していました。アメリカ合衆国は、日本への圧力として1941年に日本に対する石油の輸出を禁止したのです。石油が足りなくなった日本に残された道は、アメリカ合衆国と協調するか、自力で石油を確保しに行くかのどちらかでした。どちらを選んだかは、歴史が示していますよね。

未来：　自力で確保する道を選んだのですね。

先生：　その通りです。この図2を見てください。この図は1934年に日本で発行された地図帳から日本とその周辺地域の植民地支配と油田の情報を抜き出して、現在の地図に描いたものです。この図によれば、当時、石油が掘られていたのは現在のインドネシアです。当時のインドネシアはオランダの植民地でした。日本はこの石油を確保する方法を考えたのです。ところが、日本からインドネシアに直接行くことはできません。陸路では、現在の中国、ベトナム、ラオス、カンボジア、タイ、マレーシア、シンガポールなどを経て初めてインドネシアに到達することができます。また、海路で進めば、日本とインドネシアの間にはフィリピンがあります。そして、当時、ベトナムやラオス、カンボジアを支配していたのは［⑦］で、マレーシアやシンガポールを支配していたのはイギリスでした。また、フィリピンを支配していたのはアメリカ合衆国でした。そのため、日本が［　⑧　］ためには、これらの国と戦う必要があったのです。こうして、日本は第２次世界大戦に参加することになりました。

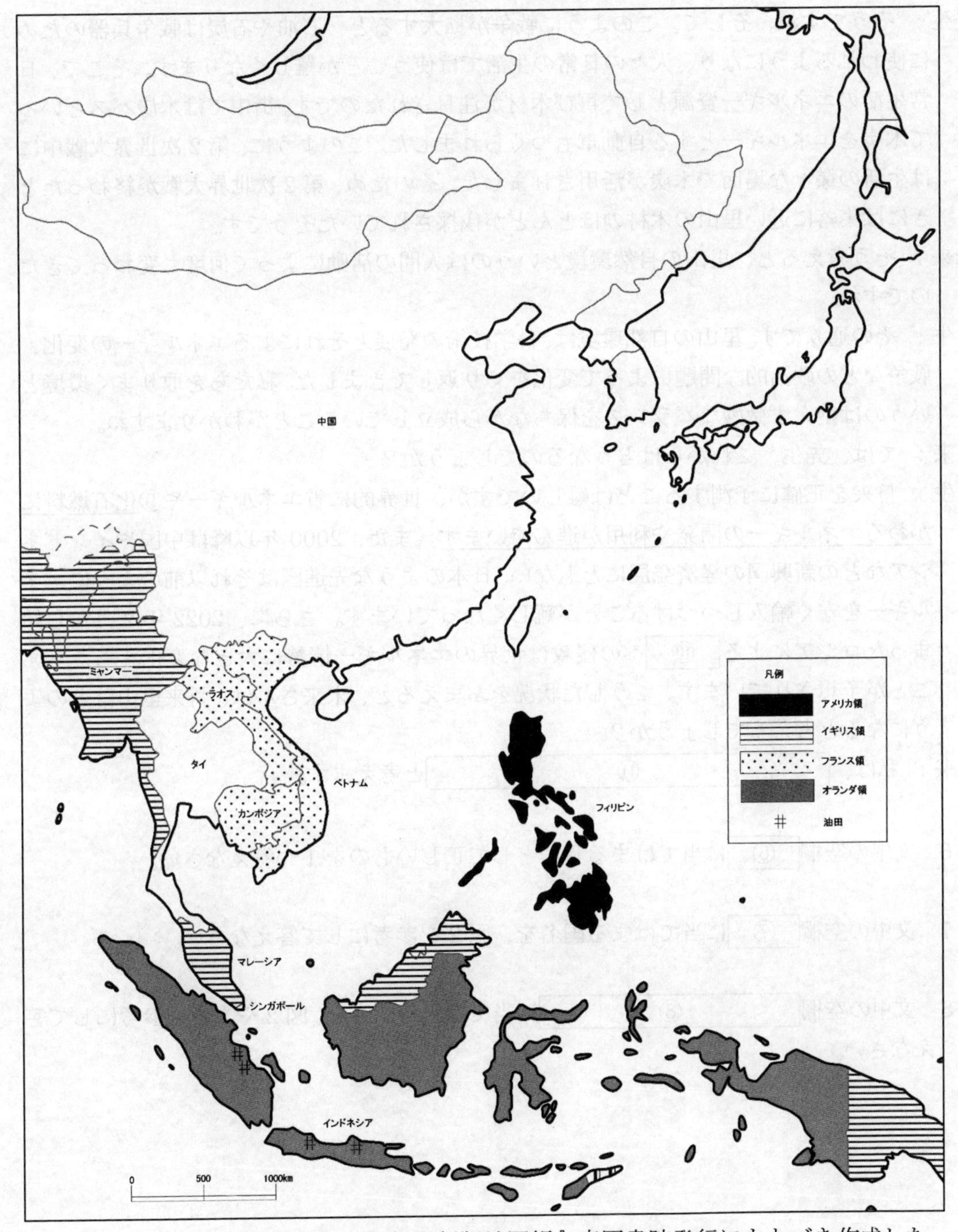

この図は『昭和９年版復刻版地図帳』帝国書院発行にもとづき作成した。
ただし国名や国境については現在のものである。

図２

未来：どうして、第2次世界大戦に参加したのだろうとずっと疑問でしたが、そんな事情があったのですね。

先生：そうですね。そして、このように戦争が拡大すると、石油や石炭は戦争兵器のために使われるようになり、人々の日常の生活では使うことが難しくなります。そこで、日常生活のエネルギー資源として再び木材が注目されたのです。街中では木炭バスといって木炭をエネルギーとする自動車もつくられました。このように、第2次世界大戦中には生活の様々な場面で木炭が活用されました。そのため、第2次世界大戦が終わったときには集落に近い里山の木材のほとんどが伐採されていたそうです。

未来：そう考えると、里山の自然環境というのは人間の活動によって何度も変わってきたのですね。

先生：その通りです。里山の自然環境は、科学技術の発展とそれによるエネルギーの変化、戦争などの政治的な問題によって変化をくり返してきました。私たちを取りまく環境というのは絶えず微妙なバランスを保ちながら成立していることがわかりますね。

未来：では、先生、これからはどうなるのでしょうか？

先生：将来を正確に予測することは難しいですが、世界的に省エネルギーや⑨化石燃料にかわるエネルギーの開発や利用が進んでいます。また、2000年以降は中国やインドネシアなどの新興国の経済発展にともない、日本のような先進国はそれ以前のようにエネルギーを安く輸入しつづけることが難しくなっています。さらに、2022年2月から始まったロシアによる［ ⑩ ］への侵攻は世界のエネルギー情勢に大きな変化をもたらすことが予想されています。こうした状況をふまえると、未来さんは、将来里山はどのようになると考えるでしょうか？

未来：私は、［ ⑪ ］と考えます。

問6　文中の空欄［ ⑥ ］に当てはまる兵器として正しいものを1つ答えなさい。

問7　文中の空欄［ ⑦ ］に当てはまる国名を、図2を参考にして答えなさい。

問8　文中の空欄［ ⑧ ］に当てはまる内容を、図2や文章を参考にして答えなさい。

問９　文中の下線部⑨について、日本では化石燃料のかわりに太陽光発電が積極的に採用されてきました。次の図３は2021年度に太陽光発電の発電量が多かった上位５つの道県における2016年度から2021年度までの発電量の推移を示しています。この図によると５年間で福島県の発電量は約８倍になりました。その理由を、あとの新聞記事なども参考にして答えなさい。

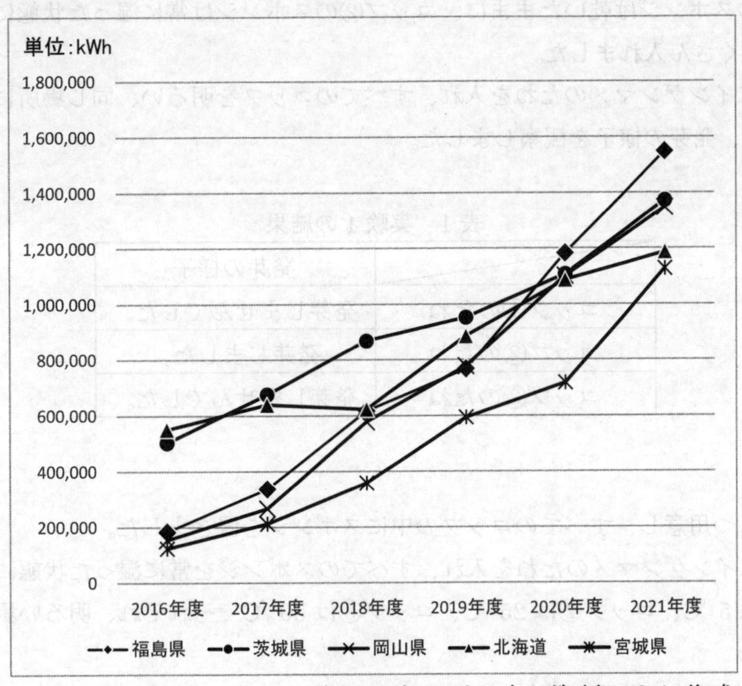

資源エネルギー庁の資料により作成

図３

<新聞記事>

「日本で最も美しい村」の１つ、飯館(いいだて)村。田園地帯の一部を覆(おお)うようにメガソーラーの太陽光パネルが広がる。変電施設に近づくと、ブーンという低い響き。産業用の変圧器に特有の音だが、山村の静けさの中では異質に感じる。

発電しているのは通信大手のグループ企業、NTT ファシリティーズだ。「ふるさと復興」を目的に、2017年９月に飯館村で事業を始めた。23メガワットの電気をつくる。村内に住む791世帯(10月１日現在)を上回る、約6600世帯の電気をカバーできる。

東京電力福島第一原発の事故後、村の田畑は除染土が撤去されるにつれ、営農再開しない田畑などにはNTTや東芝などが参入し、大規模な発電事業を展開する。

朝日新聞福島県版

2022年10月27日朝刊より

問10　文中の空欄 ⑩ に当てはまる国名を答えなさい。

問 11　文中の空欄 ⑪ について、将来里山がどのようになるか、あなたの考えを理由も含めて、空欄に当てはまるように書きなさい。

【理　科】〈第２回試験〉（社会と合わせて40分）〈満点：50点〉

1 未来君は発芽に関する【実験】を行いました。以下の【実験】を読み、後の問いに答えなさい。

【実験１】

(1)　コップを３つ用意し、コップ①、②の中にスポンジを置きました。

(2)　コップ①のスポンジは乾(かわ)いたままに、コップ②のスポンジは常に湿(しめ)った状態にして、コップ③には水をたくさん入れました。

(3)　それぞれにインゲンマメのたねを入れ、すべてのコップを明るい、同じ場所に置きました。

(4)　１週間後に、発芽の様子を観察しました。

表１　実験１の結果

	発芽の様子
コップ①のたね	発芽しませんでした。
コップ②のたね	発芽しました。
コップ③のたね	発芽しませんでした。

【実験２】

(1)　コップを３つ用意し、すべてのコップの中にスポンジを置きました。

(2)　それぞれにインゲンマメのたねを入れ、すべてのスポンジを常に湿った状態にしました。

(3)　コップ①は５℃、コップ②は25℃、コップ③は50℃でそれぞれ、明るい場所に保管しました。

(4)　１週間後に、発芽の様子を観察しました。

表２　実験２の結果

	発芽の様子
コップ①のたね	発芽しませんでした。
コップ②のたね	発芽しました。
コップ③のたね	発芽しませんでした。

問１　発芽のときに２枚の子葉が出る植物として、最も適切なものを以下の(ア)～(エ)の中から１つ選び、記号で答えなさい。

(ア)　イネ　　(イ)　ムギ　　(ウ)　トウモロコシ　　(エ)　アサガオ

問２　たねに関する以下の文を読み、空欄(らん)(　①　)、(　②　)にあてはまる語句を後の語群ア～キの中から、それぞれ選び、記号で答えなさい。

> たねの中には発芽のときに必要な養分がたくわえられており、それを「でんぷん」といいます。たねに(　①　)をつけると、(　②　)色になるため、たねの中に「でんぷん」があることを確認できます。

【語群】

ア　石灰水　　イ　BTB溶(よう)液　　ウ　ヨウ素液

エ　白　　オ　黄　　カ　緑　　キ　青紫(むらさき)

問３　【実験１】から読み取れることとして、最も適切なものを以下のア～エの中から１つ選び、記号で答えなさい。

ア　インゲンマメの発芽に水は必要ない。

イ　乾燥(かんそう)している方が、インゲンマメは発芽しやすい。

ウ　水が多ければ多いほど、インゲンマメは発芽しやすい。

エ　インゲンマメの発芽には、適度な水分（湿(しめ)りけ）があると良い。

問４　【実験２】から読み取れることとして、最も適切なものを以下のア～エの中から１つ選び、記号で答えなさい。

ア　インゲンマメは５ ℃、25 ℃、50 ℃の中で25 ℃のときが最も発芽しやすい。

イ　60 ℃ではインゲンマメは発芽しない。

ウ　45 ℃でインゲンマメは発芽する。

エ　インゲンマメの発芽には温度は関係しない。

2 未来君は食塩水についての【実験】を行いました。以下の【実験】を読み、後の問いに答えなさい。

【実験】
(1)　空のビーカーの重さを計ったら250 gでした。次に食塩５ｇと水を加えて、水溶(よう)液にしました。その後、ビーカーの重さを計ったら、全体の重さが300 gでした。
(2)　(1)のビーカーに沸騰(ふっとう)石を入れて、ガスバーナーで加熱しました。加熱をするとやがて、①泡(あわ)が出てきて、沸騰しました。②その後、しばらく加熱し続けると、水がすべて蒸発しました。ビーカーの中を見ると、沸騰石と白い粉のようなものだけが残っていました。
(3)　③食塩水にリトマス紙をつけて、色の変化を確認しました。

問１　水溶液に関して、気体が溶(と)けている水溶液を以下のア～エの中から２つ選び、記号で答えなさい。

ア　石灰水　　イ　水酸化ナトリウム水溶液　　ウ　炭酸水　　エ　アンモニア水

問２　【実験】(1)の食塩水の重さが何ｇか答えなさい。また、この食塩水のこさが何%になるか答えなさい。

問３　下線部①の泡の中にある気体として、最も適切なものを以下のア～オの中から１つ選び、記号で答えなさい。

ア　空気　　イ　酸素　　ウ　水素　　エ　ちっ素　　オ　水蒸気

問４　下線部②の白い粉のようなものの名前を漢字２字で答えなさい。また、ビーカーに残っている白い粉のようなものの重さが何ｇになるか答えなさい。

問５　下線部③のリトマス紙の色の変化と食塩水の性質について、適切な組み合わせを以下の表のア～ケの中から１つ選び、記号で答えなさい。

	赤色リトマス紙	青色リトマス紙	性質
ア	赤	赤	酸性
イ	赤	赤	アルカリ性
ウ	赤	赤	中性
エ	青	青	酸性
オ	青	青	アルカリ性
カ	青	青	中性
キ	赤	青	酸性
ク	赤	青	アルカリ性
ケ	赤	青	中性

3 開智くんと未来さんは、モーターで動く車の模型をそれぞれ考えて作りました。これについて後の問いに答えなさい。

【1】　開智くんは、１つのモーターと２つの乾電池で走る車を、同じ車体で導線のつなぎ方を変えて何種類も作ってみました。図ア～カは、乾電池の配置と導線でのモーターとのつなぎ方を示したものです。

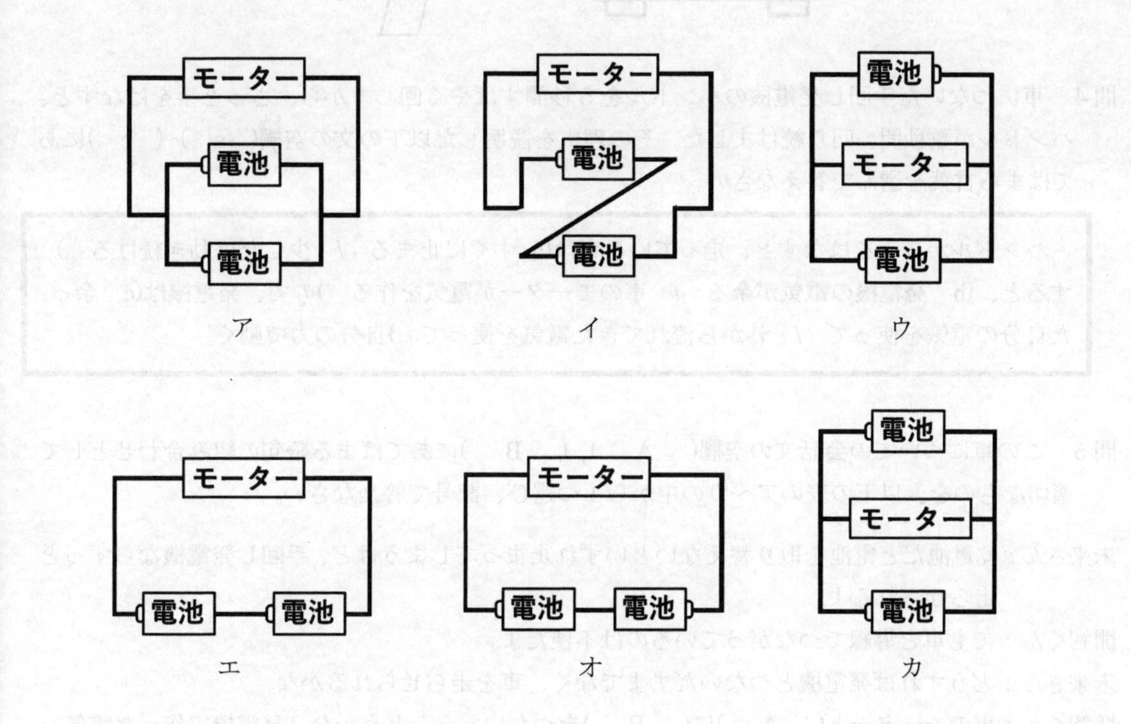

問１　図ア～カのうち、このままでは車が走らないつなぎ方のものを２つ選び、記号で答えなさい。

問２　図ア～カの車の回路から、電池を１つだけ取り外しました。このとき、走ることができるものをア～カの中から<u>全て選び</u>、記号で答えなさい。

問３　図イ～カのうち、車を走らせたときの速さが図アの車と同じになるつなぎ方のものを１つ選び、記号で答えなさい。

【2】 未来さんは、車につけたモーターに手回し発電機を導線でつなぎ、発電機のハンドルを回すとモーターが回って走る車を作りました。

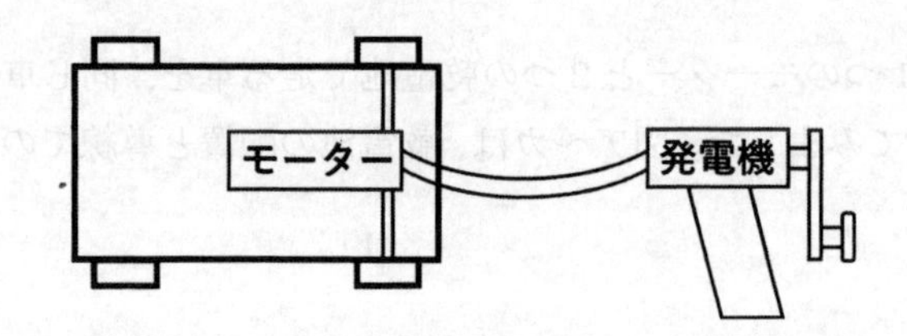

問４　車につないだ手回し発電機のハンドルを５秒間すばやく回してから、さっと手をはなすと、ハンドルが数秒間、回り続けました。その理由を説明した以下の文の空欄(らん)（　a　）~（　c　）にあてはまる言葉を選んで答えなさい。

> ハンドルから手をはなすと、走っている車は(a すぐに止まる　/　少しだけ動き続ける　)。すると、(b　発電機の電気が余る　/　車のモーターが電気を作る　)ので、発電機は(c　余った自分の電気を使って　/　外から流れてきた電気を使って　)自分の力で動く。

問５　この車についての会話文の空欄（　A　）、（　B　）にあてはまる語句の組み合わせとして適切なものを、以下の表のア～カの中から１つ選び、記号で答えなさい。

未来さん：乾電池だと電池を取り替(か)えないといずれ止まってしまうけど、手回し発電機ならずっと走らせられるよ。

開智くん：でも車と導線でつながっているのは不便だよ。

未来さん：どうすれば発電機とつないだままでなく、車を走らせられるかな。

開智くん：車のモーターと（　A　）に（　B　）をつないだら、どうかな？発電機で作った電気を（　B　）にためてから使って、電気がなくなったら、また、発電機をつないで電気をためればいいんだよ。

未来さん：そうか、（　B　）を使えば、発電機を外しても、ためた電気で車は走れるかもしれないね。

	（A）	（B）
ア	直列	切れた乾電池
イ	並列	切れた乾電池
ウ	直列	コンデンサー
エ	並列	コンデンサー
オ	直列	電熱線
カ	並列	電熱線

問三　次の文を読み、傍線部を正しい尊敬語または謙譲語に直しなさい。
ただし「～れる・～られる」という形は用いないこと。

(1)　校長先生が生徒の作品を見る。

(2)　村長が私の作った料理をいただく。

問四　「恩田陸」の作品を、次のア～エの中から選び、記号で答えなさい。

ア　火花　　イ　下町ロケット　　ウ　コンビニ人間　　エ　蜜蜂と遠雷

問五　次の各文の傍線部を漢字に直しなさい。

(1)　平均台はタイソウ種目の一つだ。

(2)　輸入もののコウチャをいれる。

(3)　幼児はカタトキも目が離せない。

(4)　がけくずれで通行がコンナンになる。

(5)　キンニクがついて足が太くなる。

(6)　大記録のジュリツに観客がわいた。

問五　傍線部⑤「大人の感覚で計算する」とありますが、これはどういうことですか。説明しなさい。

問六　傍線部⑥「暗い中、目を凝らしてみると、紙飛行機だ」とありますが、この「紙飛行機」には、「壮太」のどのような思いが込められていると考えられますか。「壮太」が「ぼく」へ語りかける形で、「壮太」の思いを七十字以内で答えなさい。

三　次の各問いに答えなさい。

問一　次の各文（文節で区切ってある）の主語と述語を記号で答えなさい。文中になければ「なし」と答えなさい。

(1) 親戚からの(ア)　荷物は(イ)　車の(ウ)　中に(エ)　ある。(オ)

(2) 遠足の(ア)　時は(イ)　常に(ウ)　落とし物に(エ)　注意しなさい。(オ)

問二　下の意味を読み、□にあてはまる最もふさわしい言葉を、漢字一字で答えなさい。

(1) □を長くする　（意味）物事が早く実現することを待ちこがれる

(2) □の目にも涙　（意味）無慈悲な人にも、時には慈悲の心が生じることのたとえ

手に管を刺して固定していたから、使いにくい手で折ったんだろう。形は不格好だ。それでも、紙飛行機には顔まで描かれていて、「おみそれ号」「チビチビ号」「瑛ちゃん号」「またね号」と名前まで付いている。

壮太は、知っていたんだ。ぼくが夜にプレイルームでおもちゃ箱をひっくり返していたことを。そして、壮太がいなくなった後、ぼくがどう過ごせばいいかわからなくなることも。

明日から、一つ一つ飛ばそう。三十個の紙飛行機。これを飛ばしている間、少しは時間を忘れることができそうだ。

(瀬尾まいこ『夏の体温』による)

(問題作成のために、本文を一部省略・改変したところがあります)

問一　傍線部①「ぼく」の名前を答えなさい。

問二　傍線部②「だけど、やっぱり違う」とありますが、どのようなことに対して違うと言っているのですか。二つ答えなさい。

問三　傍線部③「解放」とありますが、ここでの「解放」とは誰がどうなることですか。答えなさい。

問四　傍線部④「ああ、元気でな」とありますが、どのような心情からこのように言ったと考えられますか。その心情を説明しなさい。

っての一日を、⑤大人の感覚で計算するのはやめてほしい。
お母さんは診察室を出た後も、何度も「よかったね」と言った。ぼくは間近に退院が迫っているのに、時期があやふやなせいか、気分は晴れなかった。明日退院できる。それなら手放しで喜べる。だけど、一週間か二週間、まだここでの日々は続くのだ。
何がっかりしながらも、病室に戻る途中に西棟の入り口が見えて、ぼくは自分が嫌になった。何をぜいたく言っているのだ。遅くとも二週間後にはここから出られるし、ここでだって苦しい治療を受けているわけじゃない。西棟には、何ヶ月も入院している子だっているのだ。それを思うと、胸がめちゃくちゃになる。病院の中では、自分の気持ちをどう動かすのが正解なのか、どんな感情を持つことが正しいのか、よくわからなくなってしまう。
就寝時間が近づいてくると、やっぱり気持ちが抑えきれなくなってプレイルームに向かった。真っ暗な中、音が出ないようマットに向かっておもちゃ箱をひっくり返す。三つの大きな箱の中身をぶちまけるのだ。ただそれだけの行為が、ぼくの気持ちを保ってくれた。悪いことだとはわかっている。でも、こうでもしないと、ぼくの中身が崩れてしまいそうだった。いつも、翌朝にはおもちゃは片付けられ、きれいにプレイルームは整えられている。きっと、お母さんか三園さんが直してくれているのだろう。それを思うと、ひどいことをしてるよなと申し訳ない。だけど、何かしないと、おかしくなりそうで止められなかった。
三つ目のおもちゃ箱をひっくり返し、あれ、と思った。
布の箱から、がさっと何かが落ちた。硬いプラスチックのおもちゃの音とはちがう。⑥暗い中、目を凝らしてみると、紙飛行機だ。
ぼくは慌てて電気をつけた。
壮太だ……。赤青黄緑銀金、いろんな色の折り紙で作った紙飛行機は、三十個以上はある。片

壮太がいなくなったプレイルームには行く気がせずに、午後は部屋で漫画を読んだ。時々、壮太は本当に帰ったんだな、もう遊ぶことはないんだなと気づいて、ぽっかり心に穴が空いていくようだった。これ以上穴が広がったらやばい。そう思って、必死で漫画に入り込もうとした。

二時過ぎからは診察があった。この前の採血の結果が知らされる。

「だいぶ血小板が増えてきたね」

先生は優しい笑顔をぼくに向けると、さもビッグニュースのように、

「あと一週間か二週間で退院できそうかな」

と言った。

「よかったです。ありがとうございます」

お母さんは頭を下げた。声が震えているのは本当に喜んでいるからだろう。

やっとゴールが見えてきた。ようやく外に出られる。それはうれしくてたまらない。だけど、どうしても確認したくて、

「一週間ですか？　二週間ですか？」

とぼくは聞いた。

「そこは次回の検査結果を見てからかな」

先生はそう答えた。

「はあ」

「どっちにしても一、二週間で帰れると思うよ」

先生は、「よくがんばったからね」と褒めてくれた。

一、二週間。ひとくくりにしてもらっては困る。一週間と二週間では、七日間も違うのだ。七日後にここを出られるのか、十四日間ここで過ごすのかは、まるで違う。ここでの一日がどれほど長いのかを、壮太のいない時間の退屈さを、先生は知っているのだろうか。ぼくら子どもにと

「瑛介君に仲良く遊んでもらって、入院中、本当に楽しかったみたいで」
「うちもです。壮太君が来てくれてよかったです」
お母さんたちがそんな話をしている横で、ぼくたちはお互い顔を見合わせて、何かといって今この短い時間で話す言葉も見当たらず、ただなんとなく笑った。
「行こうか。壮太」
母親に肩に手を置かれ、
「瑛ちゃん、じゃあな」
と壮太は言った。
「④ああ、元気でな」
ぼくは手を振った。
壮太は、
「瑛ちゃんこそ元気で」
そう言ってくるりと背を向けると、そのまま部屋から出て行った。
壮太たちがいなくなると、
「フロアの入り口まで見送ればよかったのに。案外二人ともお別れはあっさりしているんだね。ま、男の子ってそんなもんか」
とお母さんは言った。
お母さんは何もわかっていない。あれ以上言葉を発したら、泣きそうだったからだ。きっと壮太も同じなのだと思う。もう一言、言葉を口にしたら、あと少しでも一緒にいたら、さよならができなくなりそうだった。口や目や鼻。いろんなところがじんと熱くなるのをこらえながら、ぼくは「まあね」と答えた。

そんなことより、うっかり寝そうになる壮太を起こすことで精いっぱいだった。何度も廊下を往復したり、プレイルームに戻ってゲームをしてみたり、次から次へといろんなことをして壮太の眠気を覚ました。

「はーこれで、解放だ！」③

十二時前、最後の採血が終わって、管を抜いてもらうと、壮太はプレイルームの床にごろんと寝転がった。

「おつかれ、壮太」

「サンキュー、瑛ちゃん」

「ぼくは何もしてないけどさ」

「なんか最終日に全然遊べなくてもったいなかったな」

「そんなことない。一緒に話してただけで楽しかったよ」

ぼくが言うと、

「うん。俺も半分頭は寝てたけど、楽しかった」

と壮太も言った。

そのあと、昼食ができたと放送が流れ、ぼくたちはそれぞれ部屋に戻った。

「またな」とは言えず、「じゃあ」とあいまいに微笑みながら。

昼ごはんを食べ終えて歯を磨いた後、壮太が母親と一緒にぼくの病室にやってきた。壮太の母親は大きなバッグを持ち、壮太もリュックを背負っている。

「いろいろお世話になりました」

壮太の母親は、ぼくとぼくのお母さんに頭を下げた。

「ああ、退院ですね。お疲れさまでした」

二　次の文章を読んであとの問いに答えなさい。

「眠くてぼんやりしてても、壮太は楽しいよ」
「そう？」
「もちろん」
「だといいけど。おもしろくないチビなんて終わってるもんな」
壮太はそう言って、とろんとした目で笑った。
「壮太はおもしろいけど、おもしろくなくたって全然いいと思うよ」
「瑛ちゃんは、優しいよな」
「まさか」
「瑛ちゃんといると、気持ちがのんびりする」
壮太が見当違いに褒めてくれるから、何だか居心地が悪くなって、①ぼくは入院したてのころはわがままだったこと、最初は低身長の検査入院の子どもたちに冷たくしてたこと、今はなんとなくそのほうがここから早く出られるような気もして、みんなに優しくしてるだけだということを、正直に話した。
「そうか。じゃあ、俺はチビだからおもしろくなって、瑛ちゃんは入院が長いから優しくなったってことか。瑛ちゃんが病気で、②俺が小さくてよかった－」
壮太の言うとおりかもしれない。だけど、やっぱり違う。ぼくは入院する前のほうが性格はよかった。「みんなはいいよな」って人をうらやむことはなかったし、「どうしてぼくばっかりなんだよ」といらつくこともなかった。それに、壮太が楽しいことに、身長は関係ない。背が高くて陽気じゃない壮太でも、ぼくは一緒にいて楽しいって思うはずだ。そんなことを言おうと思ったけど、うまく伝えられる自信がなくてやめにした。

問一　未来さんは【資料1】を用いて、地球温暖化の影響で環境危機にあるオーストラリアの状況を説明しました。空欄 1 ～ 5 に入る言葉を本文から抜き出しなさい。

問二　未来さんは【資料2】を用いて、オーストラリアが環境問題に対して消極的である二つの理由を説明しました。空欄 あ 、 い に入る言葉を、本文を踏まえて答えなさい。順序は問いません。

問三　未来さんは二つの生産物に着目してオーストラリアと日本の関係についてまとめ、【資料3】を作成しました。空欄 6 、 7 に入る言葉を本文から抜き出しなさい。なお、空欄 2 には、問一と同じ語句が入ります。

問四　未来さんは地球温暖化を防ぐ方法として、水素とアンモニアを活用することに着目して【資料4】を作成しました。空欄 う 、 え に入る言葉を、本文を踏まえて答えなさい。

問五　未来さんは日本と密接な関係をもつオーストラリアの環境問題に対して、日本として何か協力ができないかと考え、【資料5】を作成しました。あなたなら日本がオーストラリアに対してどのようなことをすればよいと考えますか。空欄 X に入る言葉を、七十字以内で答えなさい。

【資料4】

新たな可能性へ：水素とアンモニアの活用へ

その利点	う
その課題	え

【資料5】

日本がオーストラリアに対して行えること

X

【資料１】

地球温暖化の影響で環境危機にあるオーストラリア

〈陸地への影響〉

［ 1 ］量のさらなる減少→干ばつの頻繁化→砂漠の拡大
→［ 2 ］の生産量の減少→日本にも影響
→［ 3 ］多発化のおそれ→動物への被害も

〈海洋への影響〉

海水の温度の上昇→褐虫藻の死滅
海水の［ 5 ］の上昇
→［ 4 ］

【資料２】

環境問題に消極的なオーストラリア

〈２つの理由〉

あ
い

【資料３】

日本とオーストラリアの密接な関係

オーストラリア	日本
［ 2 ］の生産が盛ん	［ 2 ］の［ 6 ］％を輸入
［ 7 ］の産出量が世界４位	［ 7 ］の輸入量の約６割がオーストラリア産

だから、**オーストラリアの問題は日本にとって人ごとではない！**

天然ガスなどの化石燃料を原料に、高温で分解・改質して水素を製造する方法を「グレー水素」と言います。ただ「グレー」からわかるとおり、製造時に二酸化炭素が発生してしまいます。そこで、製造過程で発生した二酸化炭素を回収して地中に貯留するなどして製造された水素を「ブルー水素」と言います。さらに太陽光や風力などの再生可能エネルギーを利用して製造された水素を「グリーン水素」と言います。水素の用途としては、既に普及し始めている水素を燃料とする燃料電池車も登場していますが、製鉄や発電への利用も期待されています。

アンモニアは現在、窒素を供給する化学肥料として世界的に重宝されています。アンモニアの現在の用途の約8割が化学肥料用です。20世紀のはじめにドイツで開発された「ハーバー・ボッシュ法」によって、水素と窒素を化合することで製造されています。大気中に窒素も無尽蔵にあるわけですから、前述のように作りだした水素があればいくらでもアンモニアを製造することができますし、もちろん燃焼しても二酸化炭素は排出されません。そして水素より優れている利点として、これまで化学肥料として利用されてきたことから輸送や貯蔵が容易で安く済むことがあげられます。アンモニアは既存の化石燃料との混焼による火力発電などに利用されることが期待されています。

水素とアンモニアに共通している課題はその製造コストです。水素の場合、二酸化炭素を排出しない方法で、1kg当たり1ドル以下で製造することができるようになれば商業化が見込めるそうですが、現時点では難しいのが実状です。製造コストを低減させるためには、製造規模の拡大つまりは普及の拡大につながっていかないことにはどうにもなりません。とくにロシアのウクライナへの軍事侵攻によって世界的に火力発電用の燃料となる化石燃料の調達が難しくなっている今こそ、水素やアンモニアの普及を進める大きなチャンスです。

（宇野仙『ＳＤＧｓは地理で学べ』による）

（問題作成のために、本文を一部省略・改変したところがあります）

しかしそれでもなおオーストラリアは安く石炭が手に入るため、現在でも発電の約８割が火力発電によって賄(まかな)われ、火力発電のうち二酸化炭素排出量が多い石炭火力発電が７割を占めています。

あくまで私の推測ですが、このような背景には、森林火災やサンゴの白化現象などを身近な問題として捉えているのが、オーストラリアの中でもひと握りの人々だからではないかと思っています。なぜなら乾燥地域が広いオーストラリアは、都市人口率が86・２％（２０２０年）と極めて高く、大多数の人々は不自由なく生活を送ることができる都市生活者で、大都市郊外にも大自然が残されていることから、環境の変化を身近な事柄として感じ取れている人が少ないのではないかと思うからです。

実際、以前の地球温暖化対策であった京都議定書の批准(ひじゅん)をオーストラリアは当初渋り続け、発効後の２００７年になってようやく批准しました。また、２０２１年に開催された２０３０年までの地球温暖化対策のパリ協定の見直しを行う国際会議（第26回国連気候変動枠組み条約締約国会議）でも、オーストラリアを除く先進国が２０５０年前後までのカーボンゼロ（企業や家庭から出る二酸化炭素などの温室効果ガスを減らし、森林による吸収分などと相殺して実質的な排出量をゼロにする、カーボンニュートラル）を早々に表明する中で、会議直前になってようやくオーストラリアはカーボンゼロを表明しました。

資源産業が経済を支えているオーストラリアの苦悩が見て取れます。そのオーストラリアの資源の恩恵に日本はあずかっているという現実があります。

今後、オーストラリアと日本は、石炭から製造可能な水素やアンモニア、その製造過程で排出される二酸化炭素を回収して貯留するCCS（Carbon dioxide Capture and Storage：二酸化炭素の回収・貯留）技術などを積極的に進めていくことが期待されています。

水素の魅力は２つあります。それは、燃焼しても二酸化炭素を排出しないことと、水を電気分解するだけで得られるため無尽蔵に存在することです。その製造方法にはいくつかあり、石炭や

ですが、要因として海水温の上昇や海洋の酸性化があります。海水温が30℃を超える状態が長期間にわたって続くと、サンゴと共生し鮮やかな色のもとになっている「褐虫藻」という藻類がいなくなり、サンゴの白い骨格が透けて見えるようになってしまいます。そしてこの白化状態が続くと、サンゴは共生していた藻類から光合成生産物をもらうことができず死滅します。言うまでもなく地球温暖化が進めば気温だけでなく海水温も上昇し、さらに温室効果ガスの二酸化炭素が海洋中に吸収される量が増え海洋の酸性濃度も上昇します。その結果、サンゴの白化現象がよりいっそう進むことが危惧されているのです。なかでも世界最大のサンゴ礁が広がるオーストラリア北東部のグレートバリアリーフは、近年サンゴの白化現象が深刻化しています。先ほど述べた森林火災が生じた同じ２０２０年には、グレートバリアリーフの約３分の１のサンゴに白化現象が見られるという報告がありました。一度サンゴが白化して死滅すると、元通りになるためには数百年から数千年の時間が必要とされます。

こうしてみてくると、オーストラリアは環境対策に積極的なのだろうと思う方がいるかもしれません。ところがこれまでのオーストラリアは、ヨーロッパと比べると明らかに環境対策には消極的でした。確かにオーストラリアは人口が約２５００万人と少ないこともあって、温室効果ガスである二酸化炭素排出量では世界14位と決して多くはありません。しかし、中東産油国を除くとオーストラリアはカナダと並んで１人当たり二酸化炭素排出量は世界１、２位を争うほどの排出国です。この背景にあるのは、中東産油国と同じくオーストラリアが化石燃料を豊富に有しているからです。なかでもオーストラリアは二酸化炭素を多く排出する石炭の産出量では世界４位（２０１８年）、同輸出量では世界２位（２０１８年）となっています。

ちなみに日本の石炭輸入量の約６割がオーストラリア産です。言い換えれば我々の生活はオーストラリアの石炭のおかげでもっていると言っても過言ではありません。ここ10年ほどの間に、太陽光や風力の発電コストが著しく低下したため、オーストラリアでも再生可能エネルギーの割合が上昇してきました。

オーストラリアの年平均降水量は、世界平均の半分以下のわずか534㎜しかありません(世界平均：1171㎜、日本平均：1668㎜。FAO＝国連食糧農業機関「AQUASTAT」の2021年6月時点の公表データ)。オーストラリアで生産が盛んな小麦の栽培条件は、年降水量500～750㎜が必要ですから、これ以上年平均降水量が少なくなると、小麦栽培地域は縮小、つまり生産量が減少する可能性が高いわけです。実データを見てみると、長期的には栽培技術の向上などから増加傾向を示しているものの、既に述べたように極端な現象の傾向が現れ、年度ごとの生産量の変動が以前よりも激しくなっていることが読み取れます。これだけ生産量が安定しないと、小麦栽培をやめてしまう農家も今後は増えてくると考えられます。国平均でも年降水量500㎜を下回る環境になると、近い将来にはオーストラリアの小麦生産は頭打ちとなり、いずれ減少傾向に向かうことでしょう。日本は小麦の16・8%をオーストラリアから輸入しているだけに影響は必至です(農林水産省、2016～2020年の平均流通量)。

また、2019年末から2020年はじめにかけて生じたオーストラリア東部の森林火災では、北海道(約8・3万㎢)と四国(約1・8万㎢)をあわせた、日本の国土面積の4分の1以上に当たる国土が焼失しました(約10・5万㎢)。これはオーストラリア史上最大級の森林火災となりました。この森林火災だけで、約30億の動物が被害を受け、そのうちコアラは数万匹が焼死したとされています。2022年2月に国連環境計画(UNEP)がまとめた報告書では、このまま地球温暖化や土地開発が現状のペースで進むと、大規模な森林火災のリスクが2030年までに14%、2050年までに30%、さらに2100年までに50%上昇するとしています。つまり同様かそれ以上の森林火災がオーストラリアで多発する可能性があるのです。

さらに、オーストラリアの海洋においても変化が生じ始めています。それは地球上で最も豊かな海洋生態系をもたらしている世界最大のサンゴ礁グレートバリアリーフにおいて「サンゴの白化現象」が進んでいるということです。「サンゴの白化現象」は、今のところ不明な点も多いの

2023年度 開智未来中学校

【国　語】〈第二回試験〉（四〇分）〈満点：一〇〇点〉

一　未来さんは環境問題の探究学習の一環として、次の文章をプレゼンテーション用の資料（【資料１】～【資料５】）にまとめました。文章と【資料１】～【資料５】を読んで、後の問いに答えなさい。なお、資料は横書きで書かれていますが、解答は縦書きで書きなさい。

オーストラリアと聞くと皆さんはどのようなイメージをお持ちでしょうか。カンガルー、コアラ、グレートバリアリーフ、エアーズロック（ウルル）、オペラハウスなど……豊かな生態系や大自然など観光資源が豊富な国という印象をお持ちの方が多いことでしょう。

しかし１００年いや50年後にはその印象は大きく異なったものになっているかもしれません。なぜならオーストラリアでは、今世紀に入ってから森林火災が頻発し、砂漠化やサンゴ礁の白化現象など豊かな自然環境が既に失われつつあるからです。共通する背景には地球温暖化があるといわれています。

地球温暖化が進行すると、極端な現象につながりやすいと言われています。例えば降水量に注目すると、これまで雨が多い場所ではより雨が多くなったり、逆に雨が少ない場所ではより雨が少なくなったりします。また、集中豪雨が頻発したり、逆に干ばつが頻発したりします。オーストラリアは「世界で最も乾燥した大陸」と言われ、国土の約６割は樹木が生えていない砂漠または草原の地です。もともとオーストラリアは降水量が少ない地域です。それゆえオーストラリアの年平均降水量は今後ますます減少傾向に向かい、干ばつが頻発するようになるだろうと言われています。既にその兆候が現れ始めています。

2023年度

開智未来中学校　▶解説と解答

算　数　＜第２回試験＞（40分）＜満点：100点＞

解　答

[1] (1)　0.89　(2)　$\frac{1}{3}$　(3)　20％　(4)　19人　[2] (1)　4分　(2)　60　(3)　158 cm　(4)　36度　[3] (1)　70度　(2)　5 cm　[4] (1)　500人　(2)　30％　[5] (1)　18本　(2)　66個　(3)　165本　[6] (1)　6グラム　(2)　4％　(3)　7％

解　説

[1] 四則計算，逆算，割合と比，条件の整理

(1)　$0.9\times0.99-0.1\times0.01=0.891-0.001=0.89$

(2)　$\frac{1}{2}+\frac{1}{3}+\square\div2=1$ より，$\square\div2=1-\frac{1}{2}-\frac{1}{3}=\frac{6}{6}-\frac{3}{6}-\frac{2}{6}=\frac{1}{6}$　よって，$\square=\frac{1}{6}\times2=\frac{1}{3}$

(3)　$30\div150=0.2$，$0.2\times100=20$ より，30グラムは150グラムの20％にあたることがわかる。

(4)　かずこさん以外に生徒は，$30-1=29$(人)いる。また，かずこさんの前に10人並んでいるから，かずこさんの後ろには，$29-10=19$(人)並んでいるとわかる。

[2] 仕事算，整数の性質，平均とのべ，角度

(1)　毎分12リットルの割合で入れると６分でいっぱいになるから，この水そうの容積は，$12\times6=72$(リットル)とわかる。よって，毎分18リットルの割合で入れると，$72\div18=4$(分)でいっぱいになる。

(2)　４と５と６の最小公倍数を求めるので，右の図１の計算から，$2\times2\times5\times3=60$と求められる。

図１

```
2 ) 4  5  6
    2  5  3
```

(3)　(平均)＝(合計)÷(人数)より，(合計)＝(平均)×(人数)となるから，３人の身長の合計は，$148\times3=444$(cm)とわかる。そのうち，ＡさんとＢさんの２人の身長の合計は，$140+146=286$(cm)なので，Ｃさんの身長は，$444-286=158$(cm)である。

(4)　N角形の内角の和は，$180\times(N-2)$で求められるから，五角形の内角の和は，$180\times(5-2)=540$(度)であり，正五角形の１つの内角は，$540\div5=108$(度)とわかる。右の図２で，三角形EADは二等辺三角形なので，角EADの大きさは，$(180-108)\div2=36$(度)となる。同様に，角BACの大きさも36度だから，角アの大きさは，$108-36\times2=36$(度)と求められる。

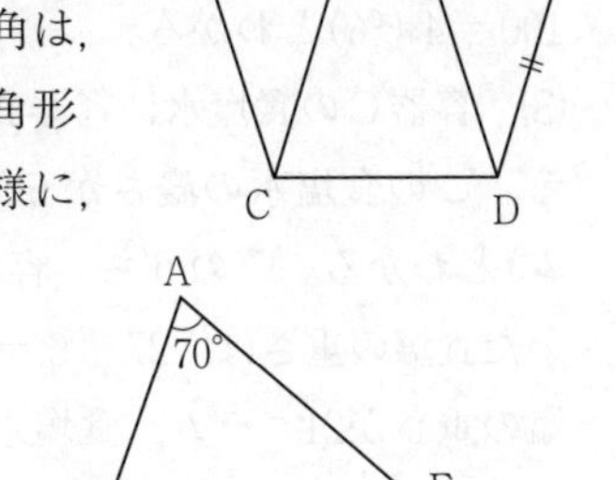

[3] 平面図形―角度，長さ

(1)　右の図で，三角形ABCの内角の和は180度だから，角アの大きさは，$180-(70+40)=70$(度)である。

(2)　(1)より，三角形CABは二等辺三角形である。よって，ACの

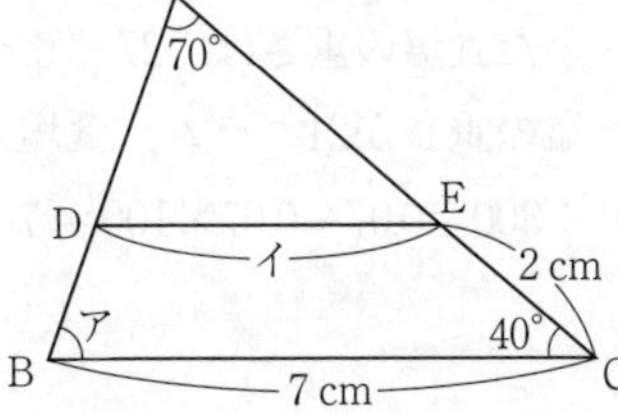

長さは７cmなので，AEの長さは，７－２＝５(cm)とわかる。また，DEとBCは平行だから，角ADEの大きさも70度であり，三角形EADも二等辺三角形になる。したがって，イの長さも５cmである。

4 条件の整理，割合と比

(1) 条件を表に整理すると，右のようになる。ピアノを習っている人数の合計は，50＋50＝100(人)であり，これが学年の人数の20％にあたる。よって，(学年の人数)×0.2＝100(人)と表すことができるから，学年の人数は，100÷0.2＝500(人)と求められる。

	13才	12才	合計
ピアノを習っている	50人	50人	20％
ピアノを習っていない		ア	
合計	60％	40％	100％

(2) アにあてはまる生徒の割合を求めればよい。12才の合計は，500×0.4＝200(人)なので，アにあてはまる人数は，200－50＝150(人)とわかる。これは全体の，150÷500＝0.3，0.3×100＝30(％)となる。

5 図形と規則

(1) 右の図で，かげをつけた三角形の数は，１＋２＋３＝６(個)である。また，１個の三角形を作るのに３本の棒を使い，かげをつけた三角形以外に棒を使うことはない。よって，３番目の図形に使う棒の数は全部で，３×６＝18(本)とわかる。

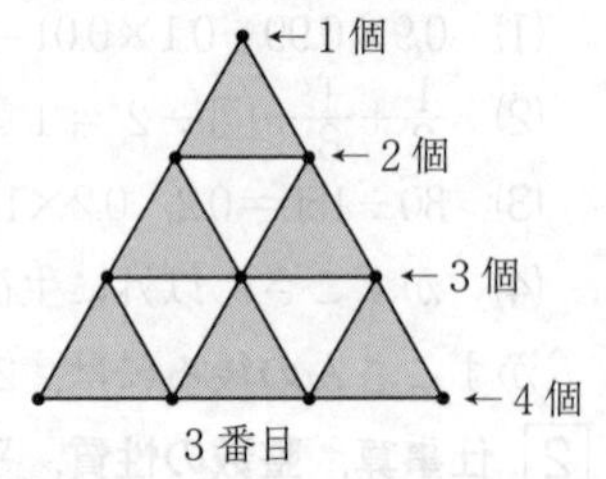

３番目

(2) たとえば３番目の図形の場合，玉の数は上から順に，１個，２個，３個，４個となっている。同様に考えると，10番目の図形の玉の数は，１＋２＋３＋…＋11＝(１＋11)×11÷２＝66(個)と求められる。

(3) (1)と同様に考えると，10番目の図形の場合，かげをつけた三角形の数は，１＋２＋３＋…＋10＝(１＋10)×10÷２＝55(個)になる。１個の三角形を作るのに３本の棒を使うから，10番目の図形に使う棒の数は，３×55＝165(本)と求められる。

6 濃度（のうど）

(1) (食塩の重さ)＝(食塩水の重さ)×(濃（こ）さ)より，容器Ａに含（ふく）まれる食塩の重さは，200×0.03＝６(グラム)とわかる。

(2) 容器Ａから水を50グラム蒸発させると，残った食塩水の重さは，200－50＝150(グラム)になる。また，水を蒸発させても含まれている食塩の重さは変わらないから，残った食塩水に含まれている食塩の重さは６グラムである。よって，容器Ｃに入れた食塩水の濃さは，６÷150＝0.04，0.04×100＝４(％)とわかる。

(3) 容器Ｃの食塩水に容器Ｂの食塩水を混ぜると，食塩水の重さは，150＋300＝450(グラム)になる。この食塩水の濃さが６％なので，この食塩水に含まれる食塩の重さは，450×0.06＝27(グラム)とわかる。そのうち，容器Ｃに含まれていた食塩の重さは６グラムだから，容器Ｂに含まれていた食塩の重さは，27－６＝21(グラム)と求められる。つまり，容器Ｂに入っていた食塩水は，食塩の重さが21グラム，食塩水の重さが300グラムなので，容器Ｂに入っていた食塩水の濃さは，21÷300＝0.07，0.07×100＝７(％)である。

社　会　＜第２回試験＞（理科と合わせて40分）＜満点：50点＞

解　答

問１　足尾(銅山)　**問２**　(1)　ウ　(2)　(例)　短期間に増水することが減り，長期間にわたって徐々に水量が増加する。　**問３**　(例)　薪や木炭を使って火を起こし，料理をしたり部屋を暖めたりしていた　**問４**　産業　**問５**　(1)　ア　(2)　八幡製鉄所　**問６**　(例)　戦車　**問７**　フランス　**問８**　(例)　石油を安定して確保し，日本に安全に輸送する　**問９**　(例)　原発事故により，持ち主が避難していて使われていない土地や，除染などを行ったものの農業が再開されていない田畑などを利用して，大規模な太陽光発電所が建設されたため。　**問10**　ウクライナ　**問11**　(例)　省エネルギーを進めることや自然のエネルギーを増やすことで，里山の自然は維持される

解　説

里山を題材とした総合問題

問１　栃木県にある足尾銅山は，日本で最初の公害事件として知られる足尾銅山鉱毒事件が起こった地である。明治時代には国内一の産出量をほこる銅山であったが，銅を取り出すときに発生する化学物質が渡良瀬川に流れこみ，流域の農作物に大きな被害を与えた。栃木県選出の衆議院議員である田中正造がこの問題を国会で取りあげ，さらに天皇に直訴したことで社会問題へと発展した。

問２　(1)　ア　流域に裸地の多い河川の水量を表す折れ線グラフは，降水量を表す棒グラフとほぼ同じように変化している。つまり，降水量が増加すると河川の水量も一緒に増加しているので，正しい。　イ　流域に水田の多い河川では，雨が降り始めても10時間ほどの間は水量に大きな変化が見られないので，正しい。水田には降った雨水をためることで洪水を防ぐはたらきがある。　ウ　流域に森林の多い河川では，雨が降っている間ほとんど水量に変化が見られないが，降り始めてから16～17時間ほど経過したころから水量が少しずつ増加している。このとき，降水量は減少しているが，まだ雨は降っているので，間違っている。　エ　流域に裸地の多い河川のピーク時の水量は約6.0m^3，流域に水田の多い河川のピーク時の水量は約4.0m^3，流域に森林の多い河川の水量はピーク時でも1.0m^3に満たない。ピーク時の水量は，流域に裸地の多い河川が最も多いので，正しい。　(2)　図１より，流域に裸地が多いと，降った雨が一気に河川に流れこんで河川の水量が急増してしまうことがわかる。一方，流域に森林が多い河川の水量は緩やかに増加し，ピーク時の水量も少ないことがわかる。これは，保水力の弱い裸地に対し，森林には雨水を地下に浸透させてためるはたらきがあるからである。したがって，はげ山に植林をすると，短期間に河川の水量が増加することを防いだり，ピーク時の河川の水量を減らしたりすることができると考えられる。

問３　空欄③のあとの先生の発言に，「化石燃料がエネルギーの中心を占めるようになるまでは，どこの国のどのような地域でも木は重要なエネルギー資源だった」とある。したがって，③には昔の人にとって薪や木炭などの木材がエネルギー資源であり，料理をするときや寒い日に部屋を暖めるときには木材が利用されていたという内容があてはまる。

問４　産業革命とは，18～19世紀にかけてイギリスで起こった技術革新とそれにともなう社会構造の変化をいう。蒸気機関が発明されて石炭がエネルギーの中心になると，大量生産と大量輸送が可能に

なり，イギリスは「世界の工場」とよばれるようになった。日本では明治政府主導のもと急速に機械化が進められ，産業革命が起こった。

問5　(1)　ア　下関条約は，1895年に日清戦争の講和条約として結ばれた。日本の全権は当時首相を務めていた伊藤博文と外務大臣であった陸奥宗光，清国側の全権は李鴻章(りこうしょう)にあったので，正しい。　イ　賠償(ばいしょう)金は1億円ではなく，2億両(テール)(当時の日本の金額で約3億1000万円)だったので，誤り。　ウ　下関条約では朝鮮を割譲(かつじょう)するのではなく，朝鮮が独立国であることを清(中国)に認めさせたので，正しくない。なお，割譲されたのは台湾・澎湖(ポンフー)諸島・遼東(リャオトン)半島である。　エ　下関条約では琉球についての取り決めはないので，正しくない。ロシアは下関条約締結後にフランス・ドイツとともに日本に対して三国干渉(かんしょう)を行い，遼東半島を清に返還(へんかん)するよう求めた。　(2)　下関条約の賠償金の多くは軍事費にあてられたが，八幡製鉄所の建設費の一部にもあてられた。八幡製鉄所は福岡県北九州市につくられた官営の製鉄所で，1901年に操業を開始した。

問6　第一次世界大戦では，飛行機のほかに戦車や潜水艦(せんすいかん)，飛行船が新たな近代兵器として使用された。なお，第一次世界大戦で新たに使用された兵器には毒ガスもあるが，毒ガスの活用によって石油の需要が増えることはないので，毒ガスはあてはまらない。

問7　現在のベトナム・ラオス・カンボジアを合わせた領域は，19世紀後半からフランスの支配下にあった。1939年に第二次世界大戦が起こり，ドイツがフランスに侵攻(しんこう)してフランスが劣勢(れっせい)になると，日本は翌40年にフランス領インドシナとよばれたこの地域の北部に進駐(しんちゅう)した。

問8　会話文と図2の地図より，日本がインドネシアの石油を確保するには，陸路ではフランス領インドシナやイギリス領のマレーシア・シンガポールを，海路ではアメリカ領のフィリピンを通らなくてはならないことがわかる。したがって，日本が日中戦争継続(けいぞく)のために必要な石油を安定的に確保し，日本に輸送するためには，アメリカ・イギリス・フランスと戦うことが避(さ)けられなかったと考えられる。

問9　新聞記事より，福島県の飯舘(いいだて)村では，東日本大震災による福島第一原子力発電所で起きた事故後の除染(じょせん)作業で出た除染土が撤去(てっきょ)されたあとも農業経営が再開されない田畑などを利用して，大手企業が大規模な太陽光発電所を建設したことがわかる。福島県では，原発事故によって空き地となってしまった場所に太陽光発電所がつくられたため，太陽光発電の発電量が急増したのである。

問10　2022年2月，ロシアのプーチン大統領がウクライナ東部への軍事作戦を開始すると発表し，ウクライナの首都キーウやその近郊をふくむ各地で戦闘(せんとう)が始まった。ロシアが原油・石炭・天然ガスなどの輸出国であるため，ロシアのウクライナ侵攻以降エネルギー価格が高騰(こうとう)しており，すでに世界のエネルギー情勢に変化が表れ始めている。

問11　先生の発言に，「里山の自然環境は，科学技術の発展とそれによるエネルギーの変化，戦争などの政治的な問題によって変化をくり返してき」たとある。つまり，将来里山の木々が産業革命や第二次世界大戦中のように伐採(ばっさい)され，里山の自然が破壊(はかい)されていく可能性もあれば，科学技術の発展によって里山の自然が維持(いじ)されていく可能性もある。現在，「世界的に省エネルギーや化石燃料にかわるエネルギーの開発や利用が進んでい」ると先生の発言にあるので，その部分から里山の木々がエネルギー資源として利用される必要がなくなり，自然が維持されると考えることができる。一方，ロシアのウクライナ侵攻が「世界のエネルギー情勢に大きな変化をもたらすことが予想され」るともあるので，この部分から石炭や原油などを輸入に頼(たよ)っている日本のエネルギー不足が深刻になり，里山の自然環境が破壊される可能性も考えられる。里山の荒廃(こうはい)が起こるのか，起こらないのか，どちらかの立場に立って，そう考えた理由を説明すればよい。

理 科 <第２回試験>（社会と合わせて40分）<満点：50点>

解 答

[1] 問１ (エ)　問２ ① ウ　② キ　問３ エ　問４ ア　[2] 問１ ウ，エ　問２ 重さ…50ｇ　こさ…10％　問３ オ　問４ 名前…食塩　重さ…５ｇ　問５ ケ　[3] 問１ ウ，オ　問２ ア，ウ，カ　問３ カ　問４ ａ 少しだけ動き続ける　ｂ 車のモーターが電気を作る　ｃ 外から流れてきた電気を使って　問５ エ

解 説

[1] 発芽についての問題

問１　アサガオのような双子葉類(そうしよう)は，発芽のときに子葉が２枚出る。なお，イネ・ムギ・トウモロコシは単子葉類で，発芽のときに１枚の子葉が出る。

問２　植物のたねの中には発芽に必要なでんぷんなどの養分がたくわえられている。でんぷんはヨウ素液と反応して青紫(むらさき)色に変化する。

問３　実験１ではコップ②とコップ③にしか水はない。また，コップ③はたねが全て水につかるくらい，たくさん水が入っていると考えると，コップ①とコップ②のたねが空気とふれあっていることになる。発芽したのはコップ②のたねだけだったので，発芽には適度な量の水と空気が必要であることがわかる。

問４　実験２では，どのコップでも水と空気はあるが温度の条件だけが異なっている。ここでは，温度が５℃，25℃，50℃のうち25℃のコップ②のたねだけが発芽していることから，インゲンマメは，この中では25℃で発芽しやすいことがわかる。なお，60℃と45℃は実験されていないので，実験２の結果からは発芽するかどうかわからない。

[2] 水溶液(すいようえき)についての問題

問１　炭酸水には気体の二酸化炭素が，アンモニア水には気体のアンモニアが溶(と)けている。なお，石灰水には固体の水酸化カルシウム（消石灰）が，水酸化ナトリウム水溶液には固体の水酸化ナトリウムが溶けている。

問２　250ｇのビーカーに食塩５ｇと水を加えたら全体の重さが300ｇになったので，食塩と水の重さの和である食塩水の重さは，300－250＝50(ｇ)とわかる。また，50ｇの食塩水に５ｇの食塩が溶けているので，この食塩水のこさは，５÷50×100＝10(％)と求められる。

問３　食塩水を加熱して沸騰(ふっとう)が始まると大きな泡(あわ)が出てくる。この泡は食塩水中の水が気体になった水蒸気である。

問４　食塩水を加熱して水を全て蒸発させると，食塩水に溶けていた食塩が出てくる。はじめに溶かした食塩が全て出てくるので，その重さは５ｇとわかる。

問５　食塩水は中性なので，赤いリトマス紙も青いリトマス紙も色は変化せず，赤いリトマス紙は赤のまま，青いリトマス紙は青のままとなる。

3 電気のはたらきについての問題

問１　ウの回路では，電池の＋極から出た電流がもうひとつの電池の－極に流れて，モーターに電流が流れないショート回路になっている。また，電池の＋極からもうひとつの電池の＋極には電流が流れないので，オの回路でも，モーターには電流が流れない。

問２　アとカの回路は電池が並列につながっているので，電池を１つ取り外してもモーターに電流が流れて車が走り続ける。また，ショート回路になっているウの回路では，電池を１つ取り外すと残りの電池からモーターに電流が流れるようになる。

問３　アとカの回路はどちらも電池が並列につながっており，モーターには電池１つ分の電流が流れていて，同じ速さで車が走る。

問４　発電機のハンドルを回転させるのを止めてモーターが止まっても，車は走っていた勢いのまま少しだけ動くので，今度はその動きによって，車のモーターが回転して電流が発生する。その電流が発電機に流れてくるので，手をはなしても発電機のハンドルが回転する。

問５　モーターと電気をたくわえるコンデンサーを並列につないでおくと，発電機のハンドルを回転させたときに，モーターが回転すると同時にコンデンサーに電気がたくわえられる。発電機を外すと，並列につながったコンデンサーから電流がモーターに流れるので，モーターは回転を続けて車が走る。これは問２のように，電池２つを並列につないだ回路から電池を１つ取り外しても，モーターに電流が流れ続けるのと似た仕組みである。

国語　＜第２回試験＞（40分）＜満点：100点＞

解答

一　**問１**　**１**　降水　**２**　小麦　**３**　森林火災　**４**　サンゴの白化現象　**５**　酸性濃度　**問２**　**あ，い**　(例)　環境問題を身近にとらえている人が少ないから(こと)。／資源産業がオーストラリアの経済を支えているから(こと)。　**問３**　**６**　16.8　**７**　石炭　**問４**　**う**　(例)　燃焼しても二酸化炭素を排出しないこと。　**え**　(例)　製造コストを下げるのが難しいこと。　**問５**　(例)　オーストラリアに太陽光発電や風力発電によって水素をつくる工場を建設し，日本はその水素を輸入して，水素を普及させていけばいいと思う。　**二**　**問１**　瑛介　**問２**　(例)　壮太は背が低いからおもしろいということ。／瑛介は入院が長いからみんなに優しくなったということ。　**問３**　(例)　壮太が退院できるようになったこと。　**問４**　(例)　本心では壮太とお別れをしたくはないが，これ以上は言葉にしないことで，さよならができなくなるのをこらえて，壮太の退院を祝う気持ち。　**問５**　(例)　残りの入院日数が一週間か二週間かという違いは，大人にとってたいした差ではなく，どちらも退院目前だととらえていること。　**問６**　(例)　瑛ちゃん，俺が退院して一人になってしまって，さびしいんじゃないかな。さびしくなったら，この紙飛行機を俺だと思って，いっしょに遊んでね。　**三**　**問１**　⑴　**主語**…イ　**述語**…オ　⑵　**主語**…なし　**述語**…オ　**問２**　⑴　首　⑵　鬼　**問３**　⑴　ご覧になる　⑵　召しあがる　**問４**　エ　**問５**　下記を参照のこと。

●漢字の書き取り

三 問５ (1) 体操 (2) 紅茶 (3) 片時 (4) 困難 (5) 筋肉 (6) 樹立

解説

一 出典は宇野仙の『SDGsは地理で学べ』による。近年の地球温暖化によりオーストラリアではどのような影響が出ているのかを説明し，今後どのような課題があるのかを示している。

問１ 1 地球温暖化の影響について第三段落で説明されている。もともとオーストラリアは降水量が少なかったが，地球温暖化によりますます少なくなっていると述べられている。 **2** 続く第四段落では，これ以上降水量が減ると，オーストラリアで生産が盛んな小麦が作れなくなることが説明されている。 **3** 第五段落では，地球温暖化の影響で森林火災が多発し，動物にも被害が出ていると述べられている。 **4** オーストラリアの海洋における変化について説明されている第六段落に注目すると，世界最大のサンゴ礁グレートバリアリーフにおいて「サンゴの白化現象」が進んでいると述べられている。 **5** 「サンゴの白化現象」の要因として，海水温の上昇や海洋の酸性化があげられている。海洋の酸性化とは，海洋中に吸収される二酸化炭素の量が増えて酸性濃度が上昇することである。

問２ あ，い これまでのオーストラリアが環境対策に消極的であった理由として，筆者は「森林火災やサンゴの白化現象などを身近な問題として捉えているのが，オーストラリアの中でもひと握りの人々だからではないか」と推測している。また，「京都議定書の批准」や「カーボンゼロ」の表明が遅かったのは，「資源産業が経済を支えている」「安く石炭が手に入る」からだろうと述べている。

問３ 6 問１で見たように，２には「小麦」が入る。第四段落で「日本は小麦の16.8％をオーストラリアから輸入している」と述べられている。 **7** 第七段落では，オーストラリアの石炭産出量が世界４位であると述べられている。また，その次の段落で，日本の石炭輸入量の約６割がオーストラリア産だとされている。

問４ う 最後から三つ目と二つ目の段落に，水素とアンモニアに共通する利点として，燃焼しても二酸化炭素を排出しないことがあげられている。 **え** 最後の段落に注目すると，水素とアンモニアに共通する課題は製造コストが高いことだと説明されている。

問５ オーストラリアと密接な関係にある立場から，日本はオーストラリアにおける環境問題に対して何ができるかを書く。水素とアンモニアを活用し，普及させることが期待されるが，その際の「製造コスト」がかかるという課題をどうすれば解決できるかを考えるとよい。

二 出典は瀬尾まいこの『夏の体温』による。瑛介（ぼく）と壮太は入院中に仲良くなり，いつもいっしょに遊んでいたが，壮太が先に退院することになる。

問１ 直前の一文で壮太が「ぼく」のことを「瑛ちゃん」と呼んでいる。後の，壮太が母親といっしょに「ぼく」の病室に来た場面で，壮太の母親が「瑛介君」と言っているので，「ぼく」の名前は「瑛介」だとわかる。

問２ 「壮太の言うとおりかもしれない」と思った後で，「違う」と否定している。壮太の言ったこととは，壮太は「チビだからおもしろくなって」，瑛介は「入院が長いから優しくなった」ということである。

問３　続く部分に注目する。壮太はこの日退院することになっており，それを「解放」と表現していることがわかる。

問４　瑛介と壮太の別れを「お母さん」は「あっさりしている」と言ったが，続く部分に「あれ以上言葉を発したら，泣きそうだった」と瑛介の気持ちが書かれている。「壮太と別れたくないが，別れをおしむと泣いてしまいそうなので，明るく壮太を見送ろうと思う気持ち」だったことが読み取れる。

問５　瑛介にとって病院で過ごす一日は長く，「一週間と二週間」では全然違うのに，それを先生が「一，二週間」とひとくくりにしていることを「大人の感覚」だと考えていることがわかる。よって，傍線部⑤は，「残りの入院日数が一週間か二週間かではまったく違うのに，ひとくくりにしてもうすぐ退院だと言うこと」のようにまとめられる。

問６　瑛介が紙飛行機を見て「壮太は，知っていたんだ～ぼくがどう過ごせばいいかわからなくなることも」と感じているように，壮太は自分が退院した後，瑛介がさびしいだろうと思い，瑛介をなぐさめるために紙飛行機を置いていったものと考えられる。

三　主語と述語，慣用句・ことわざの完成，敬語の知識，文学作品と作者，漢字の書き取り

問１　(1)　文の最後にある「ある」が述語である。「何が」あるのかを表す「荷物は」が主語である。　(2)　文の最後にある「注意しなさい」が述語である。「何が」「だれが」注意するのかは文中にないので，主語はないことがわかる。

問２　(1)「首を長くする」は，“楽しみにして今か今かと待つ”という意味。　(2)「鬼(おに)の目にも涙(なみだ)」は，“思いやりの心がない者も，ときには思いやりの心が生まれ涙を流すことがある”という意味。

問３　(1)「見る」のは「校長先生」なので，「見る」を尊敬語の「ご覧になる」に直す。　(2)「いただく」は「食べる」の謙譲(けんじょう)語なので，「村長」の行動に対して使うのは誤りである。尊敬語の「召(め)しあがる」に直す。

問４　エの『蜜蜂(みつばち)と遠雷(えんらい)』は，直木賞を受賞した恩田陸(おんだりく)の作品である。なお，『火花』は又吉直樹(またよしなおき)，『下町ロケット』は池井戸潤(いけいどじゅん)，『コンビニ人間』は村田沙耶香(むらたさやか)の作品である。

問５　(1)　健康や体力の増進などを目的に行う身体運動。　(2)　つみ取った茶葉を発酵(はっこう)，乾燥(かんそう)させたものに湯をさした飲み物。　(3)　ほんのちょっとの間。　(4)　実現，実行が非常に難しいようす。　(5)　動物の体を運動させるためにはたらく肉。　(6)　しっかりと打ち立てること。

英語入試　出題の概要

◆「探究２試験」と「第２回試験」において，それぞれ「探究社会」または「社会・理科」に代えて「英語」で受験することができます。

Ⅰ　英語を聴く力に関する問題	①アルファベットを聞き取り順番に並べる問題 ②絵を用いた問題
Ⅱ　英語の語彙に関する問題	①規則性の問題 ②英文が示す英単語を答える問題
Ⅲ　英語のルールに関する問題	英文法問題
Ⅳ　長い英語の文章に関する問題	英文の内容に関する読解問題
Ⅴ　英語で表現する問題	質問を読み考えを英語で説明する問題

2023年度

開智未来中学校 探究試験 出題例

出題例

※各試験問題から，それぞれ特徴的な設問を抜粋して掲載しております(解答用紙と解答は省略)。

計算基礎 (一部抜粋)

問題番号の横に＊の付いている問題は２点の配点です。それ以外は全て各１点、合計50点です。

(1) $3617+5189$

(2) $6428-2581$

(3) $17946-8738$

(4) $673-489+251$

(5) 67×26

(6) 118×121

(7) 3.9×5.7

(8) $408\div24$

(9) $29.58\div3.4$

(中略)

(27)* $\frac{35}{24}\times\frac{36}{55}-\frac{31}{42}\times\frac{14}{11}$

(28)* $2\frac{1}{4}-\frac{7}{40}\div10\frac{1}{2}\times7\frac{4}{5}$

(29)* $1\frac{7}{8}\times\left(2\frac{1}{5}-1\frac{5}{6}\right)\div1\frac{3}{8}$

(30)* $4.2\times\left(2\frac{5}{6}-\frac{17}{7}\right)-\frac{21}{5}\div7\frac{7}{8}$

(31)* $\left(2\frac{1}{8}+3.5\right)\div\left(4\frac{5}{6}-2\frac{3}{4}\right)$

(32)* $\left(13\frac{1}{2}-12.1\times\frac{1}{11}\right)-\left(2\frac{1}{4}\div3+2.25\right)$

(33)* $5\frac{1}{3}\times0.225\div\left(3.2\times\frac{11}{4}-6.5\right)+1\frac{11}{23}$

(34)* $\left\{3.25+\left(3\frac{2}{5}-1\frac{1}{2}\right)\div3.8\right\}\div3\frac{3}{4}$

(35)* $\frac{7.8-2.6\times2\div1.3+10\div8+1.95}{3.5}$

英　語（一部抜粋）

1　英語を聴く力に関する問題です。

【C】

これからNo.1～No.4まで、４つの英文を読みます。それぞれの英文の内容を最もよくあらわしているイラストを下の①～⑧から１つずつ選び、その番号を答えなさい。

5　英語で表現する問題です。

以下の質問について、あなたの考えとその理由を２つ英文で書きなさい。その際、用いた語数を数えて解答用紙に書き入れなさい。語数の目安は25語～35語とします。

[質問]

Where do you want to go during your winter vacation?

探究(社会)（一部抜粋）

最終問題

あなたが開智未来生だったとしたら、どのようなテーマで**「鉄道に関する探究」**を行いますか。探究１～探究３の内容、次の**【探究計画書の書き方】**、および**別冊資料「才能発見プログラム　探究ガイドブック―INQUIRY GUIDE BOOK―」**を参考にして探究計画書を完成させなさい。なお、鉄道については、路面電車や地下鉄、電車や新幹線、モノレールやリニアモーターカーなど、「線路を走る乗り物」と幅広く考えて探究してください。

【探究計画書の書き方】

テーマ	テーマは疑問形で設定します。探究１～探究３のように社会問題を取り上げるばかりではなく、自分の身近にあるような疑問も、十分素晴らしいテーマになります。
検証方法	検証方法の欄には、**別冊資料「才能発見プログラム　探究ガイドブック―INQUIRY GUIDE BOOK―」**の４ページ～９ページにまとめられた、⑤～⑰までの13個の検証方法（タイトルのみ、資料から抜粋して下の**【参考】**に示します）から、１つ以上を選んで記載します。
実際にどのように検証するか	上記「検証方法」の具体的な中身について説明してください。「どこで」「どのように」「何を」行うか、具体的に考えることが素敵な探究への第一歩です。

【参考】13個の検証方法のタイトル（別冊資料１ページより）

⑤	体験活動／実地調査	⑥	ランキング作成	⑦	アンケート調査	⑧	街頭調査（フリップボード）
⑨	街頭インタビュー	⑩	インタビュー（事前アポ）	⑪	電話インタビュー	⑫	メールで情報収集
⑬	講演会・セミナー参加	⑭	科学実験・観察	⑮	○○やってみた	⑯	地図作成
⑰	一次資料（史料）の分析						

探究(科学)（一部抜粋）

B問題はパートⅠ、パートⅡに分かれています。

〔パートⅠ〕

ある地域にすむ生き物の数を調べる方法として標識再捕法(ひょうしきさいほほう)と呼ばれるものがあります。これはある地域にすむ生き物の数や数の変化について調べたい時に役立ちます。正しい数を知るためには、その地域にすむ生き物すべてを数えないといけませんが、数が多すぎてほぼ不可能です。標識再捕法はそのような時に生き物の数をおおよそこのくらいの数だろう、と予想するためにおこなわれる方法の１つです。

例えば、標識再捕法を用いて、「ある湖にすむ魚の数」を予想したい時は次のような手順でおこないます。

〔手順〕

①湖から一部の魚を捕獲(ほかく)します。

②その魚に小さな印をつけます。

③印をつけた魚を湖に戻(もど)します。

④数日をあけて、湖内に散らばるのを待つ。

⑤再び、一部の魚を捕獲する。

⑥捕獲した魚の中に印のついた魚が何匹(ひき)いるかを数えて、そこから全体の数を予想する。

ここからは、具体的な数字を当てはめて考えていきます。湖には、何匹の魚がいるのかわかりません。

まず、初めに魚５００匹を捕獲してすべてに印をつけて、湖に戻します。数日経つと印をつけた魚は湖全体に散らばっているものとします。

数日後、再び５００匹の魚を捕獲して魚の印を調べると１０匹の魚に印がついていました。一度目に捕獲して印をつけた魚は、湖全体に散らばっているので「二度目に捕獲した５００匹」と「印のついた１０匹」から湖全体の魚の数を、比を使って予想することができます。湖全体にすむ魚の数をＮとした時、

「全体の魚の数：印のついた魚の数」＝「Ｎ：５００」

となります。また、２度目の捕獲によって、湖にすむ魚の５００匹中１０匹の魚に印がついていると考えることができます。

つまり、

「全体の魚の数：印のついた魚の数」＝「５００：１０」

であると予想することができ、この２つの比から湖全体の魚の数を求めることができます。

【問１】

この湖にすむ魚は何匹であると予想することができるか答えなさい。

【問２】

手順④の時、生き物をすみかに戻した後にあける日数が適切な日数よりも長かったため正確な結果を得られないことがある。このときの理由としてどのようなことが考えられるか２つ答えなさい。

【問３】

採取して印をつけることのできる生き物であっても、標識再捕法を用いて数を予想することが難しい生き物がいる。それは手順①～⑥のどの手順で難しくなるためか、１つ選びなさい。また、その理由を生き物の特徴(とくちょう)をふまえて答えなさい。

Dr.福井の

入試に勝つ！脳とからだのウルトラ科学

勉強が楽しいと，記憶力も成績もアップする！

みんなは勉強が好き？　それとも嫌い？——たぶん「好きだ」と答える人はあまりいないだろうね。「好きじゃないけど，やらなければいけないから，いちおう勉強してます」という人が多いんじゃないかな。

だけど，これじゃダメなんだ。ウソでもいいから「勉強は楽しい」と思いながらやった方がいい。なぜなら，そう考えることによって記憶力がアップするのだから。

脳の中にはいろいろな種類のホルモンが出されているが，どのホルモンが出されるかによって脳の働きや気持ちが変わってしまうんだ。たとえば，楽しいことをやっているときは，ベーターエンドルフィンという物質が出され，記憶力がアップする。逆に，イヤだと思っているときには，ノルアドレナリンという物質が出され，記憶力がダウンしてしまう。

要するに，イヤイヤ勉強するよりも，楽しんで勉強したほうが，より多くの知識を身につけることができて，結果，成績も上がるというわけだ。そうすれば，さらに勉強が楽しくなっていって，もっと成績も上がっていくようになる。

でも，そうは言うものの，「勉強が楽しい」と思うのは難しいかもしれない。楽しいと思える部分は人それぞれだから，一筋縄に言うことはできないけど，たとえば，楽しいと思える教科・単元をつくることから始めてみてはどうだろう。初めは覚えることも多くて苦しいときもあると思うが，テストで成果が少しでも現れたら，楽しいと思えるきっかけになる。また，「勉強は楽しい」と思いこむのも一策。勉強が楽しくて仕方ない自分をイメージするだけでもちがうはずだ。

Dr.福井(福井一成)…医学博士。開成中・高から東大・文Ⅱに入学後，再受験して翌年東大・理Ⅲに合格。同大医学部卒。さまざまな勉強法や脳科学に関する著書多数。

2022年度　開智未来中学校

〔電　話〕　(0280)61－2033
〔所在地〕　〒349－1212　埼玉県加須市麦倉1238
〔交　通〕　JR宇都宮線・東武日光線―栗橋駅よりスクールバス

【算　数】〈T未来試験〉(40分)〈満点：100点〉

注　意　1．コンパス、分度器、その他の**定規類は使用しない**でください。
　　　　2．**円周率**が必要な場合、特に問題文に指示がない限り、**3.14**を用いること。

1　次の□にあてはまる数を答えなさい。

(1)　$\left(3.25+1\frac{3}{4}\right)\div\left\{2-\left(1.25-\frac{2}{3}\right)\times\frac{4}{7}\right\}=\square$

(2)　$8\times\left\{\frac{1}{4}\times\left(\square+\frac{2}{3}\right)-\frac{1}{12}\right\}+4\frac{1}{6}=8$

(3)　4個の整数A、B、C、Dがあり、A、B、Cの和は43、A、B、Dの和は46、A、C、Dの和は47、B、C、Dの和は56です。A、B、C、Dの和は□です。

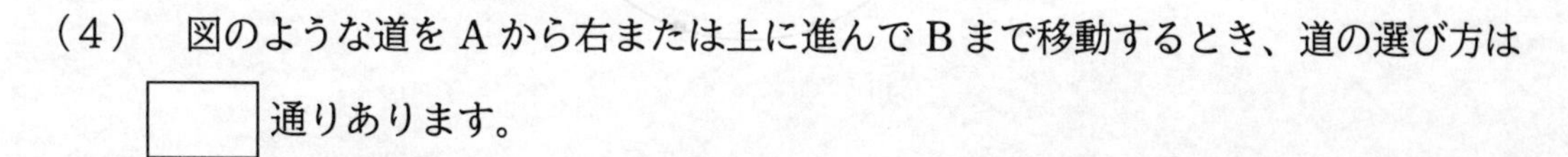

(4)　図のような道をAから右または上に進んでBまで移動するとき、道の選び方は□通りあります。

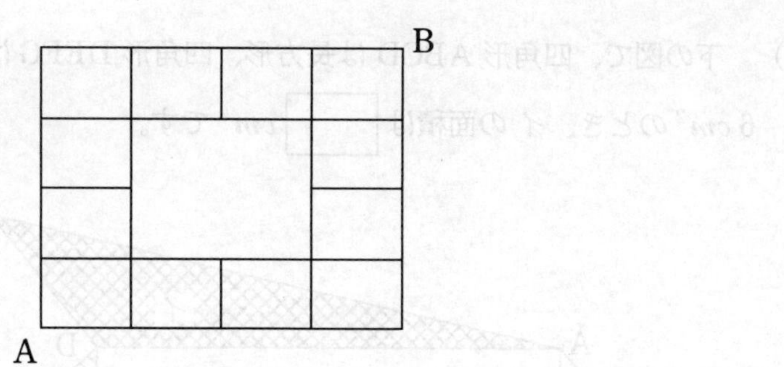

2 次の□にあてはまる数を答えなさい。

(1) 1から100までの整数のうち、約数の個数が3個であるものは全部で□個あります。

(2) AさんとBさんは同じ向きに毎分90 m の速さでまっすぐな道を歩きます。BさんはAさんの4分後に出発します。この道をAさんと逆向きに毎分30 m の速さで歩いているCさんは、Aさんとすれ違った□分後にBさんとすれ違います。

(3) 下の図の点は円周を9等分しています。これらの点から3つを選んでできる三角形は□種類あります。ただし、形が同じ三角形は1種類と数えることにします。

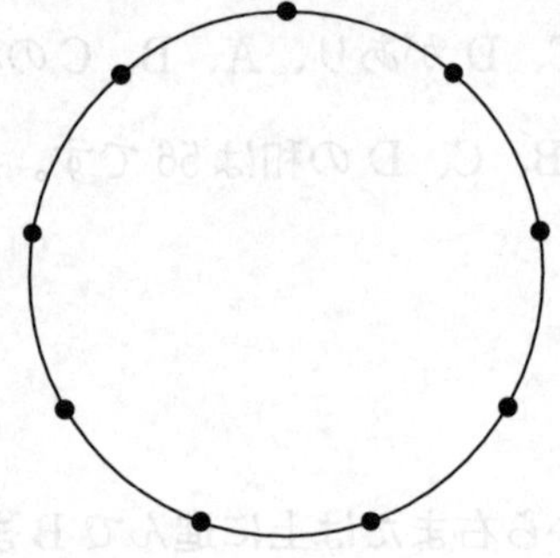

(4) 下の図で、四角形ABCDは長方形、四角形DEFGは正方形です。アの面積が6 cm^2 のとき、イの面積は□ cm^2 です。

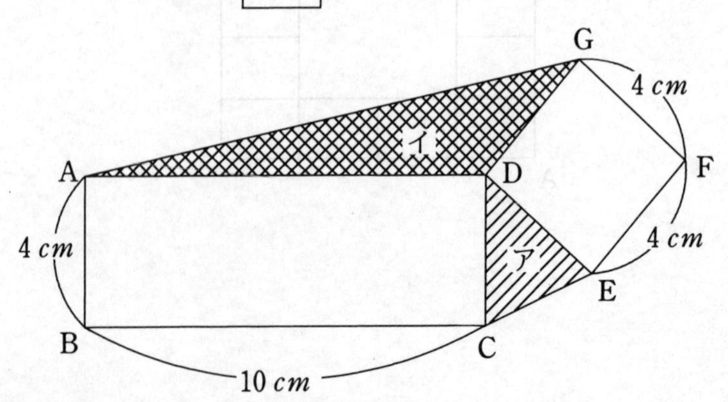

3 1から9までの整数が書かれたカードがそれぞれ1枚ずつ、全部で9枚あります。そのうち3枚を書かれた数が見えないように裏返して一列に並べ、裏返したカードを左から順にA、B、Cと名づけました。太郎さんはこれら3枚のカードをめくって書かれている数を確かめて、次のことを花子さんに伝えました。

[ア]　3枚の中で、Aの数は最も小さく、Cの数は最も大きい。
[イ]　AとCの数を足すと、Bの数の倍数になっている。

(1)　花子さんがBのカードをめくると、書かれている数は4でした。AとCに書かれている数の組み合わせは何通りですか。

(2)　花子さんがAとCの2枚のカードをめくって書かれている数を確かめると、Bの数が何かも分かりました。このとき、AとCに書かれている数の組み合わせは何通りですか。

4 【図1】は三角柱です。以下の問いに対し、必要なら三角すいの体積は $\frac{1}{3}$×(底面積)×(高さ)で求められることを用いてもかまいません。

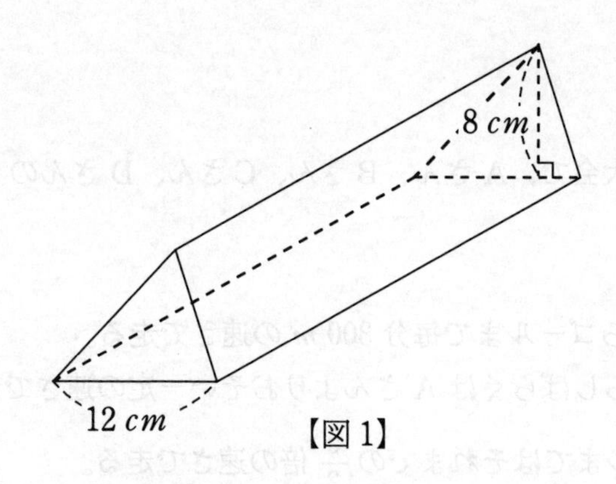

【図1】

(1) 【図1】の三角柱を2つ重ね合わせて【図2】のような立体をつくったとき、三角柱が重なり合っている部分の体積は何 cm^3 ですか。

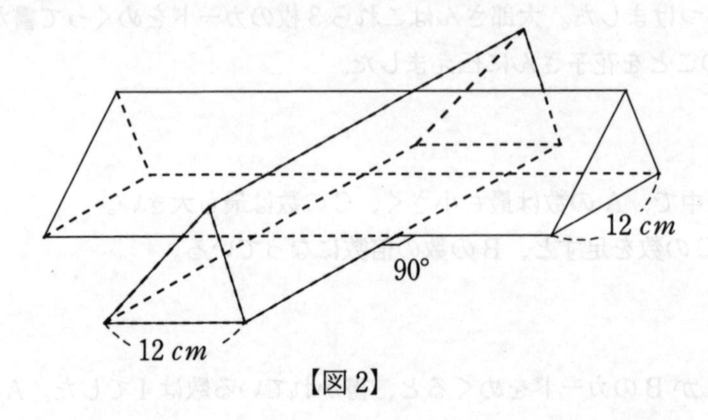

【図2】

(2) 【図1】の三角柱を2つ重ね合わせて【図3】のような立体をつくったとき、三角柱が重なり合っている部分の体積は何 cm^3 ですか。

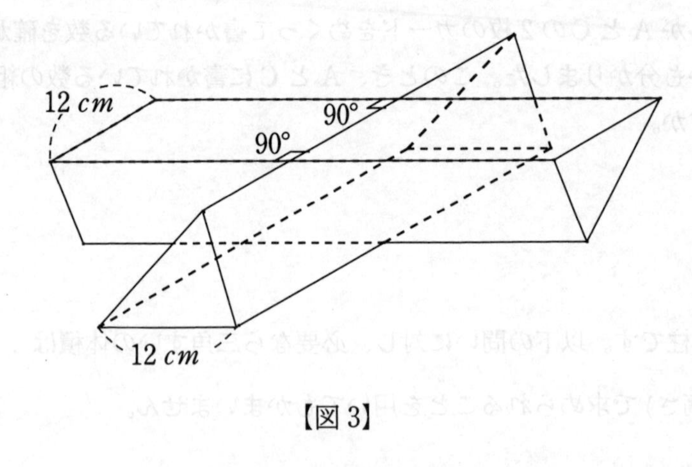

【図3】

5 未来中学校のマラソン大会で、Aさん、Bさん、Cさん、Dさんの4人は次のように走りました。

Aさん：スタートからゴールまで毎分300 m の速さで走る。

Bさん：スタートからしばらくはAさんよりおそい一定の速さで走り、途中の地点Pからゴールまではそれまでの $\frac{5}{3}$ 倍の速さで走る。

Cさん：AさんとBさんのちょうど真ん中を走り続ける。

Dさん：Cさんよりつねに毎分20 m だけ速く走る。

Aさんと Bさんの2人はスタート地点から3000 m 先の地点Qを同時に通過し、その20分後にBさんとDさんの2人が同時にゴールしました。

(1)　AさんとBさんの2人が地点Qを同時に通過したとき、Dさんはスタート地点から何 m 先にいましたか。

(2)　スタートしたときのBさんの速さは毎分何 m ですか。

(3)　地点Pはスタート地点から何 m 先にありますか。

6　下の図で、ABCDEFは1辺が6 cm の正六角形です。点P、Qはそれぞれ点A、Dを同時に出発し、正六角形ABCDEFの周上を反時計回りに進み続けます。点P、Qの進む速さはそれぞれ毎秒2 cm、毎秒1 cm です。

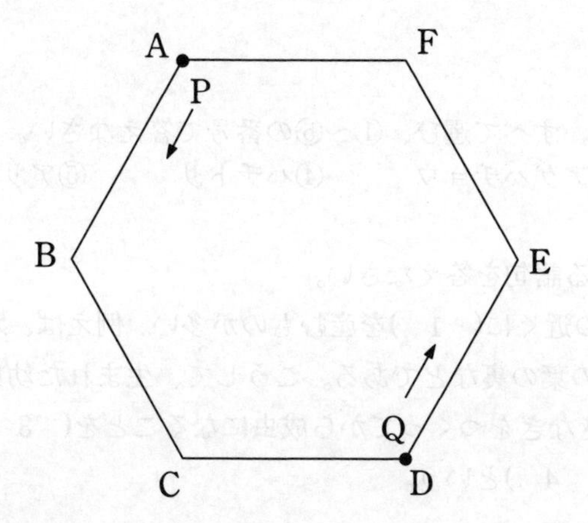

(1)　出発してから1秒後の三角形APQの面積は正六角形ABCDEFの何倍ですか。

(2)　出発してから4秒後の三角形APQの面積は正六角形ABCDEFの何倍ですか。

(3)　出発してから18秒後までの間で、三角形APQの面積が最も大きくなるのは何秒後ですか。

【理　科】〈T未来試験〉（40分）〈満点：100点〉

1　K君とM君は休みの日に昆虫(こんちゅう)採集をするために近くの林に行き、ツノの大きなオスのカブトムシとツノの小さなオスのカブトムシを発見しました。以下の【会話文】を読み、後の問いに答えなさい。

【会話文】

K君：カブトムシの成虫は、いつも何を食べているか知ってる？

M君：確か…、主な食べ物は樹液(じゅえき)だったと思うな。

K君：そう！正解！ほら、そこの木で2匹(ひき)のカブトムシのオスがエサをめぐって争っているよ。

M君：本当だ！あれ？2匹のオスのツノの大きさが違うよ？1匹は大きくて立派なツノをもっているけれど、もう1匹はメスと見間違(みまちが)えるほどツノが小さいよ。どっちが勝つのかな？

K君：ツノが大きい方が勝つと思うよ！ツノは子孫(しそん)を残すためにメスをめぐって争うときにも使われるんだよ。

M君：すごいね！ツノが大きいと、メスをめぐる争いにも勝てちゃうんだね。それと、交尾(こうび)の時にメスを捕まえたり、逃げられないようにするために強い脚(あし)も必要になるんだよね？

K君：そうだね。ツノ以外にもいろいろな部分の大きさも大事になるね。

M君：そうすると、なんで、ツノも体も小さいオスが生まれて、成長して子孫を残せるの？この林に栄養(えいよう)が少なくて、幼虫が育ちづらい場所なんてないよ？

K君：そう、ツノの小さなオスにはツノの大きなオスにはない<u>子孫を残すための戦略</u>があるんだよ。なんだと思う？

M君：え、なんだろう…。調べてみる！

問1　昆虫の仲間は次のうちどれですか。すべて選び、①～⑤の番号で答えなさい。

①クモ　②ダンゴムシ　③アゲハチョウ　④ハチドリ　⑤アリ

問2　次の文中の（　1　）～（　4　）に入る語句を答えなさい。

昆虫は、子孫を残すときに食べ物の近くに（　1　）を産むものが多い。例えば、カブトムシは土の中、モンシロチョウはキャベツの葉の裏などである。こうして、生まれた幼虫は（　2　）を繰(く)り返して大きくなる。その後、さなぎをつくってから成虫になることを（　3　）といい、さなぎをつくらずに成虫になることを（　4　）という。

問3　カブトムシの成虫は樹液をなめとるのに適した形の口をもっています。カブトムシの口の形として、最も適切なものを次の①～④の中から1つ選び、番号で答えなさい。

①針状

②ブラシ状

③キバ状

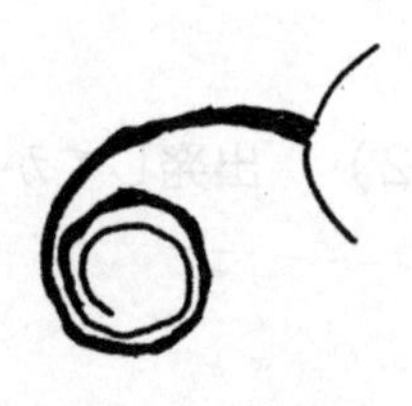

④ストロー状

問４　以下の図は脚を除いたカブトムシの図です。翅（はね）の位置を意識して、カブトムシの脚をすべて、解答用紙の図に記入しなさい。

図　脚を除いたカブトムシ

問５　【会話文】の下線部より、この林の中でツノの小さなオスが子孫を残すための戦略として、どのようなものが考えられるか具体的に２つ書きなさい。後日、２人がツノの小さなオスをツノの大きなオスと比べた時の結果を以下の表に示します。

表　体の大きさあたりの各部位の大小関係

	ツノの小さなオス
ツノの長さ	小
前脚の長さ	大
眼の面積	―
翅の長さ	―
精巣（せいそう）の体積	大

―：違いがない

問６　ツノの大きなオスが実際に子を残せる割合を70%、ツノの小さなオスが実際に子を残せる割合を40%とします。これが成り立つのは以下の条件がそろっているときです。以下の条件を読み、次の(1)、(2)に答えなさい。

条件
①他の林にカブトムシが移動することはありません。
②林の外から新しいカブトムシが入り込（こ）むことはありません。
③産んだ卵はすべて成長して、成虫になります。
④オスとメスは死ぬまでに１組でしか受精を行いません。

(1)　ツノの大きなオスと小さなオスがそれぞれ120匹ずついるとき、子を残すことに成功するオスはそれぞれ何匹ずついるか答えなさい。

(2)　メス１匹あたり10個の卵を産み、子の半分が新たなメスとして生まれるものとします。(1)の子を残すことに成功し、新たに生まれてきた子のうち、ツノの大きなオスとツノの小さなオスはそれぞれ何匹ずつ生まれてくるか答えなさい。ただし、ツノの大きなオスの子はツノが大きくなり、ツノの小さなオスの子はツノが小さくなるものとします。

2 未来君は、授業で学習した星の明るさと色について先生と話しています。以下の【会話文】を読み、後の問いに答えなさい。なお、同じ記号には同じ言葉が入るものとします。

【会話文】

未来君：今日の授業で、地球は太陽系の惑星(わくせい)のうちの1つなのだと知りました。惑星にはどのような特徴(とくちょう)があるのか、興味を持ちました。

先生：太陽系の惑星は、全部で8個ありますね。太陽に近いほうから(　A　)という順番で並んでいます。しかし、実は少し前まで、太陽系の惑星は(　B　)という星も含(ふく)まれていたのですよ。それまで、はっきりしていなかった惑星の定義が正式に示されたことで、2006年8月に国際天文学連合がこの星を惑星から外し、(　C　)という分類に位置付けしました。他にも、彗星(すいせい)などが(　C　)として分類されています。

未来君：惑星として分類されるには基準があるのですね。ますます、惑星について知りたくなりました。

先生：では、太陽系の惑星の定義について簡単に説明しますね。まず1つ目は、太陽系の周りを回っていることです。次に2つ目は、①<u>十分大きな重さを持ち、球状であること</u>です。そして3つ目は、公転する軌道(きどう)上に衛星を除く他の天体がないことです。実は最近になって(　B　)の公転の軌道上に(　B　)よりも、さらに大きいエリスという天体が発見されたのです。②<u>地球から遠い距離(きょり)</u>にあったのでそれまで発見されていませんでしたが、この天体の存在が明らかになったことによって、(　B　)が惑星から外されたといえるでしょう。

未来君：なるほど。宇宙についてまだ分かっていないことがたくさんあるのですね。

先生：そうですね。これから、さらに色々なことが明らかになってくるのが楽しみですね。ところで、未来君は星の明るさについて意識したことがありますか？例えば、春夏秋冬のうち、(　D　)の空に、よく見えるオリオン座を考えてみましょう。

次のページの図のようなオリオン座の代表的な星たちをよく観察すると、実は明るさが違(ちが)うことが分かります。ベテルギウスやリゲルは1等星、ミンタカ、アルニラム、アルニタクは2等星です。これは、地球から見たときの見かけの明るさの違いによって分類されています。明るい順に1等星、2等星…と等級がつけられており、③<u>1等級違うと星の明るさはおよそ2.5倍違います</u>。

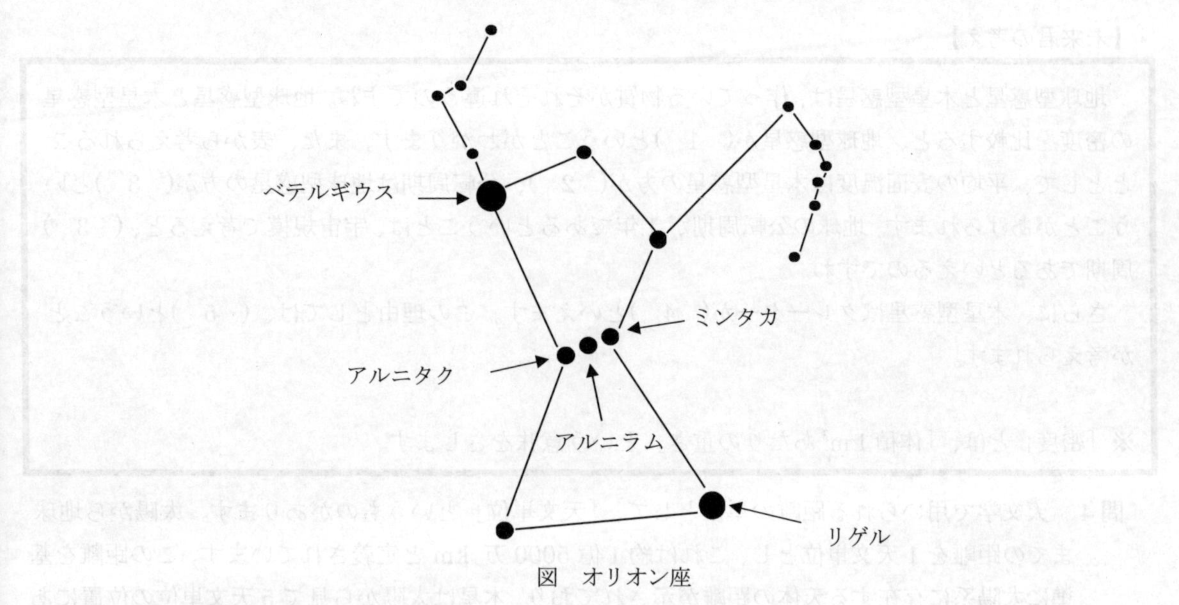

図　オリオン座

(この図の星の大きさは等級を表していて、大きい丸ほど明るいことを示しています。)

問1　【会話文】の(　A　)に入る適切なものを次のア～オの中から1つ選び、記号で答えなさい。

ア　水星、土星、地球、火星、木星、金星、天王星、海王星

イ　水星、金星、地球、火星、木星、土星、天王星、海王星

ウ　水星、金星、地球、火星、木星、土星、海王星、天王星

エ　金星、水星、地球、土星、木星、火星、海王星、天王星

オ　金星、水星、地球、火星、木星、土星、海王星、天王星

問2　【会話文】の(　B　)～(　D　)にあてはまる適切な語句を答えなさい。

問3　以下の表は、【会話文】の下線部①について惑星の特徴(とくちょう)をまとめたものです。太陽に近い4つの惑星を地球型惑星、太陽から遠い4つの惑星を木星型惑星といいます。このことについて、未来君は次のページのように考えました。次のページの【未来君の考え】を読み、(　1　)～(　4　)にあてはまる言葉を答え、(　5　)にはあてはまる理由を書きなさい。ただし、同じ番号には同じ言葉が入るものとし、(　5　)は表の特徴に着目して書きなさい。

表　地球型惑星と木星型惑星の特徴

	地球型惑星	木星型惑星
太陽からの距離	近い	遠い
半径	小さい	大きい
作っている物質	岩石	気体
衛星の数	少ない	多い

【未来君の考え】

地球型惑星と木星型惑星は、作っている物質がそれぞれ違うのですね。地球型惑星と木星型惑星の密度を比較(ひかく)すると、地球型惑星が(　1　)ということがわかります。また、表から考えられることとして、平均の表面温度は木星型惑星の方が(　2　)、公転周期は地球型惑星の方が(　3　)ということがあげられます。地球の公転周期が1年であるということは、宇宙規模で考えると、(　3　)周期であるといえるのですね。

さらに、木星型惑星はクレーターが(　4　)といえます。この理由としては、(　5　)ということが考えられます。

※「密度」とは、「体積1 m^3 あたりの重さ」という意味をさします。

問4　天文学で用いられる距離の単位として、「天文単位」というものがあります。太陽から地球までの距離を1天文単位とし、これは約1億5000万 km と定義されています。この距離を基準に太陽系に存在する天体の距離が示されており、木星は太陽から見て5天文単位の位置にあります。このことを参考に、【会話文】の下線部②について次の問いに答えなさい。

(1)　地球と木星が最も遠い位置にある場合、何天文単位離(はな)れているか答えなさい。

(2)　地球と木星が最も近い位置にある場合、何 km 離れているか答えなさい。

問5　【会話文】の下線部③について、次の問いに答えなさい。

(1)　1等星の明るさは4等星の明るさの何倍ですか。次のア～オの中から最も適切なものを1つ選び、記号で答えなさい。

ア　2.5倍　　イ　7.5倍　　ウ　15倍　　エ　40倍　　オ　100倍

(2)　100個の星の集まりを観察すると、全体の明るさは1等星として見えます。このとき、星の集まりの中の1個は何等星として見えると考えられるか答えなさい。

3 未来君は５種類の異なる気体ア～オに関する【実験】を行いました。気体ア～オはアンモニア、塩化水素、酸素、水蒸気、窒素(ちっそ)、二酸化炭素の６種類の気体のどれかです。また、未来君は空気中に含まれる複数(ふくすう)の気体に興味を持ち、インターネットで調べました。【実験】と【空気中に含まれる複数の気体について調べたこと】を読み、後の問いに答えなさい。

【実験】

(1)　二酸化マンガンに過酸化(かさんか)水素水を加えると、気体アが発生しました。

(2)　気体イを水に溶(と)かしたものをリトマス紙につけると、青から赤に変化しました。一方、気体オを水に溶かしたものをリトマス紙につけると、赤から青に変化しました。

(3)　アルコールを燃やすと、気体イと気体ウが発生しました。

(4)　気体ア～オをそれぞれ発生させたとき、①気体オは上方置換(じょうほうちかん)を使って、集めました。

(5)　②空のスプレー缶(かん)を用意し、重さをはかると、164.21 gでした。このスプレー缶に空気入れを使い、空気を入れて、重さをはかると、165.01 gでした。

【空気中に含まれる複数の気体について調べたこと】

レイリーとラムゼーという科学者はアルゴンという未知の気体を発見したことにより、1904年にそれぞれ、ノーベル物理学賞とノーベル化学賞を受賞しました。彼(かれ)らは空気中に含まれる複数の気体の比率を詳(くわ)しく調べました。

③空気から、気体ア、気体イ、気体ウをすべて除去(じょきょ)して得た気体（この気体を気体Xとします。）の重さが、化学反応で得た純粋(じゅんすい)な気体エの重さより、1 Lあたり0.5%大きいことに彼らは着目しました。このほんのわずかな違いが生まれる理由を追求する中で、彼らはアルゴンという未知の気体を発見しました。彼らがアルゴンを発見するきっかけとなった現在の各気体のデータを以下の表１、２にまとめました。

※「純粋」とは、ほかの物質が混じっていない１種類の物質のみの状態をさします。

表１　各気体の体積１Lあたりの重さ〔g〕

気体ア	気体イ	気体ウ	気体エ	気体オ	乾燥(かんそう)空気	アルゴン
1.43	1.98	0.60	1.25	0.77	1.29	1.78

※乾燥空気とは、水蒸気を除いた空気のことをさします。

表２　乾燥空気100 Lに含まれる各気体の体積〔L〕

窒素	酸素	アルゴン	二酸化炭素
78	21	0.93	0.04

問1　気体ア～ウの名前を答えなさい。

問2　気体アの確認を行いました。気体アの確認方法と結果として、最も適切な文章を以下のあ～おの中から1つ選んで、記号で答えなさい。

あ　石灰水に通すと、白くにごった。
い　火のついたマッチを近づけると、ポンと音を立てて、爆発(ばくはつ)した。
う　この気体を水に溶かし、リトマス紙につけると赤から青に変化した。
え　火のついた線香(せんこう)を近づけると、激(はげ)しく燃えた。
お　においをかいだら、刺激臭(しげきしゅう)がした。

問3　下線部①で気体オを上方置換で集めた理由について考えなさい。ただし、表1のデータと「気体の水への溶けやすさ」に着目して、書きなさい。

問4　表1を活用して、下線部②の集めた空気の体積を求め、小数第2位を四捨五入して、小数第1位まで答えなさい。ただし、集めた空気は乾燥空気とします。

問5　複数のスプレー缶を使って、【実験】(5)と同じ方法で乾燥空気を合計3L集めました。集めた乾燥空気3Lの中に含まれる酸素、窒素の重さをそれぞれ求め、小数第2位を四捨五入して、小数第1位まで答えなさい。

問6　下線部③について、空気中に含まれるアルゴンの体積を以下の方法で、求めることができます。[あ]～[え]にあてはまる語句や数値を答えなさい。ただし、[い]、[え]は小数第3位を四捨五入して、小数第2位まで答えなさい。一方、[う]は小数第2位を四捨五入して、小数第1位まで答えなさい。

> 気体Xは複数の気体を含んでいます。まず、気体X中に含まれる複数の気体について考えます。表2の窒素、酸素、アルゴン、二酸化炭素の4つの中から、気体X中に含まれる気体を2つ選ぶと、[あ]とアルゴンが含まれていることがわかります。ただし、[あ]の方がアルゴンよりも、気体X中には多く含まれています。また、気体X中には[あ]とアルゴンしか含まれないものとします。
>
> ところで、気体Xの重さが、化学反応で得た純粋な気体エの重さより、1Lあたり0.5%大きいことに着目すると、気体X100L中に含まれるアルゴンの体積は1.17Lとなります。この数値を利用すると、気体X中の[あ]とアルゴンの体積の比は
>
> 「[あ]：アルゴン＝[い]：[う]」になります。
>
> この比は表2の乾燥空気中の場合でも同じであると仮定すると、
>
> 「気体X中の[あ]：気体X中のアルゴン　＝　空気中の[あ]：空気中のアルゴン」
>
> となります。
>
> このことを利用すると、100Lの空気中に含まれるアルゴンの体積は[え]Lとなり、この数値は表2のアルゴンの0.93Lにかなり近いことがわかります。

問三　次の文を読み、――線部を正しい尊敬語または謙譲語に直しなさい。
ただし「～れる・～られる」という形は用いないこと。

(1)　王様が着る洋服を選んでさしあげる。
(2)　私は夕方に先生のご自宅へいらっしゃる。

問四　次の作品の中から「安部公房」の著書を、次のア～エの中から選び、記号で答えなさい。

ア　やまなし　　イ　砂の女　　ウ　徒然草　　エ　スーホの白い馬

問五　次の各文の――線部を漢字に直しなさい。

(1)　シャソウからの風景がすばらしい。
(2)　人のコウイに感謝する。
(3)　開校式へのリンセキをあおぐ。
(4)　地球に残されたヒキョウだ。
(5)　セスナ機のソウジュウを体験する。
(6)　愛犬を失ったショウシンをいやす。

問五　傍線部⑤「森の闇は深くなる」とありますが、本文を読みすすめると「森の闇」はあるものを象徴する表現であることが考えられます。その象徴していると考えられる内容を書きなさい。

問六　空欄 A には明里から「僕」への言葉が入ります。本文の内容から、あなたはどのような言葉が入ると考えますか。明里の立場から「僕」へ語りかけるように、七十字以内で書きなさい。

三　次の各問いに答えなさい。

問一　次の各文（文節で区切ってある）の主語と述語を記号で答えなさい。文中になければ「なし」と答えなさい。

(1) 誠実な(ア)　人こそ(イ)　自身の(ウ)　行いを(エ)　何度も(オ)　顧みる(カ)。

(2) 難しいなあ(ア)　百年後の(イ)　日本の(ウ)　社会を(エ)　予測するなんて(オ)。

問二　下の意味を読み、□にあてはまる最もふさわしい言葉を、漢字一字で答えなさい。

(1) 身を□にする　（意味）労力を惜しまず、一生懸命努力すること。

(2) □の句が継げない　（意味）あきれたり驚いたりして、何も言えなくなること。

明里の言葉は、暗闇で柔らかい光を放っているようだった。

そうなのかな、と僕は呟くように言った。言ったら、本当にそんな気がしてきた。明里の言葉は、この森の中で魔法のような力を持っていた。

（河邉徹『蛍と月の真ん中で』による）

（問題作成のために、本文を一部省略・改変したところがあります）

問一　傍線部①「生まれ育った町が好きじゃない理由はいくつかあった」とありますが、その理由を二つ具体的に書きなさい。

問二　傍線部②「子どもの僕には手品みたいだった」とありますが、「僕」がそのように思ったのはなぜですか。その理由を書きなさい。

問三　傍線部③「泣いた、なんてものじゃなかった」とありますが、ここでの「僕」の状態を説明したものとして最も適当なものを、次のア〜エの中から一つ選び、記号で答えなさい。

ア　大好きだった父親が亡くなったことが悲しく、尋常でないくらいに泣き続けた。
イ　声を出すほどは泣かなかったが、最愛の父を亡くした悲しみによって涙ぐんだ。
ウ　大好きだった父が亡くなったことを受け入れきれず、涙は一切出てこなかった。
エ　大好きだった父親が亡くなったが、天国の父が悲しむと思い涙を我慢していた。

問四　傍線部④「僕はダメだった」とありますが、ここでの「僕」の状態を書きなさい。

その言葉で、父まで馬鹿にされた気がした。
お金の問題じゃない。そう言いたかった。でもその言葉が、この家族の現状で、なんの説得力もないことはわかっていた。
「迷惑はかけないから」
そう強く言うと、それ以上は反対されなかった。
僕は覚悟を決めた。
父が好きだった写真を続けられるように、一人で生きていける力が必要だった。
星がさっきよりも明るく見えるようになってきた。対照的に、⑤森の闇は深くなる。木々の葉が擦(す)れる音が、まるで話し声のように断続的に聞こえた。
明里は表情を変えないまま頷(うなず)いた。
「……匠海は、そんなことがあったんだ」
話したら、最後まで聞いてくれた。かっこ悪い話を、笑うこともなく。
「だから僕は、もういない人の影を追って、写真を撮ってるのかもしれない。そりゃ、上達もしないし、仕事にする方法もわからないよね。その結果が、東京でバイト漬(つ)けの毎日」
自嘲(じちょう)気味に言った。僕は父を忘れたくないから写真を撮り続け、母は忘れられるように写真館を引き払った。
「もういない人？　私は、まだいると思うけど」
明里は僕の顔を見て、小さく微笑んだ。
「　　　A　　　」

様々な手続きを、母は手際良くこなしていった。そんな母の姿を見て、母が本当に辛い思いをしているのか、僕にはわからなかった。僕はただ、全ての変化を受け入れるしかなかった。

数年が経って、僕が高校生の頃、母には支えてくれる男の人ができた。その人とよく出かけるようになってから、母は楽しそうな様子を見せることが多くなった。

「お世話になってる、浩二さんを紹介する」

母が家に連れてきたその人は、母より二つ年上の人だった。何度か会ったことがあったのは、写真館を手放す時のあれこれを、手伝ってくれた人だったからだ。

浩二さんは不動産の仕事をしているらしかった。僕にも優しくしてくれて、彼が人格者であることも、なんとなくわかった。

それなのに僕は、うまく言葉にできないけれど、あまりいい気がしていなかった。母の力になってくれる人がいるのは、とてもいいことだとわかっていたのに。

母は生きていくために、頼るべき人を知っていた。そんな強(したた)かさのある人だった。

④僕はダメだった。父を亡くして、写真館も失って。

映画のシーンが変わるように、はい次へ、ってわけにはいかない。心は簡単に前へは進めない。

一人でどんどん進んでいるように見えた母にも、僕はうまく振るまえなくなった。

高校で進路の話になった時に、僕の中で自然と浮かんだのは写真の道だった。ちゃんと写真のことを学びたいと思った僕は、東京の大学の写真学科に進学することに決めた。父のいない、写真館のない地元に、これ以上いたくはなかった。

行きたいと言った大学の学費を見て、母は驚くというより、呆(あき)れていた。そんな余裕がどこにあるのかと諭(さと)されたが、僕は自分でバイトすると言った。迷惑はかけない、と。

「でも、お金になんないでしょ。写真って」

母に、そう言われた。

影響されて、気がつけば僕も写真を撮るようになった。父が持っていた、当時の最新の一眼レフの使い方を覚えて、子どもながらに三脚まで使って撮るようになった。

「うまいな。構図にセンスがあるぞ」

思えばただの親馬鹿だったのかもしれない。それでも、父に褒(ほ)められると得意な気持ちになった。

父は休みの日に、遠出をして景色を撮りに行くこともあった。コンテストにも入賞していたようで、東京の写真展で展示されたこともあったらしい。受付横の棚の中には、父の写真が掲載された雑誌が、付箋(ふせん)を貼られて保管されていた。

父が亡くなったのは、僕が中学生の頃だった。

脳卒中だった。くも膜下出血。発症から、一ヶ月と経たずに亡くなった。タバコも吸わない、お酒も過度に飲まない父だったから、何が原因かなんてわからない。ただ、そういうことが誰にでも起こる可能性がある、ということを教えられた。

③泣いた、なんてものじゃなかった。当たり前にずっといた人と、もう二度と会えないということの意味が、よくわからなかった。

長い時間苦しまなくて良かった、という人がいた。病気にならなければもっと良かったのに。

母が喪主(もしゅ)になって葬儀が行われた。当時中学生の僕には、何が何だかわからないうちに全てが終わった。親戚の人たちが、式に関するあれこれをたくさん助けてくれたらしかった。

その後、母から現実的な話を告げられた。

写真館の経営が厳しかったこと。父がいなければ、当然続けられないこと。父の保険が下りるので、当面の生活は大丈夫なこと。でも、もう長くはここで暮らせないこと。

写真館を手放して、母と僕は近くの古い集合住宅へと移った。機材のほとんどは売りに出され、父の持っていたカメラだけが、僕の手元に残った。

止されていた。

一階の扉の前には、スタジオで撮られた写真の作例がいくつも飾られていた。家族、子ども、時にはペットも。

仕事ではほとんど人物を撮っていた父だったが、実は風景写真を撮るのが好きだった。父はよく僕を連れて、車で山の上まで行った。僕を連れていくためというより、写真を撮りにいくのに、僕を連れていったというのが正しいかもしれない。

いずれにせよ、僕がそこで観た星空は圧巻だった。冬はいくつもの一等星、夏は天の川までくっきり見えた。

父は車の中で、いつも天候の話をしていた。雲の形、温度と湿度、風向き。自然の写真を撮るということは、自然を知らなければいけない。父はそう、何度も繰り返し話していた。出発する時は曇っていても、父の目的地では決まって綺麗に星が見えた。これから雲海が出ると言えば、必ず朝予言した通りに出る。②子どもの僕には手品みたいだった。

撮影に行く時は母が夜食を用意してくれていて、僕はそれが楽しみだった。小さな弁当箱と水筒を、いつも持って出かけた。星空の下、父と並んで俵むすびを食べる。自然の中で食べるそれは、とてつもなく美味しく感じた。もしかすると、ちょうど小腹がすく時間だっただけなのかもしれないけれど。

写真を撮りに行った次の日は、父が現像した写真を見るのが楽しみだった。自分が観た星空の記憶が、写真という形になって手元に現れることに、なんとも言えない不思議な感覚を覚えた。感動、というよりは、いいなぁ、という感じ。

初めて暗室で現像を見た時のことは、今でも覚えている。現像液の中から、景色が湧きあがってくる。ちょうどその頃、人間の体のほとんどが水でできているというのを、学校で教わっていた。写真も含め、この星の全ては水から生まれるのだと、悟りにも似た感覚を覚えた。

二 次の文章を読んであとの問いに答えなさい。

「匠海はなんで星座に詳しいの?」
「……教えてもらったんだ。昔」
「誰に?」
「さっき話した、父に」
結局、父の話だ。そう思うと同時に、懐かしい記憶がふと蘇(よみがえ)ってきた。
「僕が写真をしてるのも、星が好きなのも、もういない人のせいなのかもしれない」
自分でもわかっている。僕は歩きだしているようで、あの頃からずっと立ち止まっている。
「匠海のお父さん、どんな人だったの?」
そんなこと、人に話したことなかった。話そうと思ったこともない。
なのに、僕は明里に聞いてほしいと思えた。
僕が子どもの頃、父と一緒にいた時のこと。
①生まれ育った町が好きじゃない理由はいくつかあった。
とても中途半端な町だった。都会ではないし、極端に田舎と言えるほど人口が少ない町でもない。いいところをあげるとすれば、山があって、星が綺麗なこと。そしてあの町には、父がいた。
実家は写真館を経営していた。祖父から続いた、地元で愛されていた写真館だ。証明写真はもちろん、結婚式や卒業式など、節目節目で家族写真や子どもの写真を撮ってもらいに来る人がいた。
一階が受付。玄関の横の螺旋(らせん)階段を上った二階がスタジオになっていて、撮影スペースの前にカメラと照明機材が並んでいた。一階にはフィルム現像用の暗室もあって、幼い頃は入るのが禁

問一 【表1】中の空欄 イ ～ ハ に入る言葉を本文から抜き出しなさい。ただし、空欄 ロ については入る言葉が複数あります。そのうち漢字二字の言葉をすべて抜き出しなさい。

問二 【表2】中の「言葉がもつ限界」の「1」は、本文の傍線部①「わたしたちの具体的な経験を普遍的な概念によってひとくくりにしてしまう」を抜き出したものです。傍線部①について、次の問いに答えなさい。

(1) 傍線部①は本文ではさまざまな表現で言いかえられています。どのような表現で言いかえられていますか。そのうち八字で表現されている部分を本文から二つ抜き出しなさい。

(2) 傍線部①が比喩を用いて表現されている部分を本文から十三字で抜き出しなさい。

問三 【表2】中の「言葉がもつ限界」の「2」は、本文の傍線部②「制約」についてまとめたものです。未来さんは、その制約を空欄 A と B の二つに分けてまとめました。空欄 A と B に入る言葉を本文からそれぞれ抜き出しなさい。

問四 【表2】中の「言葉の可能性」の「1」の空欄 X に入る言葉を本文より漢字二字で抜き出しなさい。

問五 【表2】中の「言葉の可能性」の「2」の空欄 Y には詩歌の力による言葉の可能性がまとめられています。あなたなら空欄 Y にどのような文章を入れますか。本文を踏まえて書きなさい。

【表2】

言葉がもつ限界	
1	言葉は具体的な経験を普遍的な概念によってひとくくりにしてしまう。
2	言葉の制約がある。 A B

↓ 経験や物事の全体を相手に伝えることは難しい。

言葉の可能性	
1	〈共通の X がある場合〉 言葉の喚起機能が発揮され、その言葉の基礎的な意味を超えて、豊かな意味合いを聞くことができる。
2	〈詩歌の力による場合〉 Y

↓ 言葉と経験や物事との隔たりを乗り越える可能性がある。

〈未来さんのコメント〉

「言葉がもつ限界とその可能性」について表にまとめました。表にまとめることで筆者の考えの全体像が理解できました。

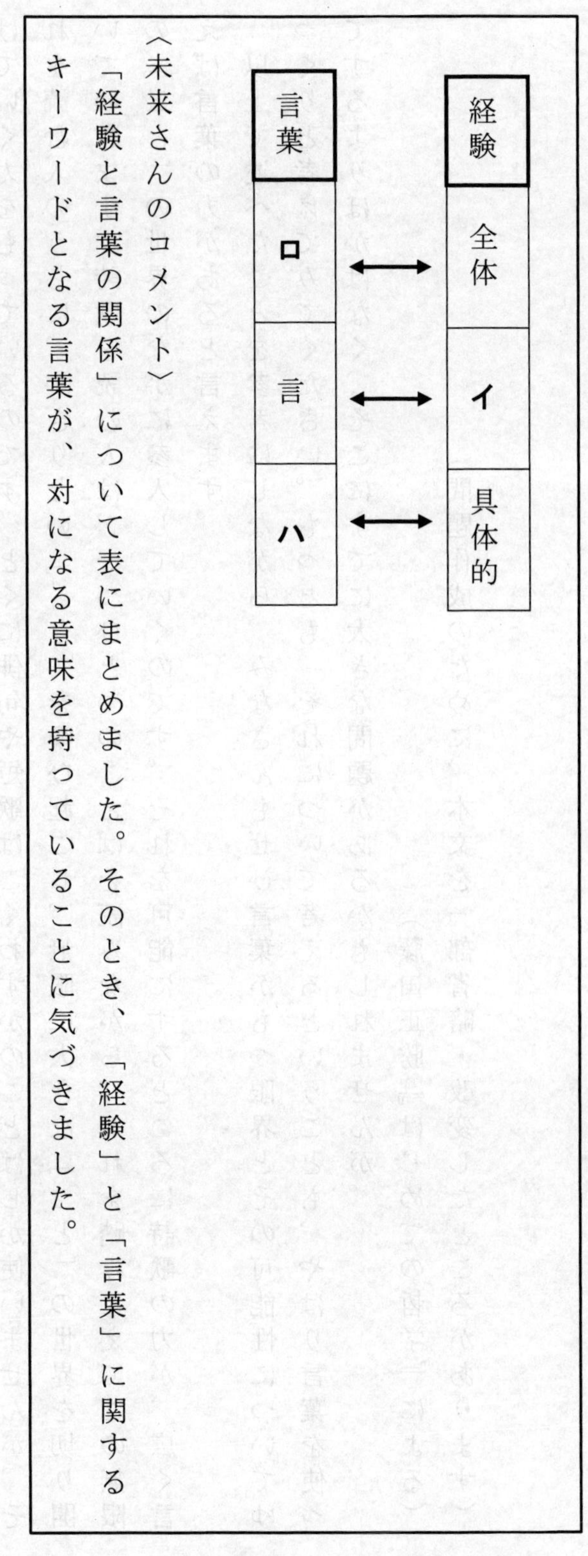

【表１】

経験		言葉
全体	↔	ロ
イ	↔	言
具体的	↔	ハ

〈未来さんのコメント〉
「経験と言葉の関係」について表にまとめました。そのとき、「経験」と「言葉」に関するキーワードとなる言葉が、対になる意味を持っていることに気づきました。

ると言ってもよいかもしれません。芭蕉はその世界を、そしてその世界のなかに見いだされる美を詠ったのです。

この句を読んだとき、わたしたちはそれまでなずなの花の美しさに感動した経験がなくても、芭蕉が言おうとすることを理解することができます。芭蕉とともに「よくみれば薺花さく垣ねかな」ということばの背後にある「こと」の世界へと、つまり芭蕉が経験している美の世界へと引き入れられていきます。

この句もそうですが、詩歌は特別なことばを用いるわけではありません。詩歌が用いる一つひとつのことばは、わたしたちが日常の会話のなかで使っているのと同じものです。日常の事物を言い表すことばを使いながら、詩歌は、このことばの背後に、日常の世界を超えた世界をくり広げていく力をもっているのです。とくに俳句や短歌はごくわずかのことばしか使いませんが、それを読む人のうちに、かぎりない「こと」を喚び起こし、無限に大きな「こと」の世界を切り開いていきます。詩歌を読む人は、一つひとつのことばを読みながら、それを踏みこえてこの無限の「こと」の世界のなかに参入していくのです。それを可能にするところに詩歌の力が、広く言えば言葉の力があると言えます。

以上で述べたことを参考にしながら、みなさんもぜひ言葉がもつ限界とその可能性についてゆっくりと考えてみてください。もっとも、それについて考えるということも、やはり言葉を使ってするよりほかはなく、そこにすでに大きな問題があるかもしれませんが。

(藤田正勝『はじめての哲学』による)

(問題作成のために、本文を一部省略・改変したところがあります)

しょうか。

しかし、そのような機能が発揮されるのは、相手が自分と同じ経験をしている場合だけにかぎられるのでしょうか。わたしは言葉の喚起機能はもう少し広がりをもったものだと考えています。そういう力はとくに詩歌において発揮されます。そのことを具体的な例を通して見てみましょう。芭蕉に次のような句があります。

よくみれば薺花さく垣ねかな

薺というのは、「せり、なずな、ごぎょう、はこべら、ほとけのざ……」と言われる春の七草の一つです。ペンペン草という別名をもつ、雑草の代表のような草です。それを振ると実がペンペンと音を立てるので、子どもが遊びに使いますが、しかし、その花は実に地味な小さい白い花で、ほとんど注意されることはありません。その花に芭蕉は目を留め、その地味な花がもつ美しさに動かされていることがこの句からわかります。

「よくみれば」というのは、ただ単に「よく観察すれば」という意味ではありません。日常の生活の延長上で、より精確に観察された事態がここで詠われているのではありません。日常のものを見る目、ものを見る立場というものを超えたところに開かれてくる世界が詠われていると言えると思います。

ふだん、わたしたちは生活のためにけんめいに働いています。必死で働いているとき、なずなのような地味な花の美しさが目に入ってくることはありません。生活のためにという枠が外れたときにはじめて、何の役にも立たない、少しも注意を引かない、ごくごく小さいもののなかにある美が目に入ってきます。そこでは、ものを見る目が変わり、世界の経験のされ方が変わってい

言葉によってわたしたちは多くのことを知り、多くのことを考えるわけですが、そこには制約②もまたあるように思います。枠組みのなかに入らないものはとらえることができないわけですし、その枠組みに取り込まれたものは、その枠組みにあうように変形させられてしまいます。これは、言葉にどこまでもつきまとう根本的な制約であると言ってよいでしょう。

さて、言葉はこの具体的な経験とのあいだにある隔たりを乗りこえることができないのでしょうか。

言葉にはまず、先に述べたような、ものをグループ分けする働き、つまりカテゴリー化する働きがあります。そこでは、いま目の前にしているリンゴ、たとえば紅玉の独特の赤い色とか、それ特有の甘酸っぱい味、あるいはそれが私の好みであるとかいったことは問題にされません。むしろリンゴに共通の性質ですべてのものをひとくくりにすることがその場合の唯一の関心事です。

しかし、たとえば友人に「紅玉はおいしいよね」と語ったとき、この「紅玉」ということばは、その基礎的な意味を相手に伝えるだけでなく、相手がその味を知っている場合には、その人のなかに、紅玉独特の強い酸味のきいた甘さをありありとイメージさせることができます。それを言葉の喚起機能と呼んでよいと思いますが、わたしたちは、「紅玉」ということばを聞いたとき、その音声越しに基礎的な意味を聞くだけでなく、さらにその意味を越えて、このことばがもつ豊かな意味あいをも聞くことができるのです。ここに鍵がありそうです。

たしかに、わたしたちはいくらことばを重ねても、紅玉の微妙な味をことばで表現し尽くすことはできません。そこに言葉の限界があります。しかし他方、いま言った機能によって、その味を直接相手のなかに喚起することができます。そのような働きがあるからこそ、わたしたちの会話は、平板な意味のやりとりに終始せず、いきいきとしたものになるのだと言えるのではないで

と考えられていました（言葉には、そのなかで言われているものを具体化する霊的な力が宿っているという、いわゆる言霊思想はそこから生まれたものでした）。しかしやがて「事」と「言」とは同じではないということに人々は気づくようになりました。言葉は「事＝言」として事柄全体を言い表したものではなく、そのほんの一端を言い表したものにすぎないということが意識されるようになったのです。そのために「言の端」という言い方がされるようになったのだと考えられています。

言葉がそのまま経験であるとは言えないのは、それが①わたしたちの具体的な経験を普遍的な概念によってひとくくりにしてしまうことと関わっています。先ほど、言葉は個々のものを類に分けていくという働きと深く結びついていると言いました。類に分けるというのは、それらを、その共通する特徴によってひとまとめにすることにほかなりませんが、それは個々のものがもっている違いを無視することでもあります。

たとえば桔梗の青、露草の青、都忘れの青、それぞれの青は独特の色合いをもっていますが、言葉はその違いを無視して、それらすべてを同じ「青」ということばで表現してしまいます。そのことによって、個々のものがもっていた微妙な差異は一挙に背後に退いてしまいます。

言葉は、それぞれ独自のニュアンスをもっていたものを、既成の枠組み、言わば鋳型のなかに押し込んでいくという役割を果たしていると言ってもよいかもしれません。わたしたちがそのときどきに抱く感情も、決して一つのことばで表現できるような単純なものではなく、さまざまな相がそこには絡まりあっています。また固定したものではなく、大きな振幅をもちながら、止むことなく動いていきます。言葉はその動きの振幅を削りとって、それをたとえば「悲しい」とか「寂しい」といった一つのことばで表現するわけですが、そのことによって感情のもっともいきいきとした部分がことばの影に隠れてしまうのではないでしょうか。

二〇二二年度 開智未来中学校

【国語】〈T未来試験〉(四〇分)〈満点：一〇〇点〉

一 次の文章とこの文章について未来さんが作成した【表1】、【表2】および〈未来さんのコメント〉を読んであとの問いに答えなさい。

(以下、本文と表記します)

わたしたちが見たり聞いたりしたものを言葉で表そうとして、うまくいかないという経験は多くの方がもっておられるのではないでしょうか。

たとえばわたしたちは自分の気持ちを「はればれとした」とか「うきうきした」といったことばで言い表したり、お茶の味を「まろやかな」とか、「うまみがある」といったことばで表現したりします。しかしそのような表現で、自分の実際の感情や、お茶の味を十分に言い表すことができるでしょうか。たとえば「まろやかな」という表現を、「味が穏やかで口あたりがよい」、そして深い味わいが感じられる」といった言葉で説明することはできます。しかしその「深い味わい」がどのような味わいなのかをさらに説明しようとすると、言葉に窮(きゅう)することになります。

言葉は、たしかに、わたしたちが経験するものの一面を言い表し、他の人に伝えます。しかしそれはわたしたちが実際に経験していることの一部でしかありません。言葉による表現は、経験の具体的な内容をある断面で切り、その一断面で経験全体を代表させることにたとえられるかもしれません。その一断面からあらためて経験の全体を眺めたとき、両者のあいだに大きな隔たりがあります。そのあいだには無限な距離があると言ってもよいでしょう。

「言葉」の語源は、「言の端」であったと言われます。古くは「事」と「言」とは通じるもの

2022年度
開智未来中学校 ▶解説と解答

算 数 ＜T未来試験＞（40分）＜満点：100点＞

解 答

1 (1) 3 (2) $1\frac{7}{12}$ (3) 64 (4) 34通り **2** (1) 4個 (2) 3分後 (3) 7種類 (4) 15cm^2 **3** (1) 4通り (2) 14通り **4** (1) 384cm^3 (2) 192 cm^3 **5** (1) 3200m (2) 毎分216m (3) 900m **6** (1) $\frac{1}{9}$倍 (2) $\frac{10}{27}$倍 (3) 6秒後

解 説

1 四則計算，逆算，消去算，場合の数

(1) $\left(3.25+1\frac{3}{4}\right)\div\left\{2-\left(1.25-\frac{2}{3}\right)\times\frac{4}{7}\right\}=\left(3\frac{1}{4}+1\frac{3}{4}\right)\div\left\{2-\left(1\frac{1}{4}-\frac{2}{3}\right)\times\frac{4}{7}\right\}=4\frac{4}{4}\div\left\{2-\left(\frac{5}{4}-\frac{2}{3}\right)\times\frac{4}{7}\right\}=5\div\left\{2-\left(\frac{15}{12}-\frac{8}{12}\right)\times\frac{4}{7}\right\}=5\div\left(2-\frac{7}{12}\times\frac{4}{7}\right)=5\div\left(2-\frac{1}{3}\right)=5\div\left(\frac{6}{3}-\frac{1}{3}\right)=5\div\frac{5}{3}=5\times\frac{3}{5}=3$

(2) $8\times\left\{\frac{1}{4}\times\left(\square+\frac{2}{3}\right)-\frac{1}{12}\right\}+4\frac{1}{6}=8$ より，$8\times\left\{\frac{1}{4}\times\left(\square+\frac{2}{3}\right)-\frac{1}{12}\right\}=8-4\frac{1}{6}=\frac{48}{6}-\frac{25}{6}=\frac{23}{6}$，$\frac{1}{4}\times\left(\square+\frac{2}{3}\right)-\frac{1}{12}=\frac{23}{6}\div8=\frac{23}{6}\times\frac{1}{8}=\frac{23}{48}$，$\frac{1}{4}\times\left(\square+\frac{2}{3}\right)=\frac{23}{48}+\frac{1}{12}=\frac{23}{48}+\frac{4}{48}=\frac{27}{48}=\frac{9}{16}$，$\square+\frac{2}{3}=\frac{9}{16}\div\frac{1}{4}=\frac{9}{16}\times\frac{4}{1}=\frac{9}{4}$ よって，$\square=\frac{9}{4}-\frac{2}{3}=\frac{27}{12}-\frac{8}{12}=\frac{19}{12}=1\frac{7}{12}$

(3) わかっていることを式に表すと，右の図1のようになる。4つの式をすべて加えると，A，B，C，Dの3つずつの和が，43＋46＋47＋56＝192となるから，A，B，C，Dの和は，192÷3＝64と求められる。

図1

$A+B+C\quad\ =43$
$A+B\quad\ +D=46$
$A\quad\ +C+D=47$
$\quad B+C+D=56$

図2

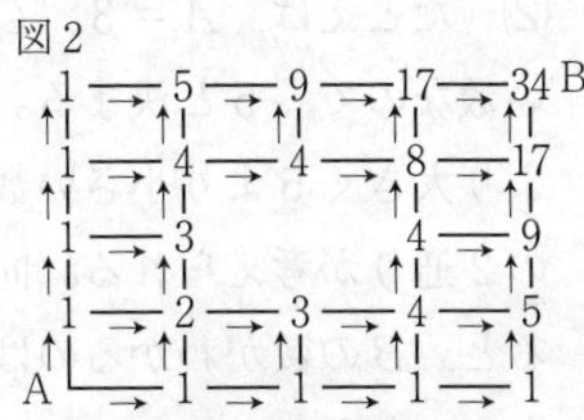

(4) 交差点ごとに道の選び方を加えると右上の図2のようになるので，全部で34通りあることがわかる。

2 約数と倍数，旅人算，図形の構成，面積

(1) 約数の個数が3個である整数は，素数の積で表したときに，□×□となる整数である（□は同じ素数を表し，このときの約数は，1，□，□×□の3個になる）。よって，1から100までには，2×2＝4，3×3＝9，5×5＝25，7×7＝49の4個ある。

(2) AさんとBさんの間の距離（きょり）は，90×4＝360(m)だから，AさんとCさんがすれ違（ちが）ったときのようすを図に表すと，右の図1のようになる。この後，BさんとCさんの間の距離は1分間に，90＋30＝120(m)の割合で縮まるので，BさんとCさんがすれ違うのは，

図1

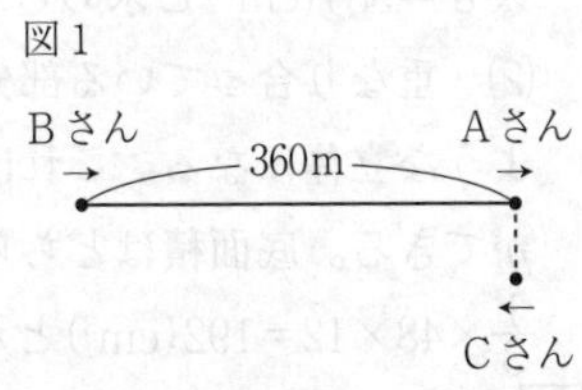

360÷120＝3（分後）である。

⑶　頂点と頂点の間の弧の数に注目して三角形を表すことにすると，たとえば下の図2の三角形は（2，3，4），下の図3の三角形は（3，3，3）と表すことができる。このように考えると，三角形の種類は，和が9になる3つの整数の組み合わせの数と同じになることがわかる。よって，（1，1，7），（1，2，6），（1，3，5），（1，4，4），（2，2，5），（2，3，4），（3，3，3）の7種類となる。

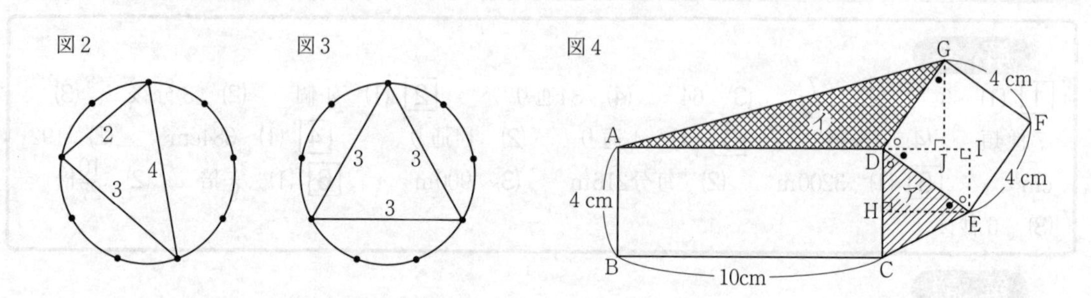

⑷　上の図4で，アの面積が6 cm²だから，EHの長さは，6×2÷4＝3（cm）である。また，図4のように2つの直角三角形DEI，GDJを作ると，同じ印をつけた角の大きさはそれぞれ等しく，DEとGDの長さが等しいので，この2つの三角形は合同とわかる。よって，GJの長さはEHの長さと等しく3 cmだから，イの面積は，10×3÷2＝15（cm²）と求められる。

3　場合の数，約数と倍数

⑴　[ア]の条件から，$A<4<C$となるので，Aは{1，2，3}，Cは{5，6，7，8，9}のいずれかである。また[イ]の条件より，AとCの和が4の倍数（4，8，12，…）になるから，考えられる（A，C）の組み合わせは，（1，7），（2，6），（3，5），（3，9）の4通りである。

⑵　たとえば，A＝3，C＝7の場合，Bは，3＋7＝10の約数のうち，3より大きく7より小さい数なので，5と決まる。ところが，A＝1，C＝5の場合，Bは，1＋5＝6の約数のうち，1より大きく5より小さい数だから，2と3の2通りが考えられる。同様に考えて調べると，Bの数がわかるのは右の表の14通りあることがわかる。

A	1	1	2	2	2	2	3	3	4	4	5	5	6	7
C	3	8	4	6	7	8	5	7	6	8	7	9	8	9
B	2	3	3	4	3	5	4	5	5	6	6	7	7	8

4　立体図形—構成，体積

⑴　重なり合っている部分は，右の図①のような，底面が1辺12cmの正方形，高さが8 cmの四角すいになる。底面積は，12×12＝144（cm²）だから，体積は，$\frac{1}{3}$×144×8＝384（cm³）と求められる。

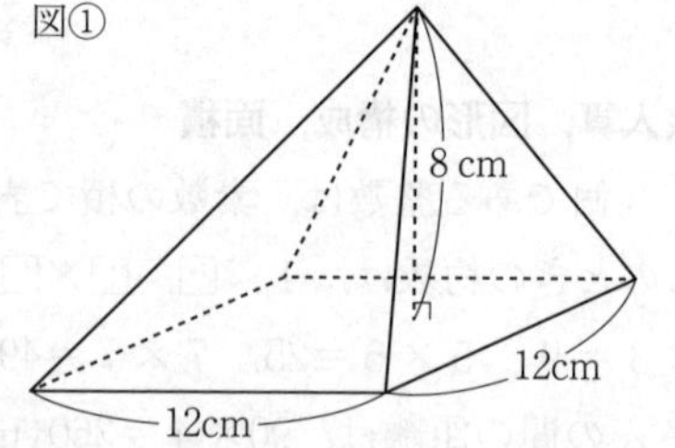

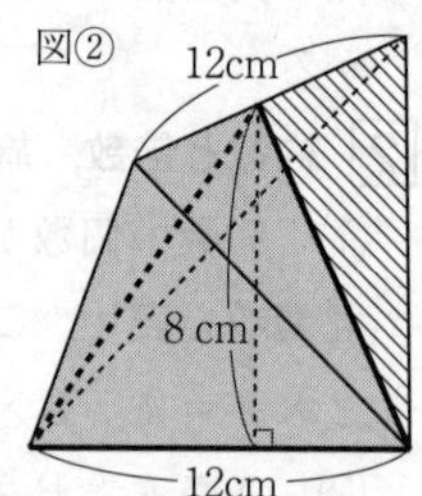

⑵　重なり合っている部分は，右の図②のような立体になる。これは，図②のように太線の三角形を底面とする2つの三角すいに分けることができる。底面積はどちらも，12×8÷2＝48（cm²）であり，高さの和は12cmなので，体積の和は，$\frac{1}{3}$×48×12＝192（cm³）とわかる。

5　旅人算，つるかめ算

(1)　Aさんが3000m走るのにかかった時間は，3000÷300＝10(分)だから，AさんとBさんの進行のようすをグラフに表すと，右の図1のようになる。また，CさんはAさんとBさんのちょうど真ん中にいるから，AさんとBさんが地点Qを通過したとき，Cさんも地点Qを通過したことになる。つまり，Cさんは10分間で3000m走ったことになる。さらに，DさんはつねにCさんよりも毎分20m速く走るので，10分間では，20×10＝200(m)多く走る。よって，Aさん，Bさん，Cさんが地点Qを通過したとき，Dさんは地点Qから200m進んだところにいる。したがって，スタート地点からの距離は，3000＋200＝3200(m)である。

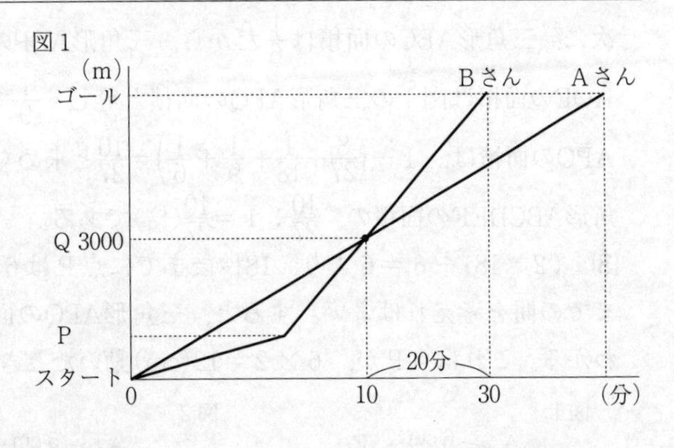

(2)　(1)の20分後にBさんとDさんが同時にゴールしたから，地点Qからゴールまでについて，BさんとDさんの速さの差は毎分，200÷20＝10(m)とわかる。また，このときのCさんの速さはAさんとBさんの平均の速さになるので，4人の速さの関係を図に表すと，右の図2のようになる。図2から，速さを変えた後のBさんの速さは毎分，300＋(20＋10)×2＝360(m)とわかるから，スタートしたときのBさんの速さは毎分，$360\div\frac{5}{3}=216$(m)である。

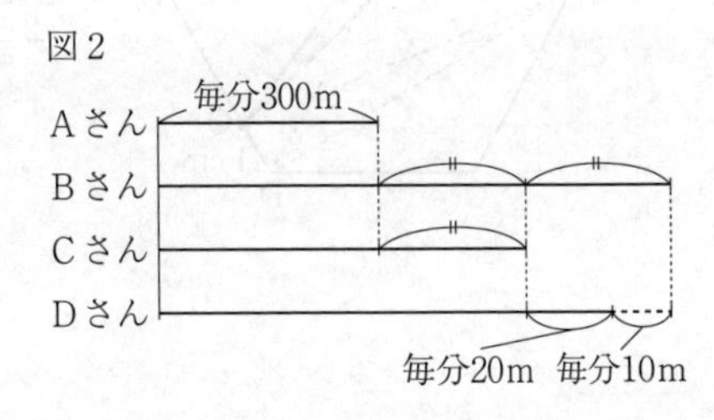

(3)　Bさんがスタートしてから地点Qを通過するまでの走り方をまとめると，右の図3のようになる。毎分360mの速さで10分走ったとすると，360×10＝3600(m)進むので，実際よりも，3600－3000＝600(m)長くなる。そこで，毎分360mのかわりに毎分216mの速さで走ると，進む距離は1分あたり，360－216＝144(m)短くなるから，毎分216mの速さで走った時間は，$600\div144=\frac{25}{6}$(分)とわかる。よって，スタート地点から地点Pまでの距離は，$216\times\frac{25}{6}=900$(m)と求められる。

図3

毎分216m 毎分360m	合わせて 10分で3000m

6　平面図形—図形上の点の移動，辺の比と面積の比，相似

(1)　1秒後には下の図1のようになる。正六角形ABCDEFの面積を1とすると，三角形ABDの面積は，$\frac{2}{6}=\frac{1}{3}$で，DEとBAが平行だから，三角形ABQの面積も$\frac{1}{3}$になる。また，高さが等しいから，三角形ABQと三角形APQの面積の比は，AB：AP＝6：2＝3：1なので，三角形APQの面積は，$\frac{1}{3}\times\frac{1}{3}=\frac{1}{9}$とわかる。よって，三角形APQの面積は正六角形ABCDEFの面積の，$\frac{1}{9}\div1=\frac{1}{9}$(倍)である。

(2)　2×4－6＝2(cm)，1×4＝4(cm)より，4秒後には下の図2のようになる。図2のように辺を延長して，(1)と同様に正六角形ABCDEFの面積を1とすると，三角形CGDは面積が$\frac{1}{6}$の正三角形になる。また，CDとPQが平行なので，三角形CGDと三角形PGQは相似であり，相似比は，GD：GQ＝6：(6＋4)＝3：5だから，面積の比は，(3×3)：(5×5)＝9：25とわかる。よって，三角形PGQの面積は，$\frac{1}{6}\times\frac{25}{9}=\frac{25}{54}$なので，四角形PCDQの面積は，$\frac{25}{54}-\frac{1}{6}=\frac{8}{27}$と求められる。

次に，三角形ABCの面積は$\frac{1}{6}$だから，三角形ABPの面積は，$\frac{1}{6}\times\frac{2}{6}=\frac{1}{18}$となる。さらに，三角形AQEの面積は図１の三角形APQの面積と等しく$\frac{1}{9}$であり，三角形AEFの面積は$\frac{1}{6}$なので，三角形APQの面積は，$1-\left(\frac{8}{27}+\frac{1}{18}+\frac{1}{9}+\frac{1}{6}\right)=\frac{10}{27}$と求められる。したがって，三角形APQの面積は正六角形ABCDEFの面積の，$\frac{10}{27}\div 1=\frac{10}{27}$(倍)である。

(3)　(２×18)÷６＝６より，18秒後までに点Ｐは６cmの辺を６回移動するので，点Ｐが１周するまでの間を考えればよい。すると，三角形APQの面積が最も大きくなるのは，下の図３のときとわかる。これは点Ｐが，６×２＝12(cm)動いたときだから，12÷２＝６(秒後)である。

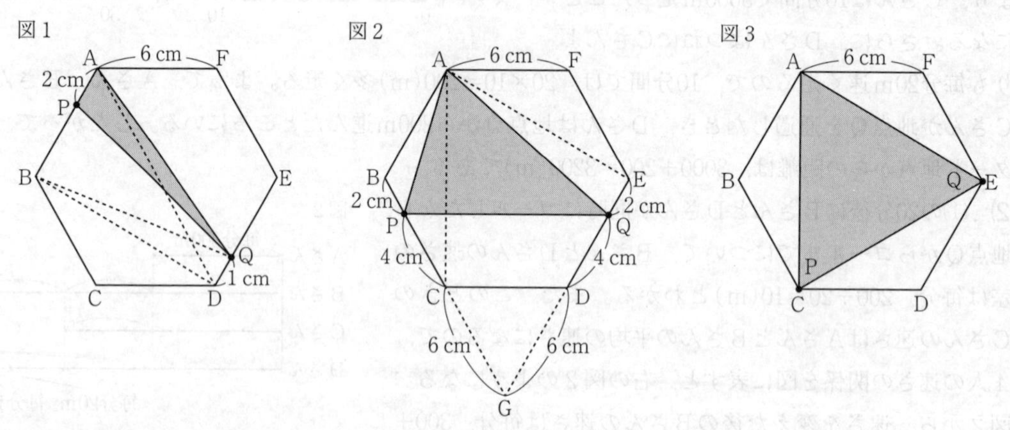

理　科　＜T未来試験＞（40分）＜満点：100点＞

解　答

[1] 問１　③，⑤　問２　１　卵　２　だっ皮　３　完全変態　４　不完全変態　問３　②　問４　解説の図を参照のこと。　問５　（例）一度に出す精子の量を多くすることで，少ない交尾回数でも受精する確率を上げるという戦略。／前脚を長くすることで交尾のときにメスに逃げられないようにして，交尾の成功確率を上げるという戦略。　問６　(1)　ツノの大きなオス…84匹　ツノの小さなオス…48匹　(2)　ツノの大きなオス…420匹　ツノの小さなオス…240匹　[2] 問１　イ　問２　Ｂ　めい王星　Ｃ　準惑星　Ｄ　冬　問３　１　大きい　２　低く　３　短い　４　ない　５　（例）気体でできているため，いん石などがしょうとつしてもあとがつかない　問４　(1)　６天文単位　(2)　６億km　問５　(1)　ウ　(2)　６等星　[3] 問１　ア　酸素　イ　二酸化炭素　ウ　水蒸気　問２　え　問３　（例）気体オは乾燥空気より軽く，水に溶けやすいため。　問４　0.6Ｌ　問５　酸素…0.9ｇ　窒素…2.9ｇ　問６　あ　窒素　い　98.83　う　1.2　え　0.92 (0.95)

解　説

[1] カブトムシの生態についての問題

問１　ハチドリは鳥類で，ほかは節足動物であるが，クモはクモ類，ダンゴムシは甲殻（こうかく）類にあたり，ともに昆虫ではない。アゲハチョウとアリが昆虫である。

問2　**1**　幼虫は自力で遠くまで移動し，エサを探すのが難しいので，卵からかえったときにエサが近くにある方が生き残りやすい。そのため，エサのあるところに産卵する昆虫が多い。**2**　幼虫は古い皮をぬぎ捨ててからだを大きく成長させる。古い皮をぬぎ捨てることをだっ皮という。**3**　カブトムシやモンシロチョウのように，卵→幼虫→さなぎ→成虫の順に育つ育ち方を完全変態という。**4**　トンボやセミのように，卵→幼虫→成虫の順に育つ育ち方を不完全変態という。

問3　①は木の幹にさして木のしるを吸うのに適したセミの口，②は樹液をなめ取るのに都合がよいようにブラシ状の形をしたカブトムシの口，③は草をかじるのに適したバッタの口，④は花のみつを吸うためにストロー状になっているチョウの口である。

問4　カブトムシのような昆虫は，からだが頭部・胸部・腹部の３つの部分に分かれていて，脚は右の図のように胸部に６本（３対）ついている。なお，カブトムシの場合，前方のツノや眼がある部分が頭部，後方の横に筋がある部分が腹部で，それらの中間の部分が胸部にあたる。

問5　会話文に「交尾の時にメスを捕まえたり，逃げられないようにするために強い脚も必要になる」とある。表より，ツノの小さなオスはツノの大きなオスと比べて前脚が長いので，交尾のときにメスに逃げられにくく，交尾の成功率が高くなって，子孫を残しやすくなると考えられる。また，表からツノの小さなオスの精巣がツノの大きなオスに比べて大きいことがわかる。これは，つくり出す精子の量を多くすることで，交尾のときに受精する確率を高めることにつながっていると考えられる。

問6　⑴　子を残せるツノの大きなオスは，120×0.7＝84(匹)，ツノの小さなオスは，120×0.4＝48(匹)と求められる。　⑵　オスとメスは死ぬまでに１組でしか受精を行わないことから，実際に子を残せるツノの大きなオス84匹と組になって卵を産むメスの数も84匹である。84匹のメスが産む卵の数は，84×10＝840(個)で，このうちの半分が新たなメスとして生まれるので，残りの半分がツノの大きなオスとなる。よって，新たに生まれてきた子のうち，ツノの大きなオスは，840÷２＝420(匹)である。同様に考えると，ツノの小さなオスは，48×10÷２＝240(匹)とわかる。

２　天体についての問題

問1　太陽系の惑星は，太陽から近い順に水星，金星，地球，火星，木星，土星，天王星，海王星の８個ある。

問2　**B**，**C**　かつて海王星の外側を公転するめい王星も惑星とされていたが，めい王星より大きな星が見つかったことをきっかけに惑星の定義について話し合われた結果，めい王星は惑星から外され，新たに設けられた準惑星という分類となった。　**D**　オリオン座は冬の夜空に見られる星座の１つである。

問3　**1**　主に地球型惑星は岩石，木星型惑星は気体でそれぞれできていることから，密度（１ cm^3あたりの重さ）は地球型惑星の方が大きいと考えられる。　**2**　木星型惑星の方が，太陽から遠いところを公転しているので，平均の表面温度は低いと考えられる。　**3**　公転周期は太陽から遠いほど長くなる。よって，地球型惑星の方が短い。　**4**，**5**　月などの天体に見られるクレーターは，いん石がしょうとつしたときのあとと考えられている。木星型惑星は気体でできているので，いん石がしょうとつしたあとは残らず，そのためクレーターはないと考えられる。

問４　⑴　地球と木星が最も遠い位置にあるとき，地球―太陽―木星がこの順に一直線に並ぶ。太陽から地球までは１天文単位，太陽から木星までは５天文単位だから，地球と木星は，１＋５＝６(天文単位)離れている。　⑵　地球と木星が最も近い位置にあるとき，太陽―地球―木星がこの順に一直線に並ぶ。このとき，地球と木星は，５－１＝４(天文単位)離れており，これは，１億5000万×４＝６億(km)である。

問５　⑴　星の等級が１小さくなると，明るさはおよそ2.5倍になる。１等星と４等星の等級の差は，４－１＝３なので，１等星の明るさは４等星の明るさの，2.5×2.5×2.5＝15.625(倍)になる。したがって，ウが選べる。　⑵　2.5×2.5×2.5×2.5×2.5＝97.6…より，１等星の明るさは６等星の明るさの約100倍となる。よって，100個の６等星の集まりの全体の明るさは，１等星の明るさと同じになる。

3　気体の性質についての問題

問１　二酸化マンガンに過酸化水素水を加えたときに発生する気体アは酸素である。また，アルコールを燃やしたときに発生するのは二酸化炭素と水蒸気であり，気体イを水に溶かした水溶液はリトマス紙を青から赤に変化させる酸性なので，気体イは二酸化炭素(水溶液は酸性の炭酸水)，気体ウは水蒸気と決まる。

問２　気体アの酸素にはものを燃やすはたらきがあるので，火のついた線香を入れたときに激しく燃えることで，その気体が酸素であることを確認できる。

問３　気体オは，水に溶かした水溶液がアルカリ性なので，アンモニアである。アンモニアは水に非常に溶けやすく，空気(乾燥空気)より軽いので，上方置換で集める。

問４　スプレー缶に集めた乾燥空気の重さは，165.01－164.21＝0.8(ｇ)で，その体積は，0.8÷1.29＝0.62…より，0.6Ｌである。

問５　乾燥空気３Ｌに含まれる酸素(気体ア)は，体積が，$3\times\frac{21}{100}$＝0.63(Ｌ)で，表１より，１Ｌあたりの重さは1.43ｇだから，その重さは，1.43×0.63＝0.9009より，0.9ｇである。次に，気体エは窒素か塩化水素であるが，【空気中に含まれる複数の気体について調べたこと】より，気体エは空気中の主な成分と考えられるため，窒素である。よって，乾燥空気３Ｌに含まれる窒素は，$3\times\frac{78}{100}$＝2.34(Ｌ)で，１Ｌの重さは1.25ｇなので，その重さは，1.25×2.34＝2.925より，2.9ｇと求められる。

問６　**あ**　表２にある４種類の気体のうち，気体Ｘを得るのに酸素と二酸化炭素は除去されているので，気体Ｘには窒素とアルゴンが含まれていることになる。　**い，う**　窒素とアルゴンだけでできている気体Ｘ100Ｌ中にはアルゴンが1.17Ｌ含まれているので，気体Ｘ100Ｌ中に含まれる窒素の体積は，100－1.17＝98.83(Ｌ)である。よって，気体Ｘ中の窒素とアルゴンの体積の比は，98.83：1.17となる。なお，「う」は小数第２位を四捨五入して答えるので，1.2とする。　**え**　空気中に含まれる窒素とアルゴンの体積の比が98.83：1.17であり，表２より，空気100Ｌ中に含まれる窒素の体積は78Ｌなので，空気100Ｌ中に含まれるアルゴンの体積は，78×1.17÷98.83＝0.923…より，0.92Ｌと求められる。なお，空気中に含まれる窒素とアルゴンの体積の比を98.83：1.2とした場合は，78×1.2÷98.83＝0.947…より，0.95Ｌになる。

国　語　＜T未来試験＞（40分）＜満点：100点＞

解答

一 問1　イ　事　ロ　一面，一部，断面，一端　ハ　普遍的　問2　(1)　グループ分けする／カテゴリー化する　(2)　鋳型のなかに押し込んでいく　問3　A　枠組みのなかに入らないものはとらえることができない(わけです)　B　(その)枠組みに取り込まれたものは，その枠組みにあうように変形させられてしまいます　問4　経験　問5　(例)　言葉の力がかぎりない「こと」を呼び起こし，それによって無限に大きな「こと」の世界を切り開くことができる。　二 問1　(例)　入口が田舎ほどに少ないわけではなく，都会ほどでもないので，中途半端だから。／大好きだった父との思い出がつまった写真館は，もはやないから。　問2　(例)　父が次の日の天候を予想すると，次の日実際にその予想通りの天候になるのが不思議だったから。　問3　ア　問4　(例)　母親のようには気持ちを切り替えることができず，父の死から立ち直れないでいた。　問5　(例)「僕」の心の闇　問6　(例)　匠海は最初に言ったでしょ。写真を撮ってるのも，星が好きなのも，お父さんの影響だって。それってつまり，匠海の中にお父さんが生きてるってことなんじゃないかな　三 問1　(1)　主語…イ　述語…カ　(2)　主語…オ　述語…ア　問2　(1)　粉　(2)　二　問3　(1)　お召しになる　(2)　参る／伺う　問4　イ　問5　下記を参照のこと。

●漢字の書き取り

三 問5　(1)　車窓　(2)　厚意　(3)　臨席　(4)　秘境　(5)　操縦　(6)　傷心

解説

一 **出典は藤田正勝の『はじめての哲学』による。**言葉が持つ限界と可能性について，共通の性質をひとくくりにして枠にはめてしまう働きや，同じ経験を持つ相手にイメージを喚起する機能，わずかな言葉で限りなく広がる世界を描く詩歌の力などに触れながら，説明している。

問1　イ　筆者は第三～五段落で，「言葉がそのまま経験であるとは言えない」ということをくり返し述べている。第四段落では，「言葉」すなわち「言」は，「事柄全体」を言い表したものではないとある。こうしたことから，「事」は「言」と対になっており，本文中では「経験」と近い意味で使われていることがわかる。　**ロ**　筆者は第三段落で，言葉はたしかに「経験するものの一面」を言い表すが，それは経験の「一部」でしかなく，その一「断面」と経験「全体」とのあいだには「大きな隔たり」があると述べている。続く段落においても，言葉が言い表すものは「事柄全体」ではなく，ほんの「一端」にすぎないとしている。　**ハ**　ぼう線部①では「言葉」が「わたしたちの具体的な経験」を「普遍的な概念」でひとくくりにしてしまうという問題点が示されており，「具体的」と「普遍的」が対立した意味を持つことがわかる。

問2　(1)　ぼう線部①から五つ後の「言葉にはまず～」で始まる段落で筆者は，個別の違いを無視して「共通の性質ですべてのものをひとくくりに」してしまう言葉の機能を再び紹介し，これを「ものをグループ分けする働き，つまりカテゴリー化する働き」と言いかえている。　(2)　(1)でみたような言葉の働きについて筆者は，ぼう線部①から二つ後の段落で，「それぞれ独自のニュアンスをもっていたものを，既成の枠組み，言わば鋳型のなかに押し込んでいくという役割」とたとえている。

問３　ぼう線部②の直後の一文で筆者は，言葉は「枠組みのなかに入らないものはとらえることができない」し，「その枠組みに取り込まれたものは，その枠組みにあうように変形させられて」しまうとしている。というのも，問２でみたように，言葉は共通する性質によって個別の経験を「ひとくくり」にする。それは，それぞれの「独自のニュアンス」や感情の「振幅」を表現しきれないまま「無視」することを意味する。その結果，「個々のものがもっていた微妙な差異」や「感情のもっともいきいきとした部分」は「ことばの影に隠れて」見えなくなってしまい，「さらに説明しようとすると，言葉に窮する」ことになる。私たちが言葉を使ってものごとを知り，考えているからこそ，こうした「制約」が常につきまとうと筆者は説明している。

問４　本文では，同じ「紅玉」という品種のリンゴを食べたことのある相手には，「言葉の喚起機能」によって「紅玉」という言葉だけで品種に特有の味やイメージをかきたてることができると説明されている。筆者は，言葉を重ねても実際の経験を言い尽くすことはできないという限界の一方で，同じ「経験」をしている相手には一言言うだけでもイメージを直接伝えることができるとしている。

問５　本文の最後で筆者は「詩歌の力」について，松尾芭蕉の俳句を例に説明している。それは，ありふれた言葉で読者の物の見方を変え，まったく新しい世界を経験させるというものである。「詩歌の力」は問４でみたような「言葉の喚起機能」とは異なり，詩歌の作者と同じ経験を持っていない読者も引きこみ，作者の「言おうとすることを理解」してもらうことができる。筆者は「言葉」と「経験」のあいだには「大きな隔たり」があるとくり返し述べる一方で，その隔たりを乗り越えうる可能性としてこの「詩歌の力」を紹介している。

二　**出典は河邉徹の『蛍と月の真ん中で』による。**子どものころに写真家の父を亡くし，生まれ育った町を離れた匠海が，父と過ごした思い出や，父を忘れられずに写真を撮り続けてきた思いを語っている。

問１　ぼう線部①の直後，「とても中途半端な街だった。都会ではないし，極端に田舎と言えるほど人口が少ない町でもない」として，この町を好きではない理由の一つをあげている。また，父が亡くなった後進路を決めるにあたっては，「父のいない，写真館のない地元に，これ以上いたくはなかった」と感じており，失ったものを思い出すため現在は町を好きだと思えないことが読み取れる。

問２　匠海の父は天候や星空に詳しく，「出発する時は曇っていても，父の目的地では決まって綺麗に星が見え」，父が「これから雲海が出ると言えば，必ず朝予言した通りに」出た。幼い匠海は，必ず父の言った通りに天候が変化することを「手品」のようだと感じ，尊敬の気持ちをもっていたのである。

問３　「泣いた，なんてものじゃなかった」という表現は，“泣いた”という表現では言いつくせないほどひどく泣き，悲しみに暮れたことを意味している。よって，「尋常でないくらいに泣き続けた」としているアがよい。

問４　父亡き後，写真館を手放すなど必要な手続きを「手際良くこなし」，数年後には支えてくれる男性を見つけるなど，「生きていくために」「強かさ」を発揮している母に対し，匠海は置いていかれたような気持ちになり，「母が本当に辛い思いをしているのか」わからず，母に対して「うまく振るまえなくなった」とある。本文のはじめでも「僕は歩きだしているようで，あの頃からずっと立ち止まっている」とあるように，匠海は時間が経っても父の死や写真館を失ったことから立ち直れず，気持ちを切り替えて前に進むことができていないことが読み取れる。

問５　母のように気持ちを切り替えることはできず，亡き父を追って写真を続けているものの，「上達もしないし，仕事にする方法もわからない」まま「東京でバイト漬けの毎日」を過ごす自分のことを，匠海は「自嘲気味に」話している。父との思い出の象徴である「星」が明るく輝くほど，父を亡くした現在の匠海の心は暗いままであると想像できる。

問６　匠海は本文のはじめとおわりで二度，父を「もういない人」とよんだが，「まだいると思う」と微笑んだ明里の言葉を受けて「暗闇」の中の「柔らかい光」のような希望を感じ，「本当にそんな気がしてきた」としている。匠海が父との思い出を胸に今も写真を撮り続けていること，写真の道に進むために上京し，生きる力を身につけたこと，いまだに星座に詳しいことなど，匠海の中に残る父の存在について，明里の立場から説明するとよい。

三　主語・述語の識別，慣用句の完成，敬語の使い方，文学史の知識，漢字の書き取り

問１　⑴「人こそ」が主語，「顧みる」が述語となる。「こそ」は強調する言葉。　⑵「予測するなんて」が主語，「難しいなあ」が述語となる。倒置法により，述語が主語よりも前に書かれている。

問２　⑴「身を粉にする」は，“苦労をいとわず力をつくす”という意味。　⑵「二の句が継げない」は，“驚いて次の言葉が出てこない”という意味。

問３　⑴　主語は「王様が」なので，「着る」を尊敬語に変える。　⑵　主語は「私は」なので，「いらっしゃる」(行く)を謙譲語に変える。

問４　安部公房の作品は『砂の女』。なお，『やまなし』は，宮澤賢治による短編童話。『徒然草』は，兼好法師の随筆。『スーホの白い馬』は，翻訳家の大塚勇三がモンゴル民話から再話したことで知られる絵本。

問５　⑴　自動車や電車，汽車の窓。　⑵　人の親切心や思いやり，親切な行い。　⑶　式典や行事などに出席すること。　⑷　人の手が入っておらず，ほとんど知られていない地域や土地，自然。　⑸　機械や人を自分の望み通りに動かすこと。　⑹　悲しみ，傷ついた心。

Dr.福井の
入試に勝つ！脳とからだのウルトラ科学

復習のタイミングに秘密あり！

算数の公式や漢字，歴史の年号や星座の名前……。勉強は覚えることだらけだが，脳は一発ですべてを記憶することができないので，一度がんばって覚えても，しばらく放っておくとすっかり忘れてしまう。したがって，覚えたことをしっかり頭の中に焼きつけるには，ときどき復習をしなければならない。

ここで問題なのは，復習をするタイミング。これは早すぎても遅すぎてもダメだ。たとえば，ほとんど忘れてしまってから復習しても，最初に勉強したときと同じくらい時間がかかってしまう。これはとっても時間のムダだ。かといって，よく覚えている時期に復習しても何の意味もない。

そもそも復習とは，忘れそうになっていることを見直し，記憶の定着をはかる作業であるから，忘れかかったころに復習するのがベストだ。そうすれば，復習にかかる時間が一番少なくてすむし，記憶の続く時間も最長になる。

では，どのタイミングがよいか？　さまざまな研究・発表を総合して考えると，１回目の復習は最初に覚えてから１週間後，２回目の復習は１か月後，３回目の復習は３か月後――これが医学的に正しい復習時期だ。復習をくり返すたびに知識が海馬（かいば）（脳の，知識をためる倉庫みたいな部分）にだんだん強くくっついていくので，復習する間かくものびていく。

この計画どおりに勉強するには，テキストに初めて勉強した日付と，その１週間後・１か月後・３か月後の日付を書いておくとよい。あるいは，復習用のスケジュール帳をつくってもよいだろう。もちろん，計画を立てたら，それをきちんと実行することが大切だ。

ちなみに，記憶量と時間の関係を初めて発表したのがドイツのエビングハウスという学者で，「エビングハウスの忘却（ぼうきゃく）曲線」として知られている。

Dr.福井（福井一成（ふくいかずしげ））…医学博士。開成中・高から東大・文Ⅱに入学後，再受験して翌年東大・理Ⅲに合格。同大医学部卒。さまざまな勉強法や脳科学に関する著書多数。

2022年度　開智未来中学校

〔電　話〕　(0280) 61－2033
〔所在地〕　〒349－1212　埼玉県加須市麦倉1238
〔交　通〕　JR宇都宮線・東武日光線—栗橋駅よりスクールバス

【算　数】〈算数１科試験〉（60分）〈満点：100点〉

注　意　1．コンパス、分度器、その他の**定規類は使用しない**でください。
　　　　2．**円周率**が必要な場合、特に問題文に指示がない限り、**3.14**を用いること。

1　次の□にあてはまる数を答えなさい。

（1）　$\left(\frac{17}{27}+\frac{11}{4}-2\frac{2}{3}\right)\times\frac{9}{11}-\frac{1}{3}=\square$

（2）　$1\frac{9}{10}-3\frac{3}{4}\div\left(\square+2\frac{1}{3}\right)=\frac{2}{5}$

（3）　下のように、ある規則にしたがって数が並んでいるとき、50番目の数は□です。

2、5、10、17、26、37、50、65、…

（4）　1辺の長さが3 *cm* の正三角形の面積は、1辺の長さが1 *cm* の正六角形の面積の□倍です。

2　次の□にあてはまる数を答えなさい。

（1）　285を割ったときの商と余りが同じになる1以上285以下の整数は全部で□個あります。

（２）　花子さんが果物を買いに行きました。1個120円のりんごを□個買うのにかかった金額と、1個90円のみかんをりんごより2個多く買うのにかかった金額は同じになりました。

（３）　1、2、3と書かれたカードがそれぞれ3枚ずつ、合計で9枚あります。この中から3枚を一列に並べるとき、2のカードが連続しない並べ方は全部で□通りあります。

（４）　下の図は、点Oのまわりに三角形OABを90°回転してできたものです。ABの動いたあと（色のついた部分）の面積は□ cm^2 です。

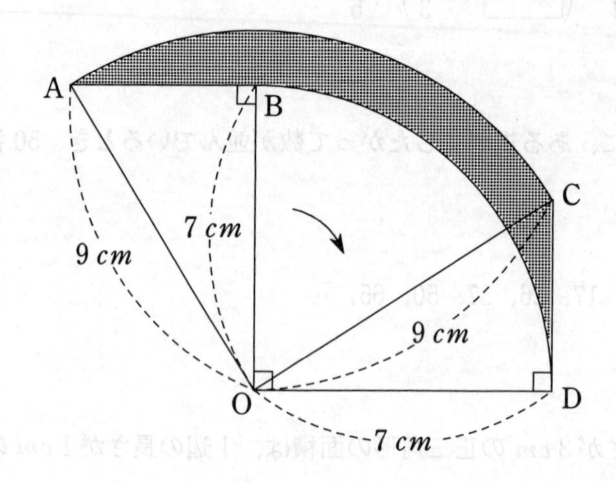

3　ヌホホイ語の単語は、「ヌ」と「ホ」と「イ」の3種類の文字を使って、次の①から③までのルールにしたがって作られています。

①　すべての単語は「ヌ」から始まる。
②　「ヌ」の次は「ホ」、「ホ」の次は「ホ」か「イ」、「イ」の次は「ヌ」が続く。
③　「ホ」は3回まで続けることができる。

例えば、4文字のヌホホイ語の単語は「ヌホイヌ」「ヌホホイ」「ヌホホホ」の3個あります。

(1) 5文字のヌホホイ語の単語は何個ありますか。

(2) 10文字のヌホホイ語の単語は何個ありますか。

(3) ヌホホイ語で複数の単語をつなげて

ヌホホホイヌホヌホホイヌホホホヌホホイヌホホホヌホホ

と書いた場合、何個の単語が並んでいますか。考えられる最も小さい個数と、最も大きい個数をそれぞれ答えなさい。

4 図のように、食塩は通さないが水は通すフィルターで2つの部分A、Bに仕切られた水そうがあります。このフィルターは、AとBに入っている液体の重さが同じになるように水を通します。たとえば、水そうに何も入っていないときにAに5%の食塩水を100グラム入れると、フィルターを通って水がBに50グラム入り、Aには10%の食塩水が50グラム残ります。

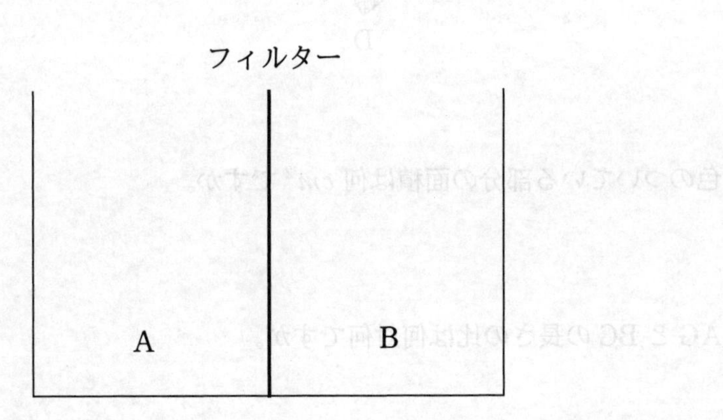

(1) Aに3%の食塩水が100グラム、Bに2%の食塩水が100グラム入っているとき、Aに50グラムの水を入れました。AとBに入っている食塩水の濃さはそれぞれ何%になりますか。

（２）　Ａに３％の食塩水100グラム、Ｂに５％の食塩水100グラムが入っているとき、Ａに２％の食塩水をある量だけ入れると、Ａの濃さがＢの濃さより１％だけ大きくなりました。Ａに入れた食塩水は何グラムでしたか。

5　下の図で、三角形ABCと三角形DEFは同じ形の三角形で、四角形BCFEは長方形です。三角形ABCの面積は36 cm^2、三角形ABCと三角形DEFの重なった部分の面積は18 cm^2 です。

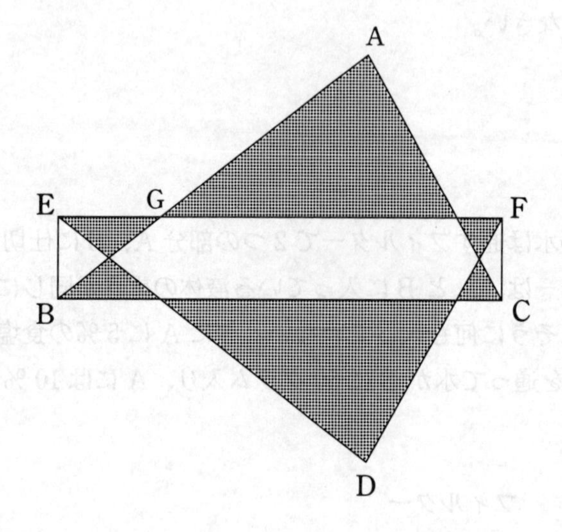

（１）　色のついている部分の面積は何 cm^2 ですか。

（２）　AGとBGの長さの比は何対何ですか。

6 広く平らな地面の上に、１辺の長さが３mの立方体のブロックがおいてあります。【図１】のように、ブロックの上の面に高さが３mの光る棒を垂直に立てると、地面の色のついた部分にブロックのかげができます。

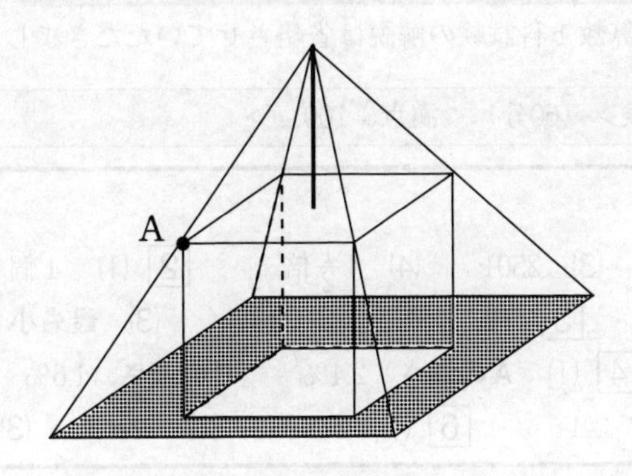

【図１】

（１） この棒を点Ａに垂直に立てたとき、地面の上にできるブロックのかげの面積は何m^2ですか。

（２） この棒を垂直に立てながら、ブロックの上の面の正方形の辺のまわりを１周させたとき、地面にできるブロックのかげが通ったあとの面積の合計は何m^2ですか。

（３） 【図２】はこのブロックを真上から見た図で、・はそれぞれの辺の真ん中の点を表しています。この棒を垂直に立てながら、ブロックの上の面で【図２】の点線部分のまわりを１周させたとき、地面にできるブロックのかげが通ったあとの面積の合計は何m^2ですか。

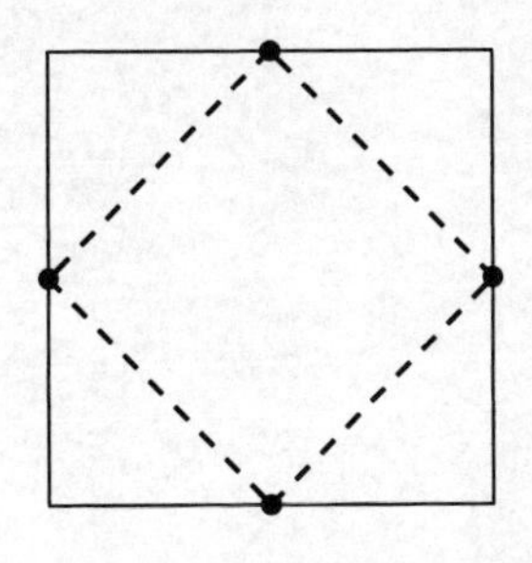

【図２】

2022年度

開智未来中学校 ▶解　答

※　編集上の都合により，算数１科試験の解説は省略させていただきました。

算　数　＜算数１科試験＞（60分）＜満点：100点＞

解　答

1 (1) $\frac{1}{4}$　(2) $\frac{1}{6}$　(3) 2501　(4) $1\frac{1}{2}$倍　2 (1) 4個　(2) 6個　(3) 22通り　(4) 25.12cm^2　3 (1) 3個　(2) 13個　(3) **最も小さい個数**　4個　**最も大きい個数**　7個　4 (1) **Aの濃さ**　2.4%　**Bの濃さ**　1.6%　(2) 200グラム

5 (1) 36cm^2　(2) 2：1　6 (1) 27m^2　(2) 72m^2　(3) 67.5m^2

2022年度　開智未来中学校

〔電　話〕　(0280)61－2033
〔所在地〕　〒349－1212　埼玉県加須市麦倉1238
〔交　通〕　JR宇都宮線・東武日光線―栗橋駅よりスクールバス

※４教科受験（算数・社会・理科・国語）または３教科受験（算数・英語・国語）あるいは２教科受験（算数・国語）となります。英語の試験の概要については、解説をご覧ください。

【算　数】〈第２回試験〉（40分）〈満点：100点〉

注　意　1．コンパス、分度器、その他の**定規類は使用しない**でください。
　　　　2．**円周率**が必要な場合、特に問題文に指示がない限り、**3.14**を用いること。

1 次の□にあてはまる数を答えなさい。

（1）$\left(2\frac{1}{3}-\frac{3}{4}\right)\times1\frac{5}{19}=\square$

（2）$6\div\left(0.75+\square\times\frac{3}{8}\right)=2$

（3）0.1 m^3 は□ cm^3 です。

（4）72、84、108の最大公約数は□です。

2（1）6グラムの食塩を□グラムの水に加えると、濃さが５％になります。

（2）0、1、2、3の数字が書かれたカードが１枚ずつあります。これらのカードから３枚を選んで並べ、３けたの整数を作るとき、２の倍数は全部で□個できます。

（3）仕入れ値の２割増しの定価をつけたショートケーキを定価の10％引きで売ると利益は□％になります。

（４）　下の図は、正方形と円を組みあわせた図形です。色のついた部分の面積をすべてたすと［　　］cm^2 です。

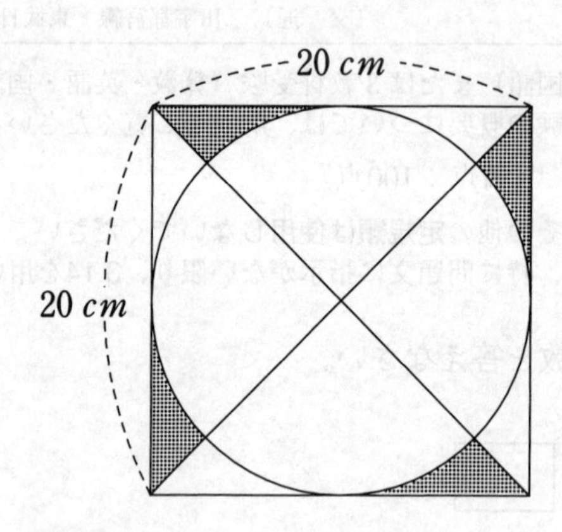

3　下の図で、DE と BC は平行です。

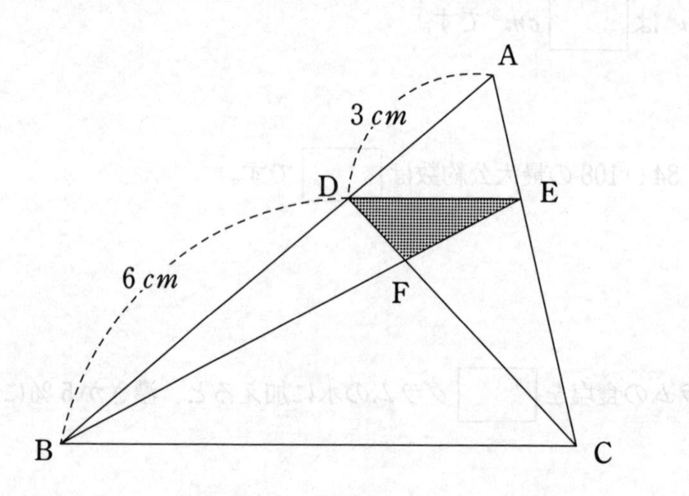

（１）　DE の長さと BC の長さの比は何対何ですか。

（２）　三角形 ABC の面積は色のついた部分の面積の何倍ですか。

4 花子さんの学校の前にある信号機は、青色の次は黄色、黄色の次は赤色、赤色の次は青色の順番で電球が光ります。青色、黄色、赤色の電球が光っている時間はそれぞれ60秒、10秒、50秒です。

（１）　青色の電球が光り始めてから250秒後には何色の電球が光っていますか。

（２）　青色の電球が光り始めてから、5回目に赤色の電球が光り始めるまでには何秒かかりますか。

5 次の各問いに答えなさい。

（１）　11110を41で割ったあまりはいくつですか。

（２）　11111 11111 11111 11112を41で割ったあまりはいくつですか。

（３）　11112×22223×33334×44445を41で割ったあまりはいくつですか。

6 【図１】のような３×３のマスに ○ を入れます。直線上に３つ並んでいる ○ のまとまりを「ビンゴ」と呼ぶことにします。

たとえば【図２】では、○ を同時に５個入れて２つのビンゴができています。

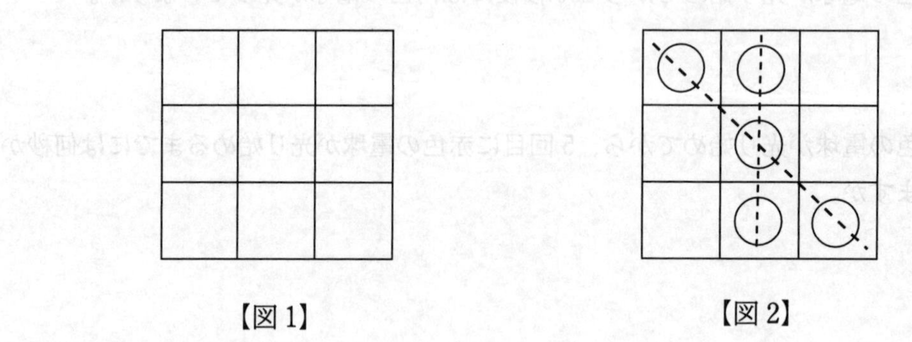

【図１】　　　　　　　　　　【図２】

（１）　○ を３個同時に入れて１つのビンゴができるような ○ の入れ方は何通りありますか。

（２）　○ を４個同時に入れて１つのビンゴができるような ○ の入れ方は何通りありますか。

（３）　○ を５個同時に入れて２つのビンゴができるような ○ の入れ方は何通りありますか。

【社　会】〈第２回試験〉（理科と合わせて40分）〈満点：50点〉

次の会話文は開智未来中学３年の「探究（たんきゅう）フィールドワーク」における個人探究で、生徒の未来さんが担当の先生と行った面談の記録です。会話文と図や表などを参考にして、あとの問いに答えなさい。

６月10日　第１回目の面談

未来：私は「異常気象が日本の歴史や地理にどのような影響を与えたのか？」という問いをたてて、探究活動を行いたいと考えています。

先生：とても良いテーマですね。なぜそのようなテーマにしたのですか？

未来：私は小学生のころから戦国大名が好きで、戦国時代について調べていたときに、「刈田狼藉（かりたろうぜき）」が許されていたことを知りました。このことから、戦国大名にとって自分の領土内の食料問題がとても重要な問題だったのではないかと考えました。そこで食料問題の原因になりそうな異常気象が歴史や地理に影響を与えたのではないかと思ってこのテーマにしました。

先生：おもしろい探究になりそうですね。戦国大名の上杉謙信は何度も［　①　］山脈を越えて関東平野に出兵しています。そして、関東平野に出兵する前には自分の領土内で異常気象による「ききん」が発生していました。②自分の領土内の食料問題の解決に「刈田狼藉」は役に立ったのかもしれませんね。

未来：義に厚いといわれた上杉謙信も「刈田狼藉」を行っていたのですね。では、昔の異常気象について調べるにはどのような資料を活用したらよいのでしょうか？

先生：江戸時代以前は、現在の③気象庁のような組織はなく、天気や異常気象を国家が統一的に観測してはいませんでした。しかし、奈良時代の朝廷が残した記録には異常気象が起こった時期や場所について書かれています。また、平安時代以降には貴族のさまざまな日記に当時の天気などの内容が書かれています。④藤原定家が記した『明月記』にも、「ききん」とその原因となった異常気象についての記述があります。

未来：そうなのですね。私たちも日記を書くときに天気の内容を書きますが、昔の貴族も同じことをしていたと思うと少し楽しいですね。

先生：そうですね。朝廷の記録や貴族の日記の一部は学校の図書館にもありますので、その中から異常気象についての記述を探して集めてみたらいかがですか。次の面談は１か月後なので、そのときに成果を見せてください。

問1　会話文中の空らん［　①　］には、現在の群馬県と新潟県の境となっている山脈が入ります。空らん［　①　］にあてはまる山脈の名前を答えなさい。

問2　会話文中の下線部②について、次の文章は国語辞典で「刈田狼藉」と「ききん」について説明した内容です。この内容を参考にして、なぜ刈田狼藉が自分の領土内の食料問題の解決になるのかを説明しなさい。

国語辞典
刈田狼藉　…　鎌倉・室町・戦国時代、敵方の田の稲を不法に刈り取ること。
ききん　…　農作物がみのらず、食物が欠乏して、飢え苦しむこと。

問3　会話文中の下線部③について、下の**図1**は日本の行政機関を示したものです。この**図1**から気象庁は国土交通省に属していることがわかります。**図1**を参考にして次の(1)・(2)に答えなさい。

(1)　次の**ア**・**イ**の仕事を担う省を**図1**の中から選び、書きなさい。

ア　…　国民が安心して医療を受けられるように医療保険の制度を整える。

イ　…　税金を集め、公共サービスのための予算を編成する。

(2)　2021年9月1日に設置され、**図1**にはまだ記されていない庁の名前を**カタカナ**で答えなさい。

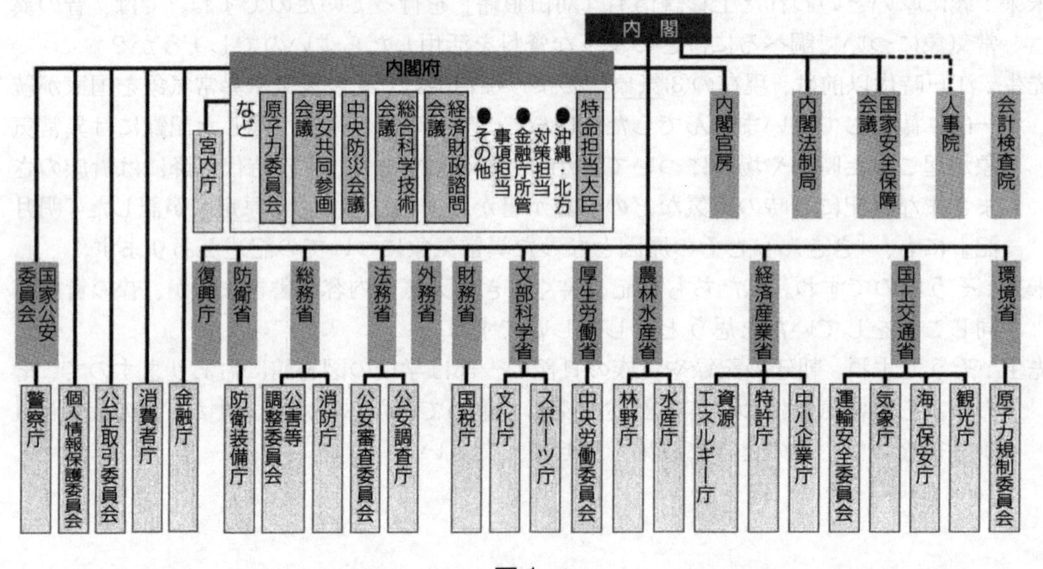

図1

問4　会話文中の下線部④について、藤原定家が編さんした和歌集として**正しいもの**を次の**ア～エ**から1つ選び、記号で答えなさい。

ア　新古今和歌集　　**イ**　万葉集　　**ウ**　徒然草　　**エ**　日本書紀

7月12日　第2回目の面談

未来：先生、朝廷の記録や貴族の日記に記されている異常気象の記録を調べてみました。思っていた以上にたくさんの記述があって、まだ調べきれていないのですが、実は異常気象といってもさまざまなものがあるのだなと驚きました。

先生：そうですね。どのような記述がありましたか？

未来：まずは日照りや干ばつが多く書かれていました。

先生：夏の日照りや干ばつが発生した場所は書いてありましたか？

未来：例えば、奈良時代の 756 年 8 月には「山陽道と南海道の二道の諸国で日照りによる干ばつが発生してえき病が発生した」と書いてありました。⑤山陽道と南海道とはどこなのでしょうか？

先生：山陽道とは、かつての日本の地域区分で、次の**図 2** に示したように現在の兵庫県から山口県にかけての瀬戸内海沿岸を指しますね。それから、南海道とは、主に現在の和歌山県と四国地方にかけての地域のことを指しますね。現在でもこの地域は水不足で悩まされることが多い地域ですが、奈良時代も同じだったのですね。では、ここからは地理で学習した内容です。「山陽道と南海道の二道で日照りによる干ばつが起こった」理由は何ですか？

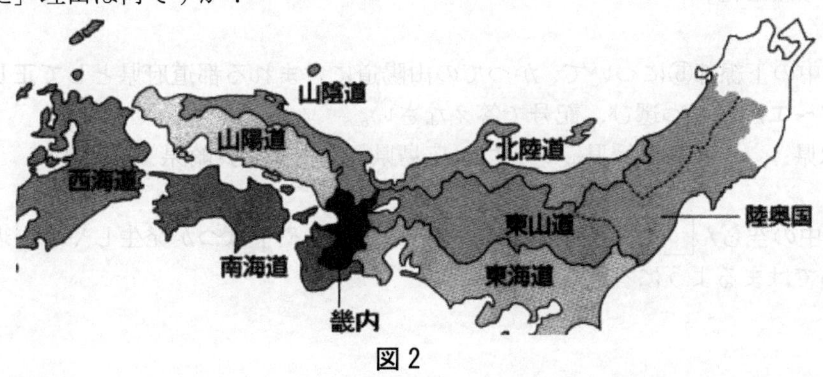

図 2

未来：［　　　　　⑥　　　　　］だからだと思います。

先生：その通りです。実は、⑦朝廷はこうした日照りや干ばつに対してある対策をとったことが記録されています。日本の地理に大きな影響を与えたことなので調べてみましょう。

未来：わかりました。

先生：また、奈良時代には水不足の対策だけでなく、日照りや干ばつによる食料不足をきっかけとしてえき病が流行しました。⑧えき病の流行にたいしても朝廷は対策を行っています。

未来：そうなのですね。このことも調べてみます。

先生：ところで、これは学問的に示された成果なのですが、西暦 1800 年以前の北半球の気温の変化を示すとこの**図 3** のようになります。

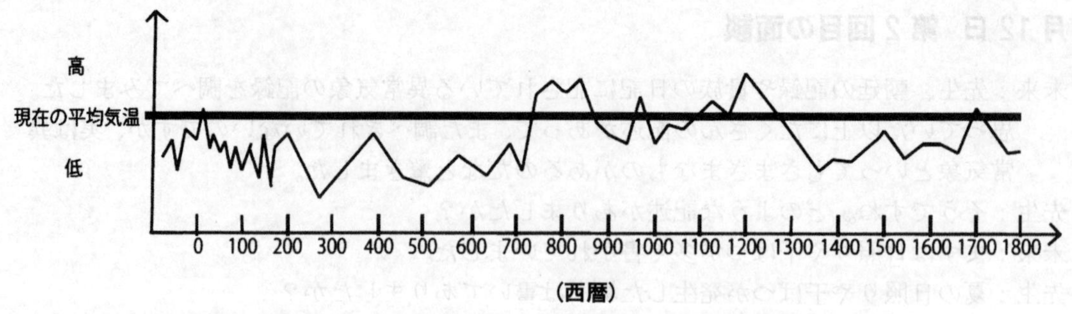

図３　西暦1800年以前の平均気温の変化と現在の気温との差

先生：この**図３**で考えると、奈良時代と平安時代は現在よりも暖かったものの、［ ⑨ ］時代の中ごろから現在の平均気温を下回り、江戸時代は現在よりも寒かったことがわかります。奈良時代の記録を調べると日照りや干ばつの記録が多かったと思いますが、江戸時代の記録を見ると冷害の記録もたくさん出てきます。特に江戸時代は「小氷期」と言われ、北半球全体で今よりも気温が低かった時代なので冷害についての記録がたくさんあります。では、夏休みの間に江戸時代の冷害について調べてみましょう。

未来：わかりました。

問５　会話文中の下線部⑤について、かつての山陽道に含まれる都道府県として**正しいもの**を次の**ア〜エ**から１つ選び、記号で答えなさい。

ア　鳥取県　　**イ**　愛媛県　　**ウ**　広島県　　**エ**　長崎県

問６　会話文中の空らん［ ⑥ ］について、日照りや干ばつが発生しやすい理由を空らんにあてはまるように答えなさい。

問７　会話文中の下線部⑦について、未来さんが干ばつについての記録をもう一度調べてみると、当時の朝廷が干ばつについて対策をしていたことがわかりました。次の**地図１**を参考にして、当時の朝廷が行った干ばつへの対策とはどのようなことだったのかを答えなさい。

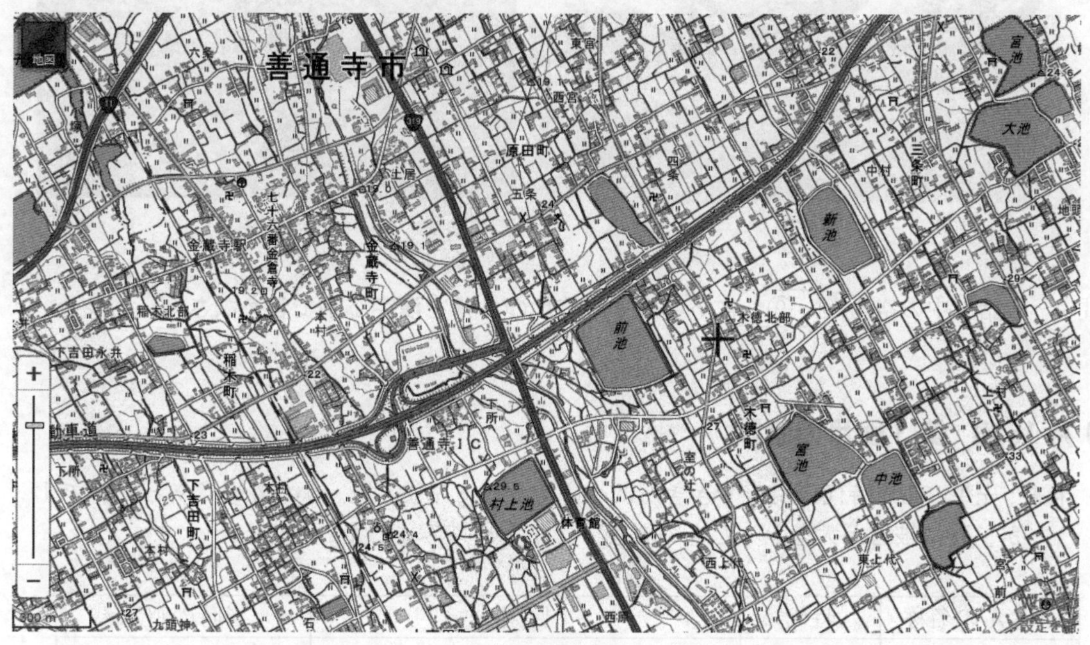

地図１

この地図は「国土地理院地図」より作成した。

問８　会話文中の下線部⑧について、奈良時代にえき病の流行に対して朝廷が行った対策と関係があるものを次の**ア～エ**から１つ選び、記号で答えなさい。

ア

イ

ウ

エ

問9　会話文中の空らん ⑨ にあてはまる時代の名称を**漢字2字**で答えなさい。

9月15日　第3回目の面談

未来：先生、江戸時代の冷害やききんについて調べてみました。かなり多くあったのですが、特に被害が大きかったものを**表1**にまとめてみました。

ききんの名称	時代	原因	当時の将軍
寛永(かんえい)のききん	1641 〜 1642年頃	冷夏・長雨，えき病，火山の噴火	徳川家光
享保(きょうほう)のききん	1732年	イナゴやウンカ(虫)の大発生	徳川 ⑩
天明(てんめい)のききん	1782 〜 1788年頃	冷夏・長雨，⑪浅間山の噴火	徳川家治・徳川家斉
天保(てんぽう)のききん	1833 〜 1836年頃	冷夏・長雨	徳川家斉・徳川家慶

表1

先生：大事なことがしっかりとまとめられた表ですね。

未来：天明のききんについてより詳しく調べたら、江戸と弘前(ひろさき)(現在の青森県)、日光(現在の栃木県)、佐賀の4つの町の1783(天明3)年の6〜8月の天気を記した資料がありました。晴れの日の数と雨の日の数、曇りの日の数を数えてみると次の**表2**のようになります。この**表2**を見ると3つの大きな特徴がわかります。まず、1つ目に弘前や日光、江戸は7月になっても ⑫ が明けずに、雨や曇りの日が続いていることです。2つ目に佐賀は晴れの日が多く、 ⑫ がほとんどなかったことがわかります。3つ目に、4つの町の位置関係から、この年は東日本で長雨がつづき冷夏になったものの、西日本ではその影響はあまりなかったのではないかと考えることができます。この3点をふくめて考えると、天明のききんの原因は浅間山の噴火だけでなく、東北地方の太平洋岸に夏に吹く寒冷な風である ⑬ の影響による冷夏と長雨だったのだと考えることができます。

先生：素晴らしい結論ですね。このように実際の資料を調べ、さまざまな事象と比較検討しながら仮説を立てたり、科学的な結論を導く活動を探究というのです。この調子でどんどん新しい資料を調べていきましょう。最後に、⑭<u>今年の 10 月 31 日からイギリスで気候変動について主要国が話し合う会議がありますね</u>。そのニュースも注目してくださいね。

	天明3年6月の天気			
	晴れの日数	曇りの日数	雨の日数	不明
弘前	5	14	11	0
日光	8	1	19	2
江戸	10	3	17	0
佐賀	16	8	6	0

	天明3年7月の天気			
	晴れの日数	曇りの日数	雨の日数	不明
弘前	8	14	9	0
日光	7	5	18	1
江戸	9	3	19	0
佐賀	15	3	12	1

	天明3年8月の天気			
	晴れの日数	曇りの日数	雨の日数	不明
弘前	5	12	14	0
日光	9	4	18	0
江戸	9	8	14	0
佐賀	14	0	17	0

表 2

問 10　**表 1** 中の空らん ⑩ には享保の改革を行った 8 代将軍の名前があてはまります。この将軍の名前を**漢字 2 字**で答えなさい。

問11　**表1**中の下線部⑪について、浅間山を次の**地図2**中の**ア〜エ**から1つ選び、記号で答えなさい。

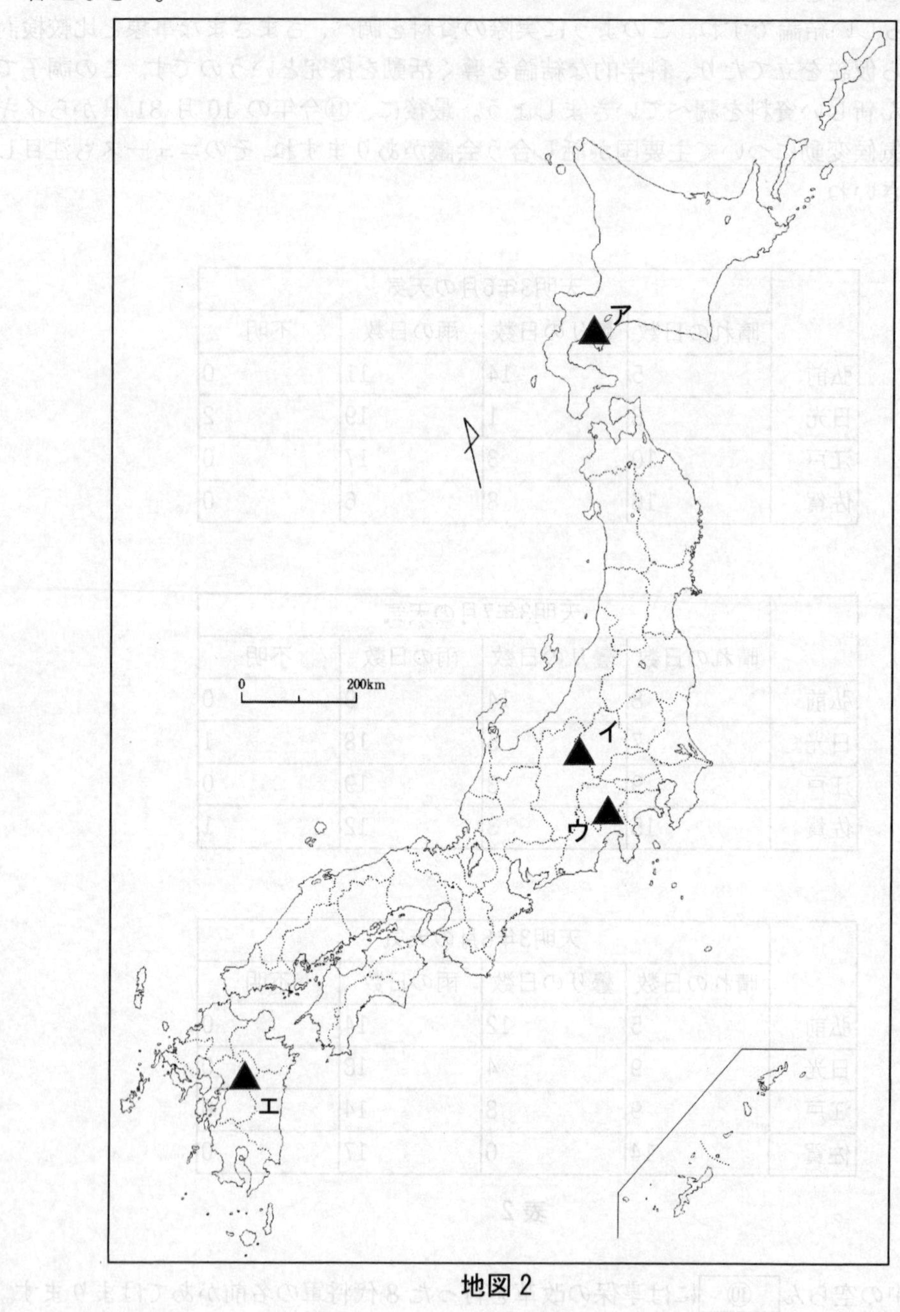

地図2

問12　会話文中の空らん［⑫］にあてはまる季節を**漢字2字**で答えなさい。

問13　会話文中の空らん［⑬］にあてはまる風の名前を**ひらがな**で答えなさい。

問14　会話文中の下線部⑭について、2021年10月31日からイギリスのグラスゴーで開催された会議を何というか、**アルファベット**と**算用数字**を用いて答えなさい。

【理　科】〈第２回試験〉（社会と合わせて40分）〈満点：50点〉

1　未来くんは、植物がでんぷんなどの養分をつくるはたらきに関する実験を行いました。これについて、次の各問いに答えなさい。

問１　未来くんが、この実験で調べた「植物がでんぷんなどの養分をつくるはたらき」のことを何といいますか。

問２　図１において、水は茎（くき）の何という管を通って葉に運ばれますか。その名前を答えなさい。

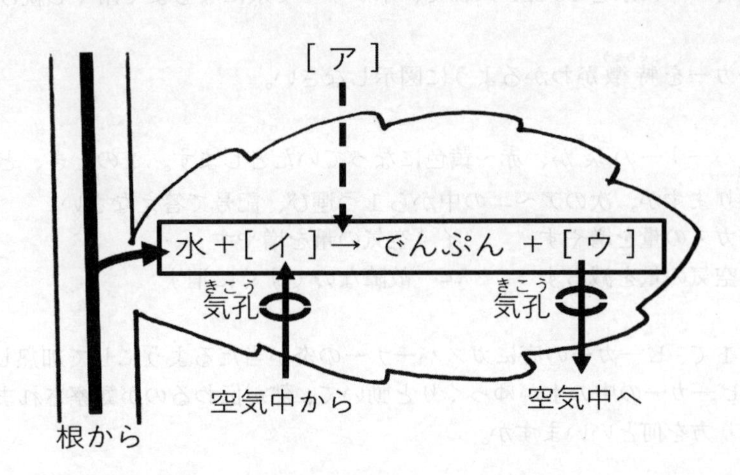

図１

問３　図１の[ア]～[ウ]にあてはまる語句をそれぞれ答えなさい。

問４　問１のはたらきによって、でんぷんができたことを確かめるためには、何という薬品を使いますか。また、でんぷんがある場合は何色に変化しますか。それぞれ答えなさい。

問５　未来くんは晴れた日の昼間に、図２のような葉を一定時間、外に放置しました。その後、アルコールで葉の緑色をぬき、問４の薬品にひたして変化を観察しました。図２の葉の部分ア～ウのうち、色が変化するものをすべて選び、記号で答えなさい。

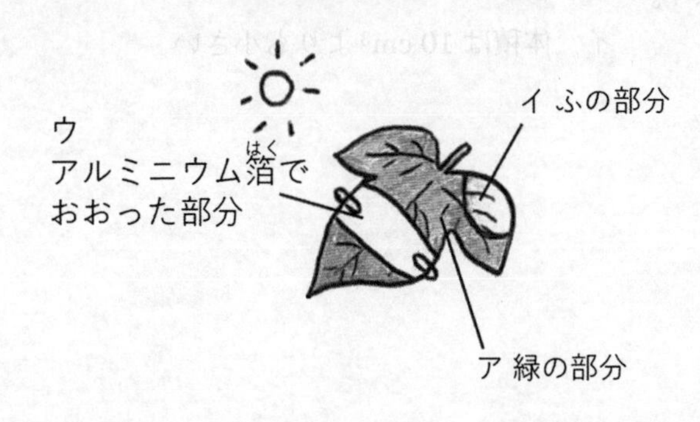

※ふの部分：葉の緑色がぬけおちて白くなっている部分

図２

2 未来くんは、水の様子を調べる実験と観察を行いました。これについて、次の各問いに答えなさい。

【実験１】

ビーカーの中に水を200 cm³入れて、ガスバーナーで加熱し、温度が一定になるまで加熱を続けた。

【実験２】

試験管の中に水を10 cm³入れて、水がすべて氷になるまで冷やし続けた。

問１　ビーカーを特徴（とくちょう）がわかるように図示しなさい。

問２　ガスバーナーの炎（ほのお）が、赤～黄色になっていたとします。このとき、どのようにすれば青い炎になりますか。次のア～エの中から１つ選び、記号で答えなさい。

ア　ガスの量を増やす　　イ　空気の量を増やす

ウ　空気の量を減らす　　エ　故障なのですぐに消す

問３　実験１で、ビーカーの底にガスバーナーの炎が当たるようにして加熱しました。しばらくすると、ビーカーの中の水がゆっくりと動いて、熱が伝わるのが観察されました。このような熱の伝わり方を何といいますか。

問４　実験１で、温度が一定になると、水の中からさかんに泡（あわ）が出てきました。このとき水の中から出てきた泡は何ですか。漢字３字で答えなさい。また、このときの水の様子を何といいますか。それぞれ答えなさい。

問５　実験１で、実験終了後のビーカーに残っている水の量を調べたところ、実験前と比べて水の量が減っていました。これは水が何という現象を起こしたからですか。

問６　実験２で、すべて氷になったときの試験管の中の氷の体積は、冷やす前と比べてどのようになっていますか。正しいものを次のア～ウの中から１つ選び、記号で答えなさい。ただし、試験管の中の水と氷は同じ重さとします。

ア　体積は10 cm³よりも大きい　　イ　体積は10 cm³よりも小さい

ウ　体積は変わらない

3　未来くんは、磁石のまわりの空間の様子を調べる【実験１】と電磁石について調べる【実験２】を行いました。これについて、次の各問いに答えなさい。

【実験１】

水平な台の上に棒磁石を置き、棒磁石のＮ極近くのＡ点に方位磁針を置いたところ、方位磁針のＮ極のさす向きは図１のようになった。この状態で、方位磁針を矢印の向きにＢ点までゆっくり動かした。

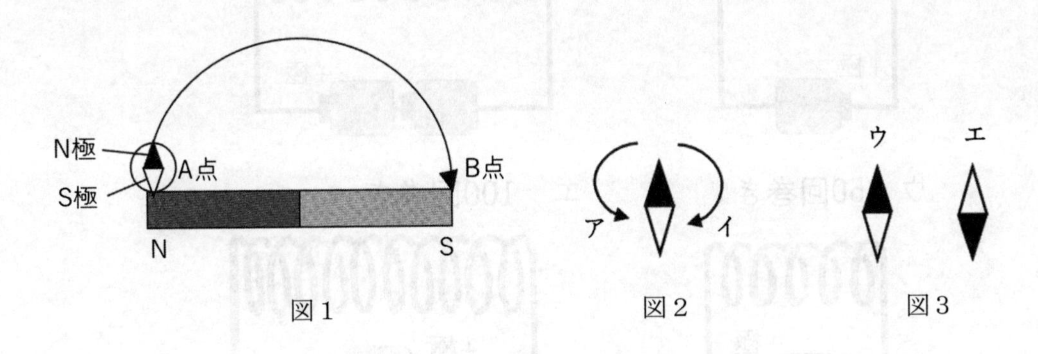

図１　　図２　　図３

問１　実験１について、方位磁針のＮ極が回転する様子を説明したものとして最も適するものを、次の①～④から１つ選び、番号で答えなさい。ただし、図１は棒磁石と方位磁針を真上から見たものであり、図２のア、イは方位磁針のＮ極が回転する向きを、図３のウ、エは方位磁針のＮ極がさす向きを表しています。また、方位磁針のさす向きに関して、棒磁石による影響のみを考えるものとします。

①　方位磁針のＮ極は、図２のアの向きに少しずつ 360°回転し、Ｂ点では図３のウになる。
②　方位磁針のＮ極は、図２のアの向きに少しずつ 180°回転し、Ｂ点では図３のエになる。
③　方位磁針のＮ極は、図２のイの向きに少しずつ 360°回転し、Ｂ点では図３のウになる。
④　方位磁針のＮ極は、図２のイの向きに少しずつ 180°回転し、Ｂ点では図３のエになる。

【実験２】

下の図のア～エのように、太さが同じエナメル線を使い、巻き方を同じにして50回巻きと100回巻きのコイルをつくり、すべて同じ電池をつないで電流を流した。

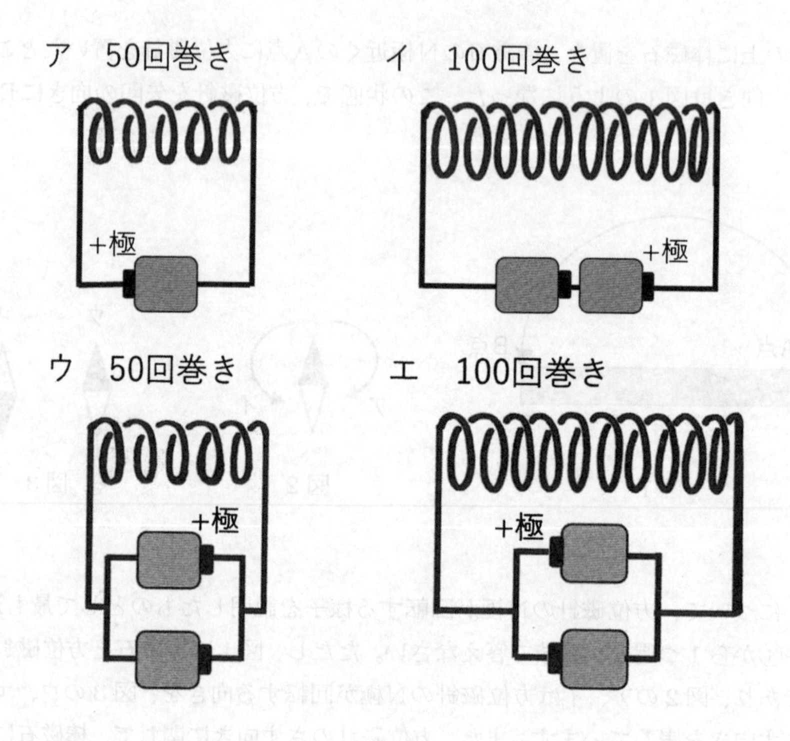

問２　コイルに生じる磁力が、図のアのおよそ２倍の強さになるものをイ～エから１つ選び、記号で答えなさい。

問３　コイルに生じる磁力が、図のアとほぼ同じ強さになるものをイ～エから１つ選び、記号で答えなさい。

問４　コイルの右端（みぎはし）がＮ極になっているものを、図のア～エからすべて選び、記号で答えなさい。

問５　図のアで、コイルの中心に鉄心を入れたときとガラス棒を入れたときとでは、生じる磁力はどのようになりますか。次の①～④から正しいものを１つ選び、番号で答えなさい。

①　鉄心を入れた方が強くなる
②　どちらも強さは変わらない
③　ガラス棒を入れた方が強くなる
④　鉄心やガラス棒を入れたときには磁力は生じない

問三　次の文を読み、――線部を正しい尊敬語または謙譲語に直しなさい。
ただし「～れる・～られる」という形は用いないこと。

(1)　校長先生はずっと図書室にいる。
(2)　先生が私の書いた作文を拝見する。

問四　次の作品の中から「夏目漱石」の著書を、次のア～エの中から選び、記号で答えなさい。

ア　方丈記　　イ　坊っちゃん　　ウ　おくのほそ道　　エ　蒲団

問五　次の各文の――線部を漢字に直しなさい。

(1)　世界の三大シュウキョウを答えよ。
(2)　川のゲンリュウをさがし当てた。
(3)　時間のユルす限り見ていたい。
(4)　鉄道モケイが展示されている。
(5)　大雨ケイホウが発令される。
(6)　畑の作物をセイカ市場に出荷する。

問四　傍線部④「……ただいま戻りました」とありますが、この「……」から読み取れる「篤」の心情を書きなさい。

問五　傍線部⑤「すいません」、⑥「すいません」とありますが、「篤」はどのようなことに対して「すいません」と言ったのですか。それぞれについて書きなさい。

問六　空欄 **X** には、「篤」から「宮川」へ送ったＬＩＮＥのメッセージが入ります。あなたが「篤」ならばどのような言葉を送りますか。七十字以内で書きなさい。

三

次の各問いに答えなさい。

問一　次の各文（文節で区切ってある）の主語と述語を記号で答えなさい。文中になければ「なし」と答えなさい。

(1) 祖父にア　もらったイ　昆虫図鑑はウ　僕のエ　宝物だ。オ

(2) 山のア　天気はイ　変わりやすいからウ　必ずエ　雨具をオ　用意しなさい。カ

問二　下の意味を読み、□にあてはまる最もふさわしい言葉を、漢字一字で答えなさい。

(1) □も蓋もない　（意味）表現が露骨すぎて、風情が無いこと。

(2) 焼け石に□　（意味）努力や援助が少しばかりで、効果があがらないこと。

「そんな文面とともに、クリスマスツリーと青く光るケヤキの木の写真を宮川さんに送った。　X　」

(鈴村ふみ『櫓太鼓がきこえる』による)

(問題作成のために、本文を一部省略・改変したところがあります)

(注1) 呼び上げ……相撲で力士の名を呼んで土俵に上がらせること。
(注2) RIZIN……総合格闘技の団体名。
(注3) LINE……スマートフォンなどで人とメッセージのやりとりができるアプリケーションソフト。

問一　傍線部①「朝霧部屋」とありますが、登場人物のうち、朝霧部屋に所属する力士の名をすべて書きなさい。ただし、フルネームの分かる人物はフルネームを答えること。

問二　傍線部②「宮川さんはいつになく積極的に稽古に励んでいた」とありますが、それはなぜですか。その理由を書きなさい。

問三　傍線部③「ただの怪我ではないことは明白だった」とありますが、「ただの怪我ではない」ことが分かる表現を本文から二十字以内で抜き出しなさい。

結局「すいません」⑥をまた言ってしまった。

「俺の部屋は人数多いからさ」

直之さんがいきなり話題を変えたので、なんのことかと一瞬思う。

「三十人くらい力士がいれば、兄弟子が怪我するところもまあまあ見るんだよ。見たくないけどな。靭帯やっちゃって、復帰まで一年かかる人もいた。でも、みんな強いんだよ。肉体的なことだけじゃなくて、精神が。だいたいみんな、応援してくれる人のために頑張りたいとか、絶対また相撲取るんだとか思って、一生懸命リハビリして戻ってくるんだ。すげえよ、あの精神力。呼出もまあ大変だけど、力士なんて俺たちの比じゃないって、兄弟子見ると思うんだ。さすが、身ひとつで戦ってるだけあるよ。だから」

そこまで言って、直之さんは一拍、間をあけた。

「お前の兄弟子もそうだよ。絶対戻ってくる。大丈夫、大丈夫」

そう訴える直之さんの口調は力強かった。大丈夫、と言われて胸が熱くなる。

「直之さん」

「ん？」

「ありがとうございます」

今度はちゃんと、ありがとうございますと言えた。

「まあ、元気になったならよかったよ。じゃあ、そろそろ帰るか」

さきほどよりも大きな声で言い、直之さんがくるりと背を向けて駅の方に歩き出す。小柄な直之さんは、背中も小さい。それでも直之さんは「兄弟子」なのだった。直之さんのようになりたい。ふいに、けれども強く、そう思った。呼び上げを失敗しないように。誰かにバカにされないように。

宿舎に帰ってすぐ、篤はＬＩＮＥの画面を開いた。

でそれどころではなかったので、気づかなかった。

「なあ、ここで写真撮らねえ？」

どうやらイルミネーションの写真を撮るのではなく、イルミネーションの前で記念撮影しないか、という意味のようだ。すでに直之さんはスマートフォンを取り出していた。

「お前表情硬いなー。もうちょっと笑えよ」

ほいと直之さんがさきほど撮った写真を見せてくれた。そこには、青く光るイルミネーションをバックに目を細め口角もきゅっと上がった完璧な笑顔を見せる直之さんと、目は笑っているものの、口元がこわばっている自分が写っていた。昔から篤は、写真撮影で表情をつくるのが苦手だ。

「これ、あとでツイッターにあげよ」

景色だけの写真もＳＮＳにアップしたいらしく、直之さんはケヤキの木をパシャパシャと撮りだした。ついでに、駅前のイルミネーションをすべて見てまわった。駅の真ん中に設置された、巨大な光るクリスマスツリー。その横にたくさん吊り下がる、雪の結晶のかたちをした電飾。どれもきらきらと美しく、篤も何枚も写真を撮った。

写真撮影が終わると、直之さんは篤の方を振り返って、「どうだ？　元気になったか？」と聞いてきた。え、とスマートフォンをしまおうとしていた手が止まった。イルミネーションを見せてくれたのも、すべて篤を心配してのことだったのか。つい、顔が熱くなる。

「ありがとうございます。……なんか、⑤すいません」

感謝しているのか謝りたいのか、よくわからないことを口にしてしまった。篤のどっちつかずな台詞は気にも留めず、直之さんは「お前元気ないとき、わかりやすすぎるんだよなー。今にも死にそうな、暗い顔してるんだもん」と笑う。

直之さんに指摘され、そんなに俺は感情丸出しで過ごしているのかと、余計に恥ずかしくなる。

が止んだ。おそらく宮川さんも、ふたたび眠りについたのだろう。しかし篤の目と頭はすっかり冴えてしまい、しばらく寝付くことができなかった。

「うわ、ひっでークマ。お前ちゃんと寝てんの？」

篤を見るなり、直之さんは呆れた顔をした。顔を洗ったときは鏡をよく見ていなかったので、クマができていたことに気づかなかった。

昨日あんまり寝れなかったんで、と答えると、体調管理はしっかりしろよ、とたしなめられた。

睡眠不足のせいか、この日の篤は散々だった。最初から二番目の呼び上げで白扇を着物の帯にしまうとき、手が滑って扇を落としそうになった。なんとか空中でキャッチできたものの、次の一番では声が裏返った。それから何度も、声が裏返った。最後の三番に至っては連続だった。案の定、土俵下に控える審判部の親方から注意を食らった。審判部全員に頭を下げると、退場するとき、くすくす笑う観客の声が聞こえた。

いつものようにバスに乗っていたが、終点の博多駅に着く直前、直之さんが「今日このあと時間ある？」と、篤の袖を引っ張ってきた。部屋に帰れば兄弟子たちが待っているが、急ぐほどの用はない。時間なら大丈夫ですと答えると、直之さんは「じゃあちょっと付き合えよ」とにんまりとした顔で言った。

バスを降りると、先に降りていた直之さんが「こっちこっちー！」と大声をあげていた。その声がする方に目をやった瞬間、篤は息を呑んだ。そこにはまばゆいほどの青い光が、一面に広がっていた。

「博多駅のイルミネーションは、この季節の名物でさ。ちょうど昨日、点灯式だったんだ」

へえ、と相づちを打つ。昨日はたまたま直之さんとは別の便で帰っていたし、宮川さんの怪我

宮川さんはあのあとすぐ医務室に運ばれ、応急処置を受けて、いったん朝霧部屋の宿舎へ戻ってきたらしい。部屋の兄弟子たちからのＬＩＮＥ(注３)にはそう書いてあった。入院と手術は避けられないということで、明日の朝に帰京し、病院で検査を受けるそうだ。当然、次の一番からは休場となる。

宮川さんは大部屋の奥で、ぶ厚いサポーターで覆われた右足を投げ出して座っていた。

「おお、おかえり」

いつものように「おかえり」と言ってくれたが、その声には張りがなかった。

④「……ただいま戻りました」

宮川さんは自身の右足に巻かれたサポーターに目を落とし、「もう、ＲＩＺＩＮ観に行けねえかもな」と言ってへらりと笑った。笑ってはいたけれど、それが強がりであることはすぐわかった。無理やり顔に力を入れて笑っていたからだ。篤はただ、困ったことがあったら言ってくださいとしか言えなかった。

その後宮川さんは篤と柏木さんに支えられて寝室に移動し、早くに床についた。この日は篤も呼び上げの練習に身が入らず、前日と同じく、早めに寝ることにした。

眠りについて何時間か経った頃、ふいに篤は目を覚ました。喉が渇いていたので水を飲むため起き上がろうとしたところ、虫の羽音より少し大きいくらいの、かすかな声が聞こえてきた。

最初は心霊現象かと思い、慌てて布団を被ろうとしたが、寝ぼけていた脳が次第に起きだしてきて、それが宮川さんの泣き声であることに気づいた。極力声を漏らすまいとタオルか何かを口にあてているのだろう。しゃくりあげるような嗚咽(おえつ)がわずかに聞こえ、その中に時々、ずるっと鼻水をすすり上げる音が混じる。

宮川さんと篤以外はみな、寝入っているようだ。水を飲むのは諦め、篤はただ目を瞑(つぶ)って、寝ているふりをした。宮川さんの泣き声はその後も続き、十五分ほど経ったところで、ようやく声

両者が土俵に手をつき、はっけよーいっ、と行司の軍配が返った。

対戦相手が立ち合いで鋭く踏み込んだのに対して、宮川さんはやや立ち遅れたように見えた。しめたと言わんばかりに相手はどんどん腕を伸ばし、宮川さんを思いっきり押していった。追い詰められた宮川さんは、せめてもの抵抗で俵に右足をかけて踏ん張ったが、相手にのど輪で押されると、土俵上に崩れ落ちた。

どすんと重く、鈍い音が響く。その瞬間、会場がしんと静まり返った。

篤が見た限り、押し倒される直前、宮川さんの右足は弓のようにしなっていた。

すぐさま行司が相手の方に軍配を上げたが、宮川さんは土俵上に仰向けになり、右膝を曲げたまま動くことができなかった。倒れる直前の足の曲がり方からして、③ただの怪我ではないことは明白だった。

場内から音が消えたのはほんの一瞬で、すぐさま客が悲鳴や心配そうな声をあげたはずだった。しかし篤の耳には、何も聞こえなかった。ただ、顔から血の気が引いていくことだけは、はっきりと感じた。

なんで。なんで宮川さんがこんな目に遭うんだ。あんなに場所前、張り切っていたのに。なんでよりによってこのタイミングなんだ。今度、お母さんが観に来るっていうのに。お母さんの前で勝つところを見せたかっただろうに。

「なんで」ばかりが頭に浮かび、気づくと手が震えていた。例のごとく、大型の車椅子が出動してきた。若者頭たちの手によって宮川さんは土俵から下ろされ、車椅子に乗せられた。

車椅子が花道を下がる瞬間、宮川さんはうつむいて顔を上げようとしなかった。篤も宮川さんを直視できなかった。土俵には塩が撒かれ、ただちに掃き整えられた。やはり宮川さんの怪我などなかったかのように、そのまま次の一番へ移っていった。

番付発表直後、②宮川さんはいつになく積極的に稽古に励んでいた。申し合いで三十番以上相撲を取り、武藤さんにも胸を借りた。一番も勝てず見事に転がされ、背中は土で真っ黒になっていたが、宮川さんは何度も武藤さんにぶつかっていった。

普段の稽古で宮川さんが相撲を取るのは十番ほどで、相手も柏木さんか、たまに坂口さんと取るくらいなのに、今場所は目の色が違っていた。師匠も「あいつ、毎場所九州場所だったらいいのになあ」とぼやいていたほどだ。

「地元だし、七日目と中日にお母さんが観に来るっていうから。明日と次も勝ってお母さんにいいところ見せたいんでしょ」

たしかに今、宮川さんは二連勝だ。このまま白星を積み重ねて、お母さんに勝ち越すところを見せたいと思うのは当然だろう。

「じゃあ俺も寝るわ」

柏木さんも立ち上がり、大部屋に一人残され手持ち無沙汰になったので、この日は篤も早めに床についた。

九州場所の初日以降はぐずついた天気が続いていたが、五日目の朝は今までの天候が嘘のように、雲一つない青空が広がっていた。久々に青く澄み渡った空を見て、会場に向かう篤はすがすがしさすら感じていた。

昨日早めに寝たおかげで、この日はいつもより声を出しやすかった。山岸さん、小早川さんと二人続いて部屋の兄弟子が相撲を取ったが、どちらも白星を手にした。気分良く土俵上の進行を眺めていると、宮川さんが土俵に上がった。

宮川さんは今日勝てば三連勝だ。対戦相手は宮川さんよりも少しだけ細かった。ただ、遠くから見ても相手の筋肉質なふくらはぎは目立っていて、細いわりには屈強そうな印象を与えていた。

二　次の文章を読んであとの問いに答えなさい。

高校を中退した篤(あつし)は、呼出(よびだし)(相撲で、力士の名を読んで土俵に上がらせる役)として相撲部屋である朝霧部屋に入門した。

①朝霧部屋の宿舎には、各力士の四股名(しこな)と、勝敗を白と黒の丸で表した星取表が貼り出されている。

九州場所の四日目を終え、黒丸が二つ、あるいは白と黒の丸が一つずつ並ぶ成績の中で、一人だけ白い丸を二つ重ねた力士がいた。宮川さんだ。今場所は東の序二段四十一枚目と少し番付を下げていたが、順調な滑り出しを果たしていた。

この日も宮川さんは篤の呼び上げ(注1)の練習に付き合っていたが、それが終わるとすぐ「俺、今日はもう寝るわ」と腰を上げた。

「もう寝るんすか?」

一緒に練習を見ていた柏木さんが、意外そうに尋ねる。いつもの宮川さんなら篤の練習が終わったあと、年末に観に行く予定のRIZIN(ライジン)(注2)の試合がいかに楽しみか、延々と語っているのだ。

「ああ。お前も明日取組があるんだからとっとと寝ろよ。篤だって、朝早いだろ」

そう言って宮川さんは寝室へ消えて行った。思わず篤と柏木さんは顔を見合わせる。

「珍しいっすね、宮川さんが早く寝るなんて」

「だな。今場所、凌平さん気合入ってるからな」

問六　この本文を読んでダムに興味を抱いた「未来さん」は、実際にいくつかのダムに行ってみました。次の**【写真】**の１および２はどのダムの種類に属しますか。**〈未来さんのまとめ〉**中のａから１の記号で答えなさい。

【写真】

1

2

問四　**〈未来さんのまとめ〉**中の空欄 g にあてはまる言葉を書きなさい。

問五　次の**【図2】**は、**〈未来さんのまとめ〉**中のｉ「均一型」、ｊ「ゾーン型」、ｋ「ゾーン型」、
　ｌ「表面遮水型」について、ダムの材料の構成を図式化したものです。**【図2】**中の空欄①か
ら③にあてはまる図を、選択肢ア～ウの中から選び記号で答えなさい。

【図2】

フィルダムの型式

	均一型	ゾーン型
g	①	❶透水性材料　❷半透水性材料　❸遮水性材料　❹ドレーン
	ゾーン型（中央コア型）	**表面遮水型**
ロックフィルダム	②	③

選択肢

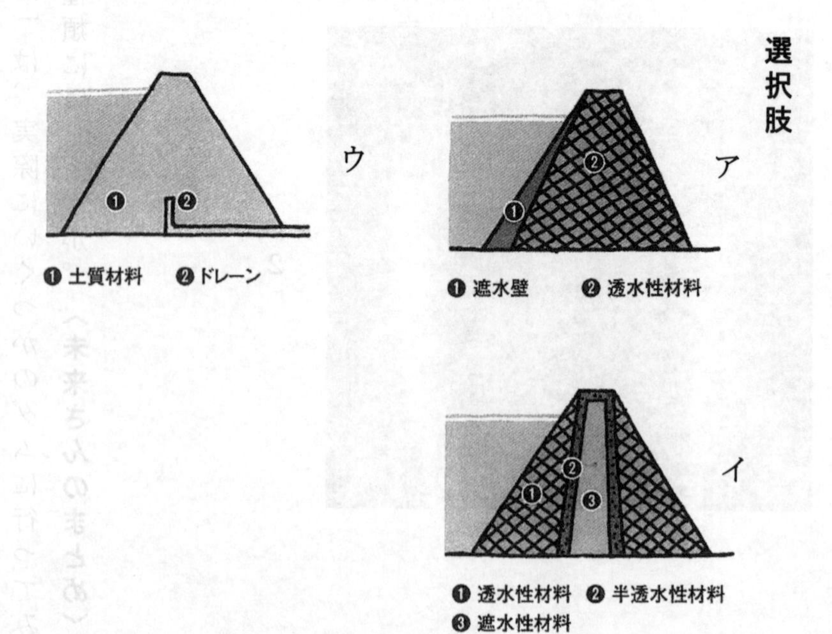

問一　**〈未来さんのまとめ〉**中のａ「コンクリートダム」、ｂ「フィルダム」について、この二つはどのような基準によって分類されますか。その基準を書きなさい。

問二　**〈未来さんのまとめ〉**中のｃ「アーチ式」について、このダムの利点を書きなさい。

問三　次の**【図１】**は、**〈未来さんのまとめ〉**中のｄ「重力式」コンクリートダムについて、ダムに働くおもな力を示したものです。この**【図１】**の中に「ダムの自重」、「水圧（揚圧力）」、「静水圧」を、それぞれの力が働く方向を示す矢印とともに解答欄に書きなさい。

【図１】

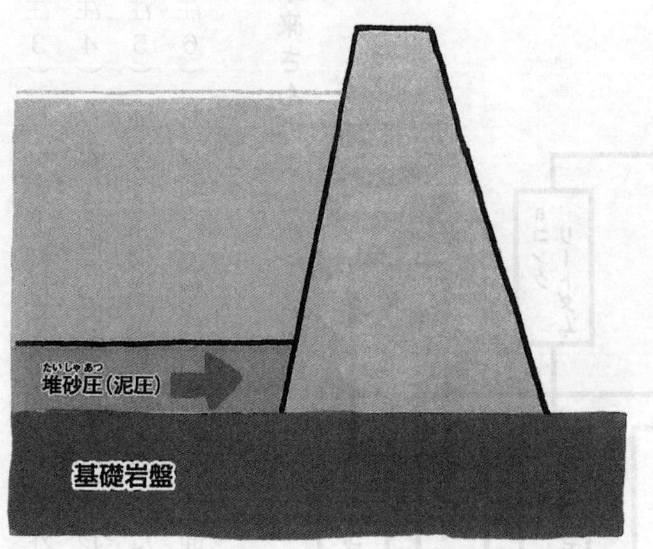

（注３）外力……材料や構造などに外部から加わる力。
（注４）合力……二つ以上の力が合わさったもの。
（注５）応力……物体が外力を受けたとき、それに応じて内部に現れる力。
（注６）せん断……物体内部のある面に沿って両側部分を互いにずれさせるような作用。

〈未来さんのまとめ〉

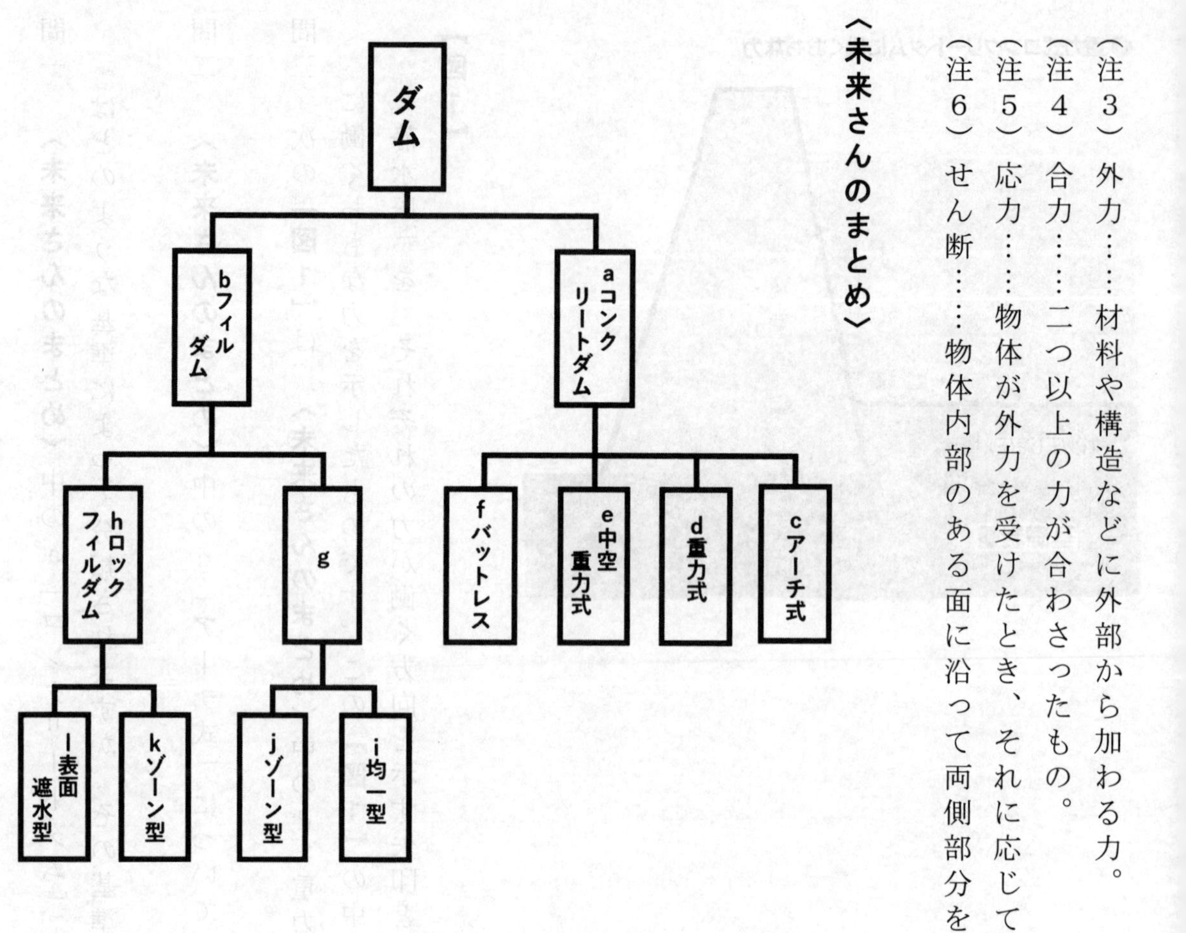

●アースダム

堤体の大部分が細粒の土質材料で構成され、堤体の全断面によって貯水の遮水と安定を図るダムです。アースダムは貯水池側からの浸透水の水面（浸潤線）が堤体内に収まるように設計します。浸潤線を制御するため、必要に応じて堤体の内部や堤体の底の部分に、排水性のよい材料（ドレーン）を設置します。アースダムは比較的堤高が低いダム（農業用のため池など）に多く、そのなかでも堤高の低いダムには「均一型」、高いダムには「ゾーン型」が用いられる傾向にあります。

●ロックフィルダム

堤体の大部分を岩石材料で構成するため、アースダムよりも堤高を高くできます。大量の材料が必要なため、ダムサイトの近くでどんな材料が採取できるかによって形状が左右されます。ゾーン型ダムでは、中央にコアと呼ばれる遮水性の高い土質材料（粘土）を配置し、それを半透水性材料（フィルター材）とロック材の透水性材料で支える構造となっています。

表面遮水型ダムでは、堤体の上流面にアスファルトまたは鉄筋コンクリートなどの遮水壁を設置し、下流側にはロック材の透水ゾーンを配置しています。

フィルダムの材料は土砂や岩石で構成されるため、堤体の中や上部に洪水吐や放流設備などの構造物を設置できません。そのため、これらの構造物は堤体と切り離して設置されます。

（一般社団法人　ダム工学会　近畿・中部ワーキンググループ『ダムの科学　改訂版　知られざる超巨大建造物の秘密に迫る』による）

（問題作成のために、本文を一部省略・改変したところがあります）

（注１）堤体……ダムや堤防の本体。

（注２）洪水吐……洪水の流入に対し、ダムと貯水池の安全を確保するために設けられた放流設備の総称。

底部の岩盤に伝える型式のダムです。

アーチ作用を利用した建造物は、古くは古代ローマ時代の水道橋などが有名ですが、アーチダムとしては、１８５４年にフランスで完成した、堤高４２ｍ、石積アーチ式のゾラダムが有名です。アーチ式コンクリートダムとしては、１９０７年に最初に設計計算され完成した、米国のパスファインダー(Pathfinder)ダムがあり、その技術が、かの有名なフーバーダムに引き継がれ、世界各地で建設されるようになりました。

アーチ式ダムにもいろいろな型式があり、もっとも多いのが「ドーム型アーチ式コンクリートダム」と呼ばれるもので、下流に湾曲(わんきょく)した形状となっています。そのほか「放物線アーチダム」「円筒型アーチダム」や、複数のアーチが連なる「マルチプルアーチダム」「重力式アーチダム」などがあります。

アーチ式コンクリートダムは、同じ高さの重力式コンクリートダムよりも、使用するコンクリート量を大幅に減らせますが、代わりにダムを支える両岸、底部の岩盤が強固でなければならず、設計には非常に高度な技術が必要で、施工にも人手がかかります。近年は、工事費に占める人件費のウエートが高くなったことや、強固な岩盤をもつ適地が少なくなったことから、あまり建設されなくなりました。

「フィルダム」は、天然の土砂や岩石を盛り立ててつくられる構造のダムです。底幅の広い堤体となるため、重力式コンクリートダムよりも地盤条件の悪い場所にでも建設できます。堤体に使用される材料によって、土質材料を用いた「アースダム」と、岩石材料を用いた「ロックフィルダム」に区分されます。構造面では「均一型ダム」「ゾーン型ダム」「表面遮水型ダム」などに分類されます。

ここではフィルダムのおもな型式について紹介しましょう。

の強度は、堤体内部に発生する応力(注5)よりも大きくなるように設計します。

コンクリートの強度だけでなく、ダムの堤体が載る「基礎岩盤」の強度も重要です。堤体設計に先立ち、基礎岩盤の性状を把握するいろいろな試験を実施します。たとえば、基礎岩盤のせん断(注6)強度を測定する試験は、ダムを建設する前に坑を掘り、対象となる岩盤を露出させて整形し、その上にダムのモデルとなるコンクリートブロックを打設します。そのブロックにダムの設計重量分の応力を油圧ジャッキで上載しながら、壊れるまで横から水平に徐々に力を加えることで、せん断強度を測定します。

重力式コンクリートダムに用いられるコンクリートは、構造的に安定するために必要な重さや強度、貯水するために必要な水密性、長期間機能を維持するために必要な耐久性、施工のしやすさが求められます。ダム堤体の表面と内部など、堤体の場所によっても必要な性能が異なるため、コンクリートの配合(骨材の大きさやセメントの量など)を変えています。

ダムのなかでも特に変わり種が、「中空重力式ダム」です。

重力式コンクリートダムは、貯まった水の巨大な水圧に耐えるため、自分自身の重さで支えますが第二次世界大戦後のコンクリートが高価な時代には、コストを抑えるため、内部をくりぬいた中空重力式ダムがつくられました。

中空重力式ダムの中は、コンサートができるほど大きな空洞があり、岐阜県の揖斐川にある横山ダムでは、空洞を利用してコンサートを開いたところ、評判になりました。夏でも涼しいし、音響効果も抜群だからです。中空重力式ダムの空洞は映画の撮影でも利用されていて、2010年に公開された『SPACE BATTLESHIP ヤマト』では、地球防衛軍がヤマトを補修している秘密地下工場として撮影されました。

重力式コンクリートダムやフィルダムは、コンクリートや、土、岩などの重量で貯水池の水圧に抵抗する型式ですが、「アーチ式コンクリートダム」は、受ける水圧を「アーチ作用」で左右岸、

る地形や基礎地盤が必要になります。
このように、ダムを築造する場所の地形、地質、材料の得やすさ、経済性、環境への影響などの条件から、もっとも有利となるダムの型式を選びます。
重力式コンクリートダムは、ダム堤体の重さによって貯水池の水圧を支える、ダムのなかでももっともよく採用される型式です。
ダムには鉛直方向と水平方向にさまざまな力が働きます。鉛直方向に働く力としては、下向き方向に働くダムの自重、上向き方向に働く水圧（揚圧力）があります。水圧は、水が基礎岩盤内に浸透して、ダムを押し上げようとする力です。
水平方向に働く力としては、貯水池の水の力（静水圧）や、貯水池に堆積(たいせき)した土砂の圧力（泥圧）があります。寒冷地のダムでは、貯水池が凍結した場合を想定して、氷の力（氷圧）を考慮する場合があります。地震時にはダムの堤体の慣性力と、貯留水による動水圧が水平方向に働きます。
これらの力に対して、ダムが安全となる形状を決めます。重力式コンクリートダムの安全性は、「ダムが転倒しない」「ダムが滑動(かつどう)（滑って動く）しない」「ダムのコンクリートの強度が十分にあり、壊れない」の３つの観点で確認します。
転倒に対しては、外力（注３）および自重の合力（注４）の作用点が、堤体の基本三角形の底辺において、中央３分の１に入るように設計する必要があります。これを「ミドルサードの条件」といいます。
滑動に対しては、堤体と基礎岩盤の接合部での滑りの抵抗力が、堤体を下流方向に滑らせようとする水平力の４倍以上になるように設計します。また、ダムの材料として用いるコンクリート

二〇二二年度 開智未来中学校

【国　語】〈第二回試験〉（四〇分）〈満点：一〇〇点〉

〔一〕次の文章と文章についての〈未来さんのまとめ〉を読んであとの問いに答えなさい。

ひと口に「ダム」といっても、いろいろな種類があります。まず、ダムに使用する材料によって、「コンクリートダム」と、岩石土および砂などでつくられる「フィルダム」に分けられます。コンクリートダムには、水圧をアーチ作用で支える「アーチ式」、コンクリートの自重で支える「重力式」などがあります。アーチ式は堤体（ていたい）（注１）を薄くできますが、アーチを支えることができる谷形状と強固な岩盤が必要です。

重力式コンクリートダムはもっとも一般的なダム型式です。重力式ダムよりコンクリートの使用量を少なくした「中空重力式ダム」、水圧を鉄筋コンクリートの壁と柱で支える「バットレスコンクリートダム」など、さまざまな型式のダムがつくられています。

フィルダムには、土砂だけでつくられる「アースダム」と、岩石を用いる「ロックフィルダム」があります。ロックフィルダムには、水を止めるために堤体表面にアスファルトやコンクリートを張った「表面遮水（しゃすい）型」と、堤体内部に水の浸透しにくい土を盛り立てる「ゾーン型」とがあります。

フィルダムはコンクリートダムと比べると単位面積あたりに地盤にかかる荷重（かじゅう）が小さいため、地盤の強度で施工（せこう）場所が制約されることが少ない型式です。一方、フィルダムでは、盛り立てた堤体の上に洪水吐（こうずいばき）（注２）や放流設備を載せることができないため、堤体と別の位置に築造でき

2022年度
開智未来中学校 ▶解説と解答

算　数　＜第２回試験＞（40分）＜満点：100点＞

解　答

1 (1)　2　(2)　6　(3)　100000cm³　(4)　12　2 (1)　114グラム　(2)　10個　(3)　8％　(4)　43cm²　3 (1)　1：3　(2)　18倍　4 (1)　青色　(2)　550秒　5 (1)　40　(2)　1　(3)　1　6 (1)　8通り　(2)　48通り　(3)　22通り

解　説

1 四則計算，逆算，単位の計算，約数と倍数

(1)　$\left(2\frac{1}{3}-\frac{3}{4}\right)\times1\frac{5}{19}=\left(\frac{7}{3}-\frac{3}{4}\right)\times\frac{24}{19}=\left(\frac{28}{12}-\frac{9}{12}\right)\times\frac{24}{19}=\frac{19}{12}\times\frac{24}{19}=2$

(2)　$6\div\left(0.75+\square\times\frac{3}{8}\right)=2$より，$0.75+\square\times\frac{3}{8}=6\div2=3$，$\square\times\frac{3}{8}=3-0.75=2.25$　よって，$\square=2.25\div\frac{3}{8}=2\frac{1}{4}\div\frac{3}{8}=\frac{9}{4}\times\frac{8}{3}=6$

(3)　1 m³は1辺の長さが1 m(＝100cm)の立方体の体積だから，1 m³＝1 m×1 m×1 m＝100cm×100cm×100cm＝1000000cm³となる。よって，0.1m³は，0.1×1000000＝100000(cm³)とわかる。

(4)　右の計算から，72，84，108の最大公約数は，2×2×3＝12と求められる。

2)	72	84	108
2)	36	42	54
3)	18	21	27
	6	7	9

2 濃度，場合の数，売買損益，面積

(1)　(食塩の重さ)＝(食塩水の重さ)×(濃さ)より，食塩水の重さを□グラムとすると，□×0.05＝6(グラム)と表すことができ，□＝6÷0.05＝120(グラム)と求められる。これは食塩と水の重さを合わせたものだから，水の重さは，120－6＝114(グラム)である。

(2)　2の倍数になるのは，一の位が0か2の場合である。一の位が0の場合，残りの{1，2，3}を十の位と百の位に並べるので，3×2＝6(個)できる。また，一の位が2の場合，残りの{0，1，3}を十の位と百の位に並べることになる。このとき，百の位に0を並べることはできないから，2×2＝4(個)できる。よって，全部で，6＋4＝10(個)と求められる。

(3)　仕入れ値を1とすると，定価は，1×(1＋0.2)＝1.2，定価の10％引きは，1.2×(1－0.1)＝1.08となる。よって，利益は，1.08－1＝0.08であり，これは仕入れ値の8％にあたる。

(4)　右の図で，正方形の面積は，20×20＝400(cm²)である。また，円の半径は，20÷2＝10(cm)なので，円の面積は，10×10×3.14＝314(cm²)となり，★印の部分8個分の面積は，400－314＝86(cm²)とわかる。色のついた部分にはこれが4個あるから，色のついた部分の面積は，$86\times\frac{4}{8}=43$(cm²)と求められる。

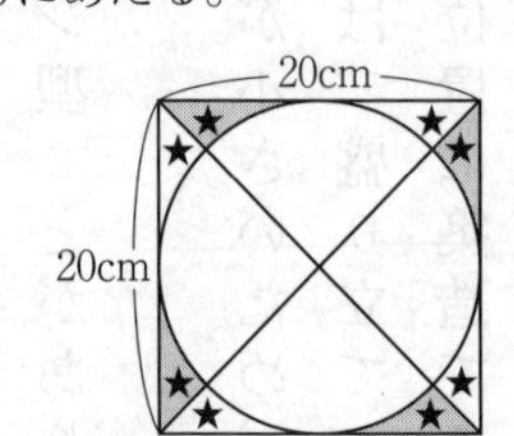

3 平面図形—相似，辺の比と面積の比

⑴　右の図で，DEとBCが平行だから，三角形ADEと三角形ABCは相似である。相似比は，AD：AB＝３：（３＋６）＝１：３だから，DE：BC＝１：３となる。

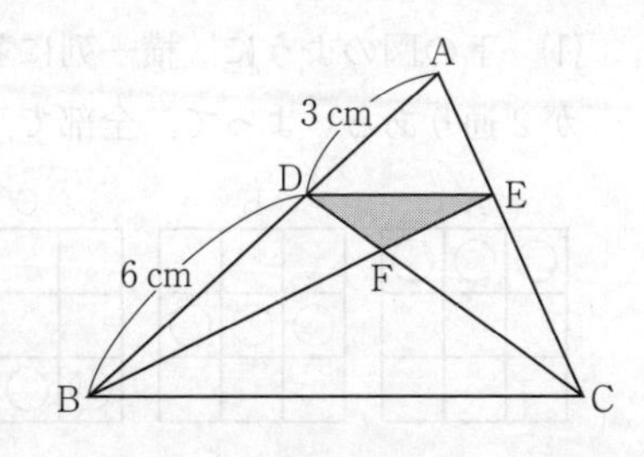

⑵　DEとBCが平行より，三角形DFEと三角形CFBも相似であり，相似比は，DE：CB＝１：３なので，面積の比は，（1×1）：（３×３）＝１：９である。よって，三角形DFEの面積を１とすると，三角形CFBの面積は９となる。また，FE：FB＝１：３だから，三角形DFEと三角形DBFの面積の比も１：３であり，三角形DBFの面積は３，三角形DBCの面積は，３＋９＝12とわかる。さらに，AD：DB＝３：６＝１：２なので，三角形ADCと三角形DBCの面積の比も１：２であり，三角形ADCの面積は，$12\times\frac{1}{2}=6$，三角形ABCの面積は，６＋12＝18と求められる。よって，三角形ABCの面積は色のついた部分の面積の，18÷１＝18(倍)である。

4　周期算

⑴　右の図のような光り方を，60＋10＋50＝120(秒)ごとにくり返す。250÷120＝２あまり10より，250秒後までには２回くり返され，さらに10秒あまることがわかる。最後の10秒は青色が光っているから，青色が光り始めてから250秒後には青色が光っている。

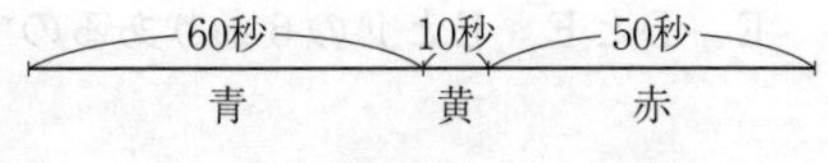

⑵　図と同じ光り方を４回くり返すのに，120×４＝480(秒)かかる。５回目に赤色が光り始めるのは，５回目に入ってから，60＋10＝70(秒後)なので，全部で，480＋70＝550(秒)と求められる。

5　整数の性質

⑴　右の図１の計算から，11110を41で割ったあまりは40とわかる。

図１

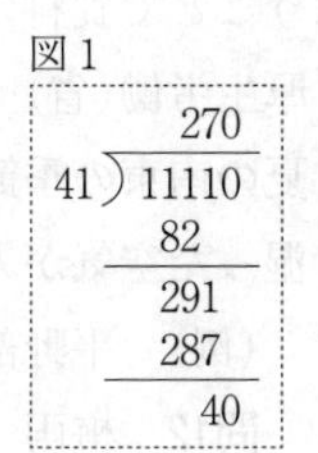

図２

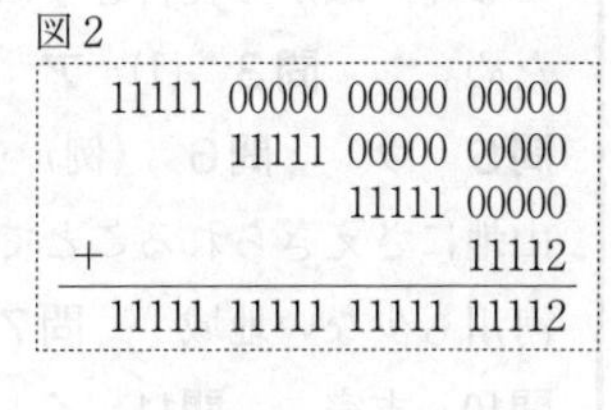

⑵　⑴より，11110はあと１大きければ41で割り切れるから，11110＋１＝11111は41で割り切れることがわかる。また，あたえられた数は，右の図２のように４つの数の和の形で表すことができる。図２で，上の３つの数は41で割り切れるので，あたえられた数を41で割ったあまりは，最後の11112を41で割ったあまりと等しくなり，11112−11111＝１と求められる。

⑶　整数Aを41で割ったあまりをa，整数Bを41で割ったあまりをbとすると，整数Aは，41×□＋a，整数Bは，41×△＋bと表すことができる(□と△は整数)。右の図３で，★印の長方形の面積はすべて41で割り切れるから，($A\times B$)を41で割ったあまりは，☆印の長方形の面積を41で割ったあまりと等しくなる。つまり，($A\times B$)を41で割ったあまりは，($a\times b$)を41で割ったあまりと等しくなる。また，11112＝<u>11111</u>＋１，22223＝<u>22222</u>＋１，33334＝<u>33333</u>＋１，44445＝<u>44444</u>＋１と表すことができ，下線部は11111の倍数だから，すべて41で割り切れるので，11112，22223，33334，44445を41で割ったあまりはすべて１になる。よって，11112×22223×33334×44445を41で割ったあまりは，１×１×１×１＝１を41で割ったあまりと等しくなり，１とわかる。

図３

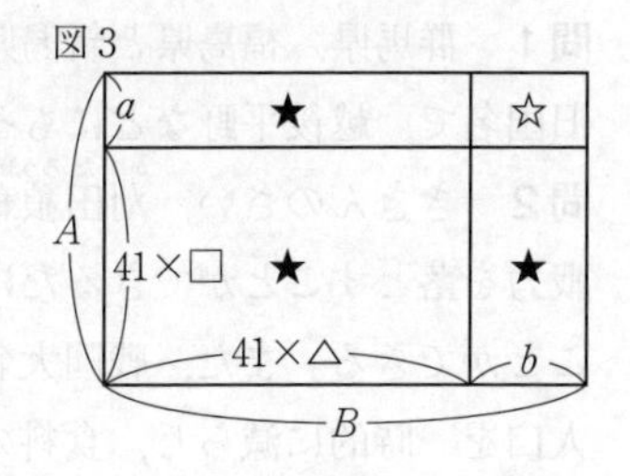

6　場合の数

⑴　下の図のように，横一列に並ぶ場合とたて一列に並ぶ場合が３通りずつあり，斜めに並ぶ場合が２通りある。よって，全部で，３＋３＋２＝８(通り)とわかる。

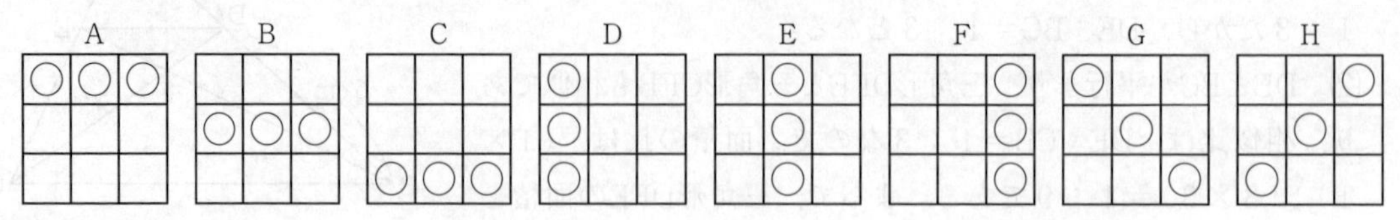

⑵　⑴より，A～Hのどの場合も，残りの６か所のどこかに○を１個入れることで，条件に合う入れ方になる。また，これらの中には重複するものはないから，条件に合う入れ方は全部で，８×６＝48(通り)と求められる。

⑶　⑴のA～Hの中の２つを組み合わせると，２つのビンゴができる。ただし，たとえばAとBを組み合わせると○の数が６個になるので，条件に合わない。８つから２つを選ぶ組み合わせの数は，$\frac{8 \times 7}{2 \times 1}$＝28(通り)あり，そのうち，条件に合わない組み合わせは，AとB，AとC，BとC，DとE，DとF，EとFの６通りあるので，条件に合う入れ方は，28－６＝22(通り)と求められる。

社 会　＜第２回試験＞（理科と合わせて40分）＜満点：50点＞

解 答

問１　越後(山脈)　**問２**　(例)　自分の領土内での人口を減らし，食料の消費量を減らすだけでなく，敵から食料をうばうことで食料の量を増やし，飢えた人々に食料を与えることができるため。　**問３**　⑴　**ア**　厚生労働(省)　**イ**　財務(省)　⑵　デジタル(庁)　**問４**　ア　**問５**　ウ　**問６**　(例)　夏の南東の季節風は四国山地にさえぎられ，冬の北西の季節風は中国山地にさえぎられることで湿った空気が入りにくく一年を通して雨が少ないだけでなく，大きな河川も少ない地域　**問７**　(例)　平野部にため池をつくった。　**問８**　ア　**問９**　鎌倉　**問10**　吉宗　**問11**　イ　**問12**　梅雨　**問13**　やませ　**問14**　COP26

解 説

異常気象を題材とした総合問題

問１　群馬県，福島県と新潟県の県境には，北東から南西に越後山脈が走っている。越後は新潟県の旧国名で，越後平野などにもその名が残っている。

問２　ききんのさい，刈田狼藉によって「敵方の田の稲を不法に刈り取る」と，敵の食料をうばって戦力を落とすことができるだけでなく，それを自分の領土に持ち帰って飢えに苦しむ人に分け与えることができる。また，戦国大名が多くの軍勢を引き連れてほかの地域に出兵すれば，自分の領土内の人口を一時的に減らし，食料の消費量をおさえることができる。こうした点から，刈田狼藉は自分の領土内の食料問題を解決する手段になったのだと考えられる。

問３　⑴　**ア**　厚生労働省は，国の社会保障，社会福祉，公衆衛生や労働環境の整備などに関する仕事を担当する行政機関である。　**イ**　財務省は，国の予算・決算や税，通貨などに関する仕事を担当する行政機関で，特に税に関する仕事をあつかう外局として国税庁が置かれている。　⑵　2021年９月１日，大容量化・多様化するデータを活用し，デジタル社会を形成するための行政機関として，内閣にデジタル庁が設置された。今後は，国の情報システムの整備やマイナンバー制度の運用をはじめとする，行政サービスの効率化などを図っていく。

問４　『新古今和歌集』は鎌倉時代初めに後鳥羽上皇が編さんを命じた和歌集で，藤原定家らが撰者をつとめた。『新古今和歌集』は，奈良時代に編さんされたイの『万葉集』，平安時代に編さんされた『古今和歌集』とともに，三大和歌集に数えられる。なお，『徒然草』は兼好法師(吉田兼好)が著した随筆，『日本書紀』は720年に完成した歴史書。

問５　山陽道は古代の行政区分の１つで，現在も中国地方の瀬戸内海側は山陽地方とよばれる。山陽道には，兵庫県南部，岡山県，広島県，山口県がふくまれ，ここを通って都と大宰府(福岡県)を結ぶ道も山陽道とよばれた。なお，古代の行政区分では，鳥取県は山陰道，愛媛県は南海道，長崎県は西海道にふくまれていた。

問６　南海道の北部と山陽道の大部分は瀬戸内海に面している。瀬戸内海沿岸地域は，夏の南東の季節風を四国山地に，冬の北西の季節風を中国山地にさえぎられるため，湿った季節風の影響を受けにくく，年間を通して降水量が少ない。また，この地域には大きな河川も見られない。こうした気候と地形であるため，日照りによる干ばつが起きやすかったのだと考えられる。

問７　地図１にいくつも見られる池は，その形から，人工的につくられたため池だと判断できる。年間を通して降水量が少ない瀬戸内海沿岸地域では，水を確保するため，古くからたくさんのため池がつくられてきた。

問８　奈良時代には，ききんだけでなく，えき病の流行，貴族どうしの争いといった社会不安があいついでいた。こうした時期に即位した聖武天皇は仏教を厚く信仰し，その力によって国を安らかに治めようと考えた。そこで，741年には地方の国ごとに国分寺と国分尼寺を建てるよう命じ，743年には大仏づくりを命じた。大仏づくりは奈良の平城京にある東大寺ですすめられ，752年に完成した。なお，イは縄文時代の人びとがまじないやお守りに用いたと考えられている土偶，ウは平安時代に藤原頼通が建てた平等院鳳凰堂，エは古墳時代につくられた日本最大の古墳である大仙(大山)古墳。

問９　図３から，1200年代後半から1700年ごろにかけて，現在よりも平均気温が低い状態が続いていたことが読み取れる。1200年代後半は鎌倉時代にあたり，元寇(1274年の文永の役と1281年の弘安の役)があったり，永仁の徳政令(1297年)が出されたりした。

問10　徳川吉宗は1716年，御三家の１つである紀伊藩(和歌山県)の藩主から江戸幕府の第８代将軍に就任すると，財政の立て直しなどをめざしてさまざまな改革に取り組んだ。吉宗は1745年まで将軍をつとめ，その間に行われた一連の政治改革は，在位時の元号をとって享保の改革とよばれる。

問11　浅間山は長野県と群馬県にまたがる活火山で，江戸時代の1783年には大噴火を起こした。このとき関東地方などに広く降った火山灰は農作物に大きな被害を与え，天明のききんがより深刻なものとなった。なお，アは有珠山(北海道)，ウは富士山(山梨県・静岡県)，エは阿蘇山(熊本県)。

問12　文章に「明けず」という表現が用いられていること，表２から６～７月に日本各地に起こる気象現象であることが読み取れるので，梅雨だと判断できる。

問13　東北地方の太平洋側では，梅雨の時期から真夏にかけて，「やませ」とよばれる冷たく湿った北東風が吹くことがある。やませは雨や霧をともなうことが多く，日光をさえぎり気温の上昇をさまたげるので，これが長く続くと冷害の原因となる。

問14　COPは「締約国会議」という意味で，近年は国連気候変動枠組条約締約国会議をさすことが多い。この会議は年に１回(2020年は新型コロナウイルス感染症の影響で延期)開かれ，2021年には26回目となるCOP26がイギリスのグラスゴーで開催された。

理 科 <第２回試験>（社会と合わせて40分）<満点：50点>

解 答

1 問１ 光合成　問２ 道管　問３ ア（例）太陽光　イ 二酸化炭素　ウ 酸素
問４ 薬品…ヨウ素液　色…青むらさき色　問５ ア　2 問１ 解説の図を参照のこと。　問２ イ　問３ 対流　問４ 泡…水蒸気　様子…ふっとう　問５ 蒸発
問６ ア　3 問１ ④　問２ エ　問３ ウ　問４ ア，エ　問５ ①

解 説

1 植物の光合成についての問題

問１ 植物の多くは葉緑体で光合成を行い，でんぷんなどの養分をつくる。なお，葉緑体は葉緑素という緑色の色素を含んでいるため，緑色に見える。

問２ 種子植物の茎の多くには，根から吸い上げた水などが通る道管と，光合成でつくられたでんぷんなどが通る師管がある。

問３ 光合成では，光(太陽光)のエネルギーを使って，水と二酸化炭素からでんぷんと酸素がつくられる。光合成で用いられる二酸化炭素や，光合成でつくられた酸素などの気体は，気孔から出入りする。

問４ でんぷんができたことを確かめるときは，ヨウ素液を用いる。ヨウ素液はでんぷんと反応すると，青むらさき色に変化する。

問５ アのように，光合成が行われてでんぷんがつくられた部分では，ヨウ素液の色が青むらさき色に変化する。葉のふの部分には，葉緑体が存在しないため，イでは光合成が行われない。また，ウは光があたらないので光合成が行われず，でんぷんはつくられない。

2 水の状態変化についての問題

問１ ビーカーは右の図のように上部が開いた円柱状の容器で，注ぎ口がついている。

問２ ガスバーナーの炎は，酸素が十分にあると青色になるが，酸素が不足していると赤色や黄色になる。したがって，ガスバーナーの炎を青色にするためには，ガスバーナーに入る空気の量を増やせばよい。

問３ 水を入れたビーカーの底を加熱すると，加熱された付近にある水が温められて軽くなり，上へ移動する。すると，まわりからまだ温められていない水が流れこむ。このように，液体や気体が循環することで，熱が全体に伝わる熱の伝わり方を対流という。

問４ 実験１でビーカー内の温度が一定になったころに水の中から出てきた泡は，液体の水が気体に変化した水蒸気である。また，液体を加熱したときに，液体の内部から液体が気体に変わる現象が起こることをふっとうという。

問５ 液体が気体に状態変化することを蒸発という。実験１で，実験終了後にビーカーの水の量

が減っていたのは，水が蒸発して水蒸気になり，空気中ににげていったためである。

問６　水が氷になると体積は約1.1倍になる。そのため，実験２で10cm^{3}の水がすべて氷になったときには，体積は10cm^{3}よりも大きくなる。

３　棒磁石や電流を流したコイルに生じる磁力についての問題

問１　方位磁針はＮ極が棒磁石のＳ極側，Ｓ極が棒磁石のＮ極側に引きつけられる。実験１のように方位磁針を動かすと，方位磁針のＮ極がだんだんと棒磁石のＳ極側を向くようになり，方位磁針がＢ点にきたときには，方位磁針のＮ極はちょうど棒磁石のＳ極側に向く。このとき，方位磁針のＮ極は$\frac{1}{2}$回転するから，図２のイの方向に，$360\times\frac{1}{2}=180$(度)回転し，Ｂ点では図３のエのようになる。

問２　コイルに電流を流すと，磁力が発生する。このとき，電流の大きさが大きいほど，また，コイルの巻き数が多いほど，磁力が強くなる。アのコイルに流れる電流の大きさを１とすると，イには２，ウとエには１の大きさの電流が流れる。エを見ると，コイルに流れる電流の大きさがアと同じで，コイルの巻き数がアの２倍だから，エのコイルに生じる磁力は，アのおよそ２倍になると考えられる。

問３　問２で述べたように，アとウはコイルに流れる電流の大きさが同じで，また，コイルの巻き数も50回巻きで等しいから，アとウのコイルに生じる磁力はほぼ同じ強さになる。

問４　右手の親指以外の４本の指の向きを，コイルに流れる電流の向きに合わせてにぎるようにしたとき，右手の親指が向く方向がコイルのＮ極になるので，アとエのコイルは右端(みぎはし)がＮ極になっている。

問５　コイルの中心に鉄心を入れると，より大きな磁力が生じるようになる。このようにしたものを電磁石という。

国語　＜第２回試験＞（40分）＜満点：100点＞

解答

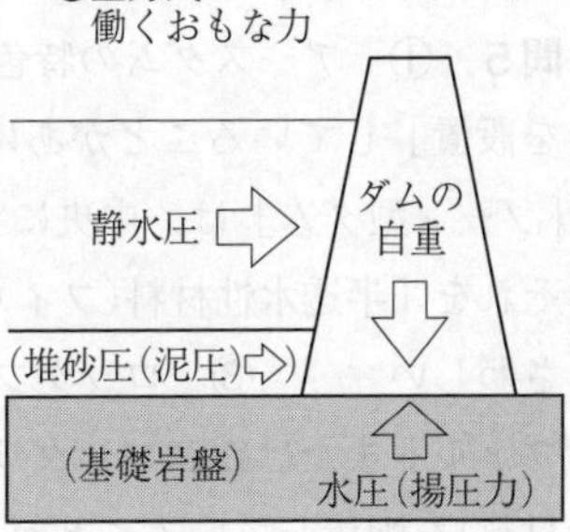

一　**問１**　（例）　ダムに使用する材料がコンクリートであれば「コンクリートダム」，岩石，土および砂であれば「フィルダム」。　**問２**　（例）　使用するコンクリートの量を大幅に減らせる点。　**問３**　右の図　**問４**　アースダム　**問５**　①　ウ　②　イ　③　ア　**問６**　１　c　２　e

●重力式コンクリートダムに働くおもな力

静水圧

ダムの自重

(堆砂圧(泥圧)

(基礎岩盤)

水圧(揚圧力)

二　**問１**　宮川凌平，柏木，武藤，坂口，山岸，小早川　**問２**　（例）　地元開催であるため，観戦に来る母親にいいところを見せようと張り切っていたから。　**問３**　宮川さんの右足は弓のようになっていた(右膝を曲げたまま動くことができなかった)　**問４**　（例）　怪我によって元気のなくなった宮川に対してどう言葉を掛けてよいか分からず困惑している。　**問５**　**傍線部⑤**…（例）　直之が自分のことを心配してくれたこと。　**傍線部⑥**…（例）　自分が感情をむき出しにして過ごしていたこと。　**問６**　（例）　手術がうまくいくように祈ってます。退院したら，一緒にプロレス観に行って帰りにラーメンでも食べましょう。あと，これはおすそ分けです　三　問1 (1) 主語…ウ　述語…オ　(2) 主語…なし　述語…カ　問2 (1) 身　(2) 水　問3 (1) いらっしゃる　(2) ご覧になる　問4 イ　問5 下記を参照のこと。

●漢字の書き取り

三　問5 (1) 宗教 (2) 源流 (3) 許 (4) 模型 (5) 警報 (6) 青果

解説

一　**出典は一般社団法人ダム工学会近畿・中部ワーキンググループの『ダムの科学　改訂版　知られざる超巨大建造物の秘密に迫る』による。**コンクリートダムやフィルダムといったダムの分類について，それぞれの構造や水圧を支えるしくみなどの特色を交えて紹介している。

問1　第一段落にあるように，ダムの種類は「ダムに使用する材料によって」コンクリートダムとフィルダムに分類される。フィルダムは「岩石，土および砂など」でつくられるのに対し，コンクリートダムはそれ以外の材料，すなわち人工の「コンクリート」を材料としてつくられる。

問2　「アーチ式コンクリートダム」は，受ける水圧を「アーチ作用」によって支えることを特色としている。このため，コンクリートの強度や自らの重さで水圧を支える「重力式コンクリートダム」に比べて「使用するコンクリート量を大幅に減らし」すことができ，「堤体を薄くでき」る。

問3　「ダムには～」で始まる第八段落では，ダムに働く「さまざまな力」について，「鉛直方向」と「水平方向」に分けて紹介している。「鉛直方向」は地球の重力が働く上下の方向，「水平方向」は鉛直方向と直角に交わる方向を指す。ダムの自重は，ダム・堤防の本体から地盤，すなわち基礎岩盤に向かって「下向き方向」に働く。これに対して「水圧(揚圧力)」は「上向き方向に」，「基礎岩盤内に浸透し」た水が「ダムを押し上げ」るようにして働く。「静水圧」は，ダムに対して「水平方向」に働く「貯水池の水の力」である。また，解答らんの中央にある台形は堤体(ダム・堤防の本体)を，左側の堆砂の上の部分は貯水池の水を表している。

問4　天然の岩石や土砂でつくられる「フィルダム」は，使用される材料によってさらに細かく分類できる。堤体に岩石材料を用いてつくられる「ロックフィルダム」に対し，土砂だけでつくられるダムを「アースダム」とよんでいる。

問5　①　アースダムの特色に，「堤体の内部や堤体の底の部分に，排水性のよい材料(ドレーン)を設置」していることがあげられているため，ウが合う。　②　ロックフィルダムのなかでも「ゾーン型ダム」は，中央に「コアと呼ばれる遮水性の高い土質材料(粘土)」を配置したうえで，それを「半透水性材料(フィルター材)」と「ロック材の透水性材料」で支えている。よってイがふさわしい。　③　ロックフィルダムの型式の一つ「表面遮水型ダム」は，「堤体の上流面にアスファルトまたは鉄筋コンクリートなどの遮水壁」を，下流側に「ロック材の透水ゾーン」(透水性材料)を配置していることから，アが選べる。なお，「遮水性」は水が漏れないこと，「透水性」は水が浸透しやすいことを意味する。

問6　1　堤体が手前側に向かって弧を描くように曲がっていることから，湾曲した形状を特色とする「アーチ式コンクリートダム」であると考えられる。　2　縦長の空間が広がっており，かつ上部がやや狭くなっていることから，ダムの堤体内部の空洞を撮影したものと予想できる。ダムの内部をくりぬいて「コンサートができるほど大きな空洞」を形成しているのは，「中空重力式ダム」となる。

二　出典は鈴村ふみの『櫓太鼓がきこえる』による。 相撲部屋の呼出として一人前を目指す篤はある日，兄弟子の力士・宮川が母に勝ち越す姿を見せようと張り切って臨んだ九州場所で怪我を負うようすを目の当たりにする。篤は宮川が陰で泣いていることを知り，自分に何ができるか考え始める。

問１　「宮川さん」，「宮川さん」と一緒に稽古をしている「柏木さん」「武藤さん」「坂口さん」，部屋の兄弟子の「山岸さん」「小早川さん」があてはまる。宮川は，柏木から「凌平さん」とよばれていることから，フルネームが「宮川凌平」であるとわかる。また，「師匠」は力士ではないためふくめない。「直之さん」は「呼出もまあ大変だけど，力士なんて俺たちの比じゃない」と力士の苦労を思いやっていることからもわかるとおり力士ではなく，篤と同じく呼出である。

問２　続く部分に，部屋のだれが見てもわかるほど気合を入れて稽古する宮川のようすが描かれている。師匠や柏木の言葉から，宮川は自らの「地元」である「九州場所」に臨むにあたり，観戦しに来る母親に「勝ち越すところを見せたい」と考え，張り切っていたことがわかる。

問３　少し前に，宮川が対戦相手に押し倒される直前のようすが描かれている。篤は宮川の右足が「弓のようにしな」るさまを見て，ただごとではないと察知した。また，宮川が「仰向けになり，右膝を曲げたまま動くことができなかった」ことからも，怪我が深刻であることがうかがえる。

問４　前の部分で篤は，母親にいいところを見せようと稽古を重ねてきた宮川の気持ちを想像し，よりによってなぜ宮川が「このタイミング」でこのような目にあうのかとやりきれない気持ちになっている。実際に宮川を前にしても，強がりながらも元気のない宮川にどう声をかければよいかわからず，困惑していることが読み取れる。

問５　**傍線部⑤**…発言の前後，直之がイルミネーションを見せてくれたのは自分を心配してのことだったと知った，篤の感謝とも申し訳なさともつかない気持ちが描かれている。　**傍線部⑥**…直前で篤は，普段から感情がすぐに顔にあらわれ，落ちこんでいるときもわかりやすいと直之に指摘され，恥ずかしく思っていることがわかる。

問６　本文の最後，直之の励ましを受けた篤は「ちゃんと人を励ませるように」「直之さんのようになりたい」と思いを新たにしている。本文中で描かれている篤と宮川の関係もふまえ，手術をする兄弟子にかける言葉を考える。年末の総合格闘技も話題にするとよい。また，空らん直後には，メッセージはイルミネーションの写真と一緒に送っているとあるため，写真についても簡単にふれるとよい。

三　主語・述語の識別，慣用句・ことわざの完成，敬語の使い方，文学史の知識，漢字の書き取り

問１　(1)「昆虫図鑑は」が主語，「宝物だ」が述語となる。　(2)「用意しなさい」が述語となる。命令文であるため，主語はない。

問２　(1)「身も蓋もない」は，あからさますぎて味わいがないようす。　(2)「焼け石に水」は，少しの助けや努力では効果が上がらないこと。

問３　(1)　主語は「校長先生は」なので，「いる」を尊敬語に変える。　(2)　主語は「先生が」なので，「拝見する」（見る）を尊敬語に変える。

問４　『坊っちゃん』は夏目漱石による小説である。なお，『方丈記』は鴨長明による鎌倉時代の随筆。『おくのほそ道』は松尾芭蕉による江戸時代の俳諧紀行文。『蒲団』は田山花袋による小説。

問５　(1)　人智を超えた存在や神を信じる心と，それにともなう営み。　(2)　川や水などの流れが始まるみなもと。　(3)　音読みは「キョ」で，「許可」などの熟語がある。　(4)　ある物の形に似せて表現したもの。　(5)　危険や災害などが起きる可能性があることを人々に知らせ，警戒をよびかけるもの。　(6)　野菜やくだもの。

英語入試　出題の概要

◆「探究２試験」と「第２回試験」において，それぞれ「探究社会」または「社会・理科」に代えて「英語」で受験することができます。

Ⅰ　英語を聴く力に関する問題	①アルファベットを聞き取り順番に並べる問題
	②絵を用いた問題
Ⅱ　英語のルールに関する問題	英文法問題
Ⅲ　短い英文に関する問題	①英文を筋道立てて並び替える問題
	②空らんにあてはまる単語を選ぶ問題
Ⅳ　長い英語の文章に関する問題	英文の内容に関する読解問題
Ⅴ　英語で表現する問題	あることを相手に説明する問題

2022年度

開智未来中学校 探究試験 出題例

出題例

※各試験問題から，それぞれ特徴的な設問を抜粋して掲載しております(解答用紙と解答は省略)。

計算基礎 （一部抜粋）

問題番号の横に＊の付いている問題は２点の配点です。それ以外は全て各１点，
合計50点です。

(1)　$6574+3498$

(2)　$5367-2719$

(3)　$13495-6216$

(4)　84×28

(5)　127×139

(6)　6.8×4.7

(7)　$3128\div34$

(8)　$6816\div213$

(9)　$15.05\div4.3$

(中略)

(27)*　$\frac{7}{15}\times\frac{45}{28}+\frac{27}{32}\times\frac{8}{15}$

(28)*　$3\frac{2}{5}+\frac{49}{6}\times\frac{9}{7}-3\frac{9}{10}$

(29)*　$\left(3\frac{1}{5}-2\frac{5}{6}\right)\div\frac{3}{2}\times\frac{15}{11}$

(30)*　$\frac{17}{8}+\left(3.9-\frac{7}{2}\right)\times3\frac{1}{8}\div\frac{10}{7}$

(31)*　$\left(3\frac{1}{3}+2\frac{1}{2}\right)\div\left(2\frac{5}{6}-1\frac{1}{2}\right)$

(32)*　$\left(\frac{11}{9}-1\frac{2}{3}\times\frac{1}{2}\right)+\left(2\frac{1}{6}\div6+\frac{1}{2}\right)$

(33)*　$6.625\times0.125\div\left(1+2\frac{1}{4}\times2.5\right)+1\frac{7}{8}$

(34)*　$\frac{2}{3}\times\left\{\left(7.9-2\frac{1}{2}\right)\times\frac{5}{6}\right\}\div0.2$

(35)*　$\left\{20\times\left(1\frac{3}{5}+1.5\right)-\left(\frac{5}{6}-\frac{3}{5}\right)\times30-5\right\}\times0.02+0.98$

英　語　（一部抜粋）

3　短い英文に関する問題です。

【B】

開智未来中学校では未来祭で生徒たちが発表を行います。

次の英文は、開智未来中学校の１年生が書いた今年の発表についての振り返りです。

＜日本語訳＞の内容を英語で表現するとき、英文中の(　①　)～(　⑤　)に入れるのに最もふさわしい語を、＜選択肢＞から１つずつ選び、その記号を答えなさい。ただし同じ記号は１度しか使えません。

＜日本語訳＞

私のクラスでは、みんなで劇を演じました。脚本を作ったり、衣装を作ったりするのは難しかったけれど、とても楽しかったです。最初は失敗してしまうかもしれないと思って心配だったけれど、無事成功させることができました。未来祭を通して、私は友達と協力して何かを成し遂げることの大切さを学びました。

In my class, we (　①　) a play together. It was (　②　) to write the script and make the costumes, but it was a lot of (　③　). At first, I was (　④　) that we would fail, but finally we succeeded.

Through the Mirai festival, I learned that it is important to (　⑤　) together with friends to accomplish something.

＜選択肢＞

ア．work　イ．happy　ウ．fun　エ．sad　オ．performed

カ．difficult　キ．walk　ク studied　ケ．worried　コ．interesting

探究(社会)（一部抜粋）

発表シーン 1

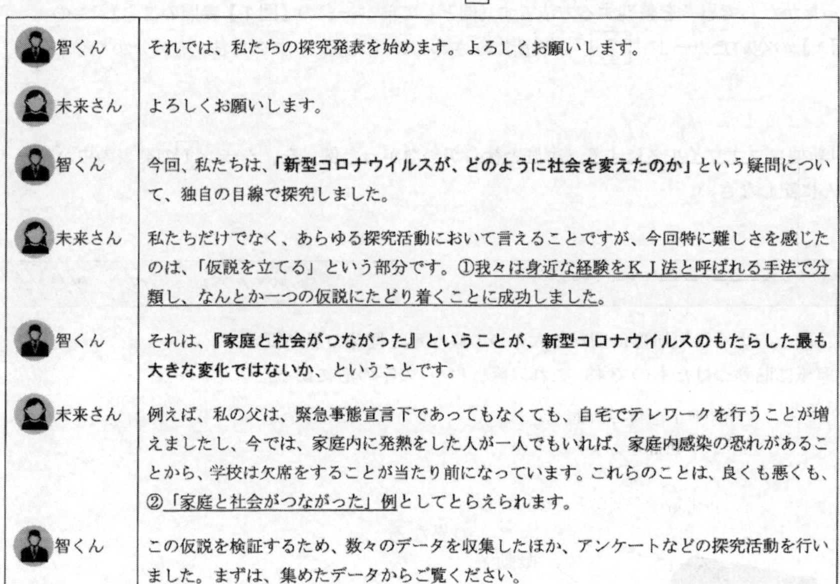

智くん	それでは、私たちの探究発表を始めます。よろしくお願いします。
未来さん	よろしくお願いします。
智くん	今回、私たちは、**「新型コロナウイルスが、どのように社会を変えたのか」**という疑問について、独自の目線で探究しました。
未来さん	私たちだけでなく、あらゆる探究活動において言えることですが、今回特に難しさを感じたのは、「仮説を立てる」という部分です。①我々は身近な経験をＫＪ法と呼ばれる手法で分類し、なんとか一つの仮説にたどり着くことに成功しました。
智くん	**それは、『家庭と社会がつながった』ということが、新型コロナウイルスのもたらした最も大きな変化ではないか、ということです。**
未来さん	例えば、私の父は、緊急事態宣言下であってもなくても、自宅でテレワークを行うことが増えましたし、今では、家庭内に発熱をした人が一人でもいれば、家庭内感染の恐れがあることから、学校は欠席をすることが当たり前になっています。これらのことは、良くも悪くも、②「家庭と社会がつながった」例としてとらえられます。
智くん	この仮説を検証するため、数々のデータを収集したほか、アンケートなどの探究活動を行いました。まずは、集めたデータからご覧ください。

【図１】ＫＪ法の一例「成績アップの方法」

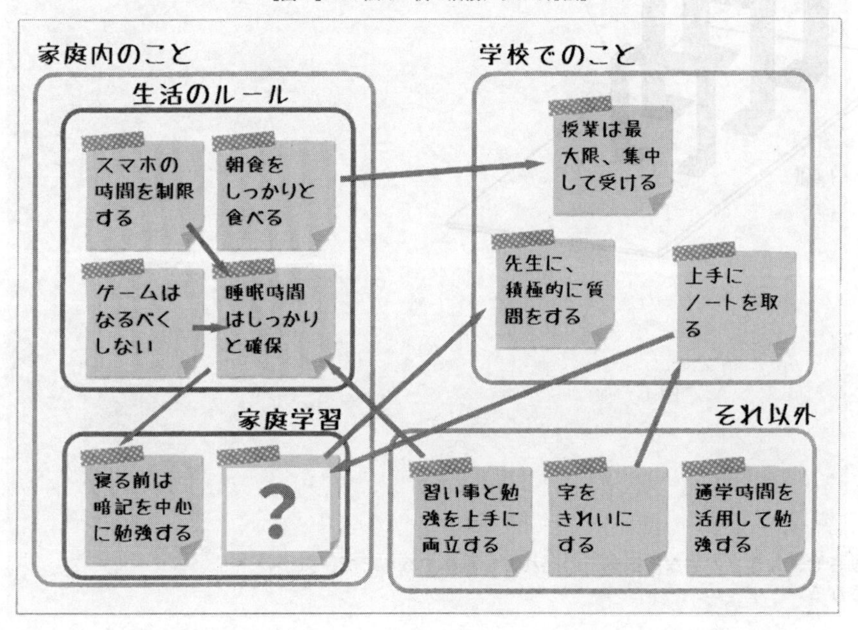

問1　下線部①について、次の問題に答えなさい。

ＫＪ法とは、あるテーマに沿って出されたアイディアをカードやふせんにしてホワイトボードなどに貼るといった形で見えるようにし、「それぞれのカードを類型別にまとめる」、「それぞれのカードのつながりを矢印で書き込む」といったかたちで思考を整理する方法です（例として前ページの**【図１】**参照のこと）。この方法にもとづき、**【図１】**の空いたカード「？」の場所にふさわしい「成績アップの方法」を、分かりやすく書きなさい。

問2　下線部②について、「新型コロナウイルスにより、家庭と社会がつながった例」を、シーン1の発表の中から**２つ**あげ、解答らんに記しなさい。

探究(科学)　(一部抜粋)

配布されているものは、図１のように短冊形に切った大きさの異なる３種類の黒い紙を「コ」の字の形にして、厚紙に貼りつけたものです。これ以降、「コ」の字の形に切ったものを、「振動子」とよぶことにします。

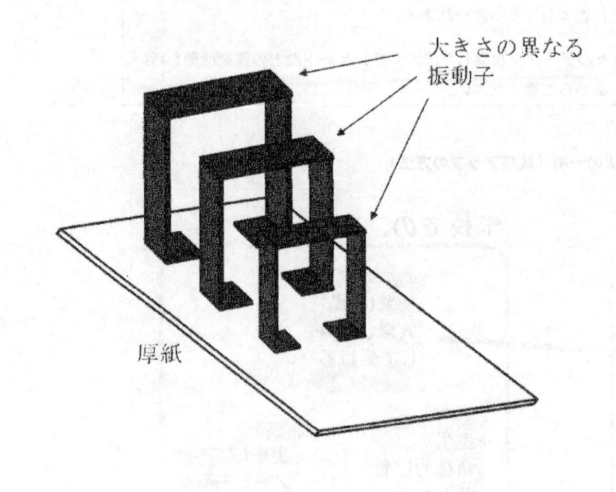

図１

【問い】

厚紙を手に持って振動させ、大きさの異なる振動子の揺れ方を観察することで、気づいたことを可能な限り書きなさい。

当社発行物の無断使用は固くお断りいたします。御使用の前はまずご相談ください。

当社発行物には500点余の首都圏中・高過去問をはじめ、６点の学校案内、そのほかいくつかの情報誌などがございます。その多くが年度版で、限られたスタッフが来るべき受験シーズン前に余裕を持って受験生へ届けられるよう、日夜作業にあたり出版を重ねております。

その中で、最近、多くの印刷物やネット上において当社発行物からの無断使用が見受けられ、一部で係争化しているところもございます。事例といたしましては、当社の新刊発行を待ち、それを流用して毎年ネット上に新改訂として掲載していたＡ社、当社過去問から三百箇所をはぎ合わせ「自社制作につき無断転載禁止」とし、集客材としてホームページに掲載していたＢ社、当社版誌面を無断スキャンし、記述式解答は一部殆ど丸取りして動画を制作していた家庭教師グループＣ社、当社発行物の表紙を差し替え、内容を複製し配布していた塾のＤ社などほか数社がございます。

当社発行物の全部もしくは一部を無断使用することは固くお断りいたします。

当社コンテンツの中にはリーズナブルな設定でご提供している事例もたくさんございますので、ご利用されたい方はまずは、お気軽にご相談くださいますようお願いします。同時に、当社発行物を無断で使用している媒体などにつきましての情報もお寄せいただければ幸いです（呈薄謝）。

株式会社 声の教育社

2025年度用

中学スーパー過去問

■編集人 声の教育社・編集部
■発行所 株式会社 声の教育社

〒162-0814 東京都新宿区新小川町8-15
☎03-5261-5061㈹ FAX03-5261-5062
https://www.koenokyoikusha.co.jp

※本書の内容についての一切の責任は当社にあります。内容・解説・解答・その他は当社ホームページよりお問い合わせ下さい。

よくある解答用紙のご質問

01

実物のサイズにできない

拡大率にしたがってコピーすると，「解答欄」が実物大になります。配点などを含むため，用紙は実物よりも大きくなることがあります。

02

A3用紙に収まらない

拡大率164％以上の解答用紙は実物のサイズ（「出題傾向＆対策」をご覧ください）が大きいために，Ａ３に収まらない場合があります。

03

拡大率が書かれていない

複数ページにわたる解答用紙は，いずれかのページに拡大率を記載しています。どこにも表記がない場合は，正確な拡大率が不明です。

04

１ページに２つある

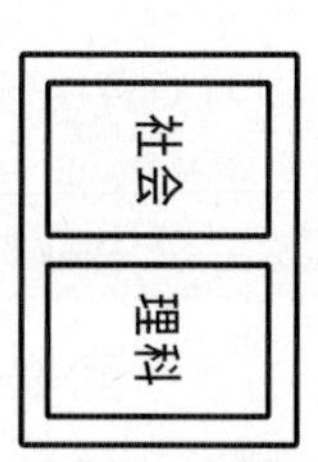

１ページに２つ解答用紙が掲載されている場合は，正確な拡大率が不明です。ほかの試験回の同じ教科をご参考になさってください。

【別冊】入試問題解答用紙編

解答用紙は本体からていねいに抜きとり、別冊としてご使用ください。

※　実際の解答欄の大きさで練習するには、指定の倍率で拡大コピーしてください。なお、ページの上下に小社作成の見出しや配点を記載しているため、コピー後の用紙サイズが実物の解答用紙と異なる場合があります。

●入試結果表

年度	回	項目	国語	算数	社会	理科	3科合計	4科合計	3科合格	4科合格
2024	T未来	配点(満点)	100	100		100	300		最高点 253	
		合格者平均点	54.7	72.8		68.1	195.6		最低点	
		受験者平均点	46.6	58.8		57.6	163.0		T未来 A特 165 S特 190	
		キミの得点								
	回	項目	国語	算数	社会	理科	3科合計	4科合計	1科合格	4科合格
	算数1科	配点(満点)		100					最高点 91	
		合格者平均点		72.8					最低点	
		受験者平均点		60.4					未来 62	
		キミの得点							T未来 A特 66 S特 76	
	回	項目	国語	算数	社会	理科	2科合計	4科合計	2科合格	4科合格
	第2回(注)	配点(満点)	100	100	50	50	200	300	最高点 174	最高点 271
		合格者平均点	62.1	87.2	38.8	37.0	149.3	225.1	最低点	最低点
		受験者平均点	56.3	75.2	35.6	33.6	131.5	200.7	開智 109 未来 128	開智 167 未来 191
		キミの得点							T未来 A特 149 S特 160	T未来 A特 222 S特 236
年度	回	項目	国語	算数	社会	理科	3科合計	4科合計	3科合格	4科合格
2023	T未来	配点(満点)	100	100		100	300		最高点 241	
		合格者平均点	53.3	51.3		56.4	161.0		最低点	
		受験者平均点	47.3	37.4		43.6	128.3		T未来 A特 130 S特 153	
		キミの得点								
	回	項目	国語	算数	社会	理科	3科合計	4科合計	1科合格	4科合格
	算数1科	配点(満点)		100					最高点 65	
		合格者平均点		42.7					最低点	
		受験者平均点		34.8					未来 32	
		キミの得点							T未来 A特 41 S特 50	
	回	項目	国語	算数	社会	理科	2科合計	4科合計	2科合格	4科合格
	第2回(注)	配点(満点)	100	100	50	50	200	300	最高点 174	最高点 259
		合格者平均点	53.0	83.1	30.5	36.2	136.1	202.8	最低点	最低点
		受験者平均点	48.7	73.6	28.6	33.7	122.3	184.6	開智 100 未来 114	開智 141 未来 175
		キミの得点							T未来 A特 150 S特 156	T未来 A特 207 S特 232

(注) 第2回の国語・算数・4科合格のデータには、3科(国算英)受験者の得点も含まれています。

〔参考〕 満点(合格者最低点)　2022年：T未来 300(T未来[A特待 124 S特待 151])
算数1科 100(未来 38 T未来[A特待 50 S特待 56])
第2回 2科 200(開智 106 未来 129 T未来[A特待 138 S特待 153])
4科 300(開智 165 未来 191 T未来[A特待 215 S特待 233])

※　表中のデータは学校公表のものです。ただし、2科～4科合計は各教科の平均点を合計したものなので、目安としてご覧ください。

２０２４年度　　開智未来中学校

算数解答用紙　T未来

番号		氏名		評点	／100

	(1)	(2)	(3)	(4)
1				倍

	(1)	(2)	(3)	(4)
2		割	通り	度

3

(式または考え方)

(1)	(2)	(3)
円	店で　円	円

4

(式または考え方)

(1)	(2)	(3)
個	人	列

	(1)	(2)
5	cm^2	cm^2

	(1)	(2)
6	度	度

(注)　この解答用紙は実物を縮小してあります。B５→A３(163%)に拡大コピーすると、ほぼ実物大の解答欄になります。

〔算　数〕100点(学校配点)

1, 2　各５点×８　3～6　各６点×10

２０２４年度　開智未来中学校

理科解答用紙　Ｔ未来

番号		氏名		評点	／100

1

問１	(あ)		(い)		
問２	秒	問３	m	問４	m
問５	秒間	問６	回	問７	m

2

問１	(あ)		(い)		(う)	
	(え)		(お)		(か)	
問２						
問３	(あ)		(い)		(う)	
	(え)		(お)		問４	%
問５	＞	＞				
問６		問７				

3

問１								
問２								
問３		問４		問５				
問６	(1)	時間						
	(2)(ⅰ)							
	(2)(ⅱ)	①		②		③		④

(注) この解答用紙は実物を縮小してあります。Ｂ５→Ａ３(163%)に拡大コピーすると、ほぼ実物大の解答欄になります。

〔理　科〕100点(学校配点)

1 問１　各２点×２　問２～問７　各５点×６　2 問１～問４　各２点×13　問５　３点　問６　２点　問７　３点　3 問１～問５　各３点×５＜問５は完答＞　問６　(1)　３点　(2)　(ⅰ)　６点　(ⅱ)　各２点×４

２０２４年度　開智未来中学校

国語解答用紙　Ｔ未来

番号　氏名　評点 /100

一
問一
問二
問三
問四
問五

二
問一
問二
問三
問四 i ii
問五
問六 50 80

三
問一 (1) 主語 述語 (2) 主語 述語
問二 (1) (2)
問三 (1) (2)
問四
問五 (1) (2) (3) (4) (5) (6)

（注）この解答用紙は実物を縮小してあります。Ｂ５→Ｂ４（141％）に拡大コピーすると、ほぼ実物大の解答欄になります。

〔国　語〕100点(学校配点)

一 問１　８点　問２～問４　各５点×３　問５　12点　二 問１　４点　問２　６点　問３　５点　問４　各３点×２　問５　６点　問６　８点　三 各２点×15

２０２４年度　開智未来中学校

算数解答用紙　算数１科

番号		氏名		評点	／100

	(1)	(2)	(3)	(4)
1			%	cm

	(1)	(2)	(3)	(4)
2			秒後	倍

	(1)	(2)	(3)
3			

	(1)	(2)
4	cm^2	cm^3

5 (式または考え方)

	(1)	(2)
5	分	毎分　m

6 (式または考え方)

	(1)	(2)	(3)
6	通り	通り	通り

(注)　この解答用紙は実物を縮小してあります。Ｂ５→Ａ３(163%)に拡大コピーすると、ほぼ実物大の解答欄になります。

〔算　数〕100点(学校配点)

1, 2　各５点×８　3～6　各６点×10<3の(1), (2)は完答>

２０２４年度　開智未来中学校

算数解答用紙　第２回

番号		氏名		評点	／100

	(1)	(2)	(3)	(4)
1			個	人

	(1)	(2)	(3)	(4)
2			：	度

3 (式または考え方)

(1)	(2)
通り	通り

	(1)	(2)	(3)
4	cm^2	cm^2	cm^2

	(1)	(2)
5	個	個

6 (式または考え方)

(1)	(2)	(3)
m^3	分	分

（注）この解答用紙は実物を縮小してあります。Ｂ５→Ａ３（163%）に拡大コピーすると、ほぼ実物大の解答欄になります。

〔算　数〕100点(学校配点)

1, 2　各５点×８　3～6　各６点×10

２０２４年度　開智未来中学校

社会解答用紙　第２回

番号		氏名		評点	／50

問1		

問2	

問3	百済		新羅	

問4	(1)		(2)	

問5		

問6	

問7	

問8	

問9	

問10	(1)	あ		い		う	
	(2)						

（注）この解答用紙は実物を縮小してあります。Ｂ５→Ｂ４(141%)に拡大コピーすると、ほぼ実物大の解答欄になります。

〔社　会〕50点(学校配点)

問１～問５　各３点×７　問６　６点　問７，問８　各３点×２　問９　６点　問10　(1)　各２点×３　(2)　５点

２０２４年度　開智未来中学校

理科解答用紙　第２回

番号		氏名		評点	／50

1

問1		問2		問3	
問4		問5			

2

<table>
<tr><td>問1</td><td></td><td>問2</td><td colspan="2"></td><td>問3</td><td colspan="3"></td></tr>
<tr><td>問4</td><td></td><td>問5</td><td>A</td><td colspan="3"></td><td>B</td><td></td></tr>
</table>

3

<table>
<tr><td rowspan="3">問1</td><td>(1)</td><td colspan="2"></td><td>(2)</td><td>色</td></tr>
<tr><td>(3)</td><td>方向</td><td></td><td>理由</td><td></td></tr>
<tr><td>(4)</td><td colspan="2"></td><td colspan="2"></td></tr>
<tr><td>問2</td><td colspan="2"></td><td>問3</td><td></td><td>問4</td></tr>
</table>

（注）この解答用紙は実物を縮小してあります。Ｂ５→Ｂ４（141％）に拡大コピーすると、ほぼ実物大の解答欄になります。

〔理　科〕50点（学校配点）

1　各３点×５<問２は完答>　2　問１　３点　問２　２点　問３～問５　各３点×４<問３，問４は完答>　3　問１　(1)　３点　(2)　２点　(3)　方向…１点，理由…２点　(4)　３点<完答>　問２，問３　各２点×２　問４　３点

2024年度　開智未来中学校

国語解答用紙　第二回

番号		氏名		評点	/100

一

問一		
問二		
問三		
問四	X	
	Y	
問五		
問六		70

二

問一	
問二	
問三	
問四	
問五	
問六	50　80

三

問一	(1) 主語	述語	(2) 主語	述語
問二	(1)	(2)		
問三	(1)			
	(2)			
問四				
問五	(1)	(2)	(3)	
	(4)	(5)	(6)	

（注）この解答用紙は実物を縮小してあります。B5→A3（163%）に拡大コピーすると、ほぼ実物大の解答欄になります。

〔国　語〕100点（学校配点）

一 問1　4点　問2　3点　問3　6点　問4　X　3点　Y　5点　問5　6点　問6　8点　二 問1, 問2　各5点×2＜問2は完答＞　問3，問4　各6点×2　問5　5点　問6　8点　三 各2点×15

２０２３年度　開智未来中学校

算数解答用紙　Ｔ未来

番号		氏名	

評点	／100

	(1)	(2)	(3)	(4)
1			通り	個

	(1)	(2)	(3)	(4)
2	分	度	通り	cm

3 (式または考え方)

	(1)	(2)
3		番目

	(1)	(2)
4	cm	cm

	(1)	(2)	(3)
5	個	cm^3	cm^2

6 (式または考え方)

	(1)	(2)	(3)
6	分後	：	分後

(注) この解答用紙は実物を縮小してあります。Ｂ５→Ａ３(163%)に拡大コピーすると、ほぼ実物大の解答欄になります。

〔算　数〕100点(学校配点)

1, 2 各５点×８　3〜6 各６点×10

２０２３年度　開智未来中学校

理科解答用紙　Ｔ未来

番号		氏名		評点	／100

1

問1				
問2	ア		イ	
問3	cm			
問4	通り	問5		

2

問1	m/秒			
問2	A		B	
	C		D	
問3	(1)	g	(2)	g
問4		問5		
問6				

3

問1	色	問2	g
問3	g	問4	
問5	g	問6	%
問7	g	問8	g

（注）この解答用紙は実物を縮小してあります。Ｂ５→Ｂ４（141％）に拡大コピーすると、ほぼ実物大の解答欄になります。

〔理　科〕100点（学校配点）

1 問１　５点<完答>　問２　各４点×２　問３～問５　各５点×３　2 問１　４点　問２　各３点×４　問３　各４点×２　問４　５点<完答>　問５　３点　問６　５点　3 問１～問５　各４点×５　問６～問８　各５点×３

二〇二三年度　開智未来中学校

国語解答用紙　T未来

番号　　氏名　　評点 /100

一
問一
問二
問三
問四
問五
問六

二
問一　指揮者　伴奏者
問二　ア　イ
問三　ウ　エ
問四
問五
問六　70

三
問一　(1) 主語　述語　(2) 主語　述語
問二　(1)　(2)
問三　(1)　(2)
問四
問五　(1)　(2)　(3)　(4)　(5)　(6)

（注）この解答用紙は実物を縮小してあります。B5→A3（163%）に拡大コピーすると、ほぼ実物大の解答欄になります。

〔国　語〕100点(学校配点)

一　問1，問2　各5点×2　問3，問4　各6点×2　問5　5点　問6　8点　二　問1　各2点×2　問2，問3　各3点×4　問4　5点　問5　6点　問6　8点　三　各2点×15

２０２３年度　開智未来中学校

算数解答用紙　算数１科

番号		氏名		評点	／100

1

(1)	(2)	(3)	(4)
		本	→ → →

2

(1) ア	(1) イ	(2)	(3)	(4)
		%	通り	さん

3

(1)	(2)
人	人

4

(式または考え方)

(1)	(2)

5

(式または考え方)

(1)	(2)	(3)
分後	:	毎分　m

6

(1)	(2)	(3)
:	cm	cm

(注) この解答用紙は実物を縮小してあります。Ｂ５→Ａ３(163%)に拡大コピーすると、ほぼ実物大の解答欄になります。

〔算　数〕100点(学校配点)

1, 2　各５点×８<1の(4), 2の(1)は完答>　3～6　各６点×10

２０２３年度　開智未来中学校

算数解答用紙　第２回

番号		氏名	

評点	／100

	(1)	(2)	(3)	(4)
1			%	人

	(1)	(2)	(3)	(4)
2	分		cm	度

	(1)	(2)
3	度	cm

	(1)	(2)
4	人	%

5 (式または考え方)

(1)	(2)	(3)
本	個	本

6 (式または考え方)

(1)	(2)	(3)
グラム	%	%

(注) この解答用紙は実物を縮小してあります。Ｂ５→Ａ３(163%)に拡大コピーすると、ほぼ実物大の解答欄になります。

〔算　数〕100点(学校配点)

1, 2　各５点×8　3～6　各６点×10

２０２３年度　開智未来中学校

社会解答用紙　第２回

番号		氏名		評点	／50

問1	銅山

問2	(1)	
	(2)	

問3	

問4		

問5	(1)		(2)	

問6		問7	

問8	

問9	

問10	

問11	

（注）この解答用紙は実物を縮小してあります。Ｂ５→Ｂ４（141％）に拡大コピーすると、ほぼ実物大の解答欄になります。

〔社　会〕50点（学校配点）

問１　３点　問２　⑴　３点　⑵　６点　問３　４点　問４～問７　各３点×５　問８，問９　各６点×２　問10　３点　問11　４点

２０２３年度　開智未来中学校

理科解答用紙　第２回

番号		氏名		評点	／50

1

問1		問2	①		②	
問3		問4				

2

問1						
問2	重さ	g	こさ	%		
問3		問4	名前		重さ	g
問5						

3

問1			問2	
問3				
問4	a			
	b			
	c			
問5				

（注）この解答用紙は実物を縮小してあります。Ｂ５→Ａ３（163%）に拡大コピーすると、ほぼ実物大の解答欄になります。

〔理　科〕50点（学校配点）

1　各３点×５　2　問１　３点＜完答＞　問２　重さ…２点，こさ…３点　問３　２点　問４　名前…２点，重さ…３点　問５　３点　3　問１，問２　各３点×２＜各々完答＞　問３，問４　各２点×４　問５　３点

二〇二三年度　開智未来中学校

国語解答用紙　第一回

番号　氏名　評点 /100

一

問一　1　2　3　4　5

問二　あ　い

問三　6　7

問四　う　え

問五　(70)

二

問一

問二　一つ目　二つ目

問三

問四

問五

問六　(70)

三

問一　(1) 主語　述語　(2) 主語　述語

問二　(1)　(2)

問三　(1)　(2)

問四

問五　(1)　(2)　(3)　(4)　(5)　(6)

（注）この解答用紙は実物を縮小してあります。B５→A３(163%)に拡大コピーすると、ほぼ実物大の解答欄になります。

〔国　語〕100点(学校配点)

一　問１　各２点×５　問２　各３点×２　問３　各２点×２　問４　各３点×２　問５　９点　二　問１～問３　各３点×４　問４，問５　各７点×２　問６　９点　三　各２点×15

２０２２年度　開智未来中学校

算数解答用紙　Ｔ未来

番号		氏名		評点	／100

	(1)	(2)	(3)	(4)
1				通り

	(1)	(2)	(3)	(4)
2	個	分後	種類	cm^2

	(1)	(2)
3	通り	通り

	(1)	(2)
4	cm^3	cm^3

5

(式または考え方)

(1)	(2)	(3)
m	毎分　m	m

6

(式または考え方)

(1)	(2)	(3)
倍	倍	秒後

（注）この解答用紙は実物を縮小してあります。Ｂ５→Ａ３（163%）に拡大コピーすると、ほぼ実物大の解答欄になります。

〔算　数〕100点（学校配点）

1, 2　各５点×８　3〜6　各６点×10

２０２２年度　開智未来中学校

理科解答用紙　Ｔ未来

番号		氏名		評点	／100

1

問1					
問2	1		2		3
	4		問3		
問4		問5			
問6	(1)	ツノの大きなオス	匹	ツノの小さなオス	匹
	(2)	ツノの大きなオス	匹	ツノの小さなオス	匹

2

問1					
問2	B		C		D
問3	1		2		3
	4				
	5				
問4	(1)	天文単位	(2)	km	
問5	(1)		(2)	等星	

3

問1	ア		イ		ウ		
問2							
問3							
問4	L	問5	酸素	g	室素	g	
問6	あ		い		う		
	え						

（注）この解答用紙は実物を縮小してあります。Ｂ５→Ａ３（163%）に拡大コピーすると、ほぼ実物大の解答欄になります。

〔理　科〕100点（学校配点）

1　問１　３点＜完答＞　問２，問３　各２点×５　問４～問６　各３点×７　2　問１　３点　問２　各２点×３　問３　１～４　各２点×４　５　４点　問４，問５　各３点×４　3　問１，問２　各３点×４　問３　４点　問４，問５　各３点×３　問６　各２点×４

二〇二二年度　開智未来中学校

国語解答用紙　T未来

番号　　氏名　　評点　/100

一

問一　イ　ロ　ハ

問二　(1)　(2)

問三　A　B

問四

問五

二

問一　一つ目　二つ目

問二

問三

問四

問五

問六　60　70

三

問一　(1) 主語　述語　(2) 主語　述語

問二　(1)　(2)

問三　(1)　(2)

問四

問五　(1)　(2)　(3)　(4)　(5)　(6)

（注）この解答用紙は実物を縮小してあります。B５→A３（163%）に拡大コピーすると、ほぼ実物大の解答欄になります。

〔国　語〕100点（学校配点）

一 問1　イ　2点　ロ　3点＜完答＞　ハ　2点　問2　各3点×3　問3　各4点×2　問4　3点　問5　8点　二 問1　各4点×2　問2　6点　問3　3点　問4　6点　問5　4点　問6　8点　三 各2点×15

2022年度　　開智未来中学校

算数解答用紙　算数１科

番号		氏名		評点	／100

	(1)	(2)	(3)	(4)
1				倍

	(1)	(2)	(3)	(4)
2	個	個	通り	cm^2

	(1)	(2)	(3) 最も小さい個数	(3) 最も大きい個数
3	個	個	個	個

4	(式または考え方)

	(1) Aの濃さ	(1) Bの濃さ	(2)
4	%	%	グラム

	(1)	(2)
5	cm^2	:

6	(式または考え方)

	(1)	(2)	(3)
6	m^2	m^2	m^2

(注) この解答用紙は実物を縮小してあります。Ｂ５→Ａ３(163%)に拡大コピーすると、ほぼ実物大の解答欄になります。

〔算　数〕100点(学校配点)

1, 2　各５点×８　3～6　各６点×10<3の(3)，4の(1)は完答>

２０２２年度　開智未来中学校

算数解答用紙　第２回

番号		氏名		評点	／100

	(1)	(2)	(3)	(4)
1			cm^3	

	(1)	(2)	(3)	(4)
2	グラム	個	%	cm^2

	(1)	(2)
3	：	倍

	(1)	(2)
4	色	秒

5 (式または考え方)

	(1)	(2)	(3)
5			

6 (式または考え方)

	(1)	(2)	(3)
6	通り	通り	通り

(注)この解答用紙は実物を縮小してあります。Ｂ５→Ｂ４(141%)に拡大コピーすると、ほぼ実物大の解答欄になります。

〔算　数〕100点(学校配点)

1, 2　各５点×８　3～6　各６点×10

２０２２年度　開智未来中学校

社会解答用紙　第２回

番号 | 氏名 | 評点 ／50

問1 山脈

問2

問3 (1) ア 省 イ 省 (2) 庁

問4　問5

問6

問7

問8　問9　問10　問11　問12

問13　問14

〔社　会〕50点(学校配点)

問1　3点　問2　6点　問3　各2点×3　問4，問5　各3点×2　問6　6点　問7　4点　問8～問10　各3点×3　問11　2点　問12，問13　各3点×2　問14　2点

２０２２年度　開智未来中学校

理科解答用紙　第２回

番号 | 氏名 | 評点 ／50

1

問1　問2

問3 ア イ ウ

問4 薬品 色

問5

2

問1　問2　問3

問4 泡 様子

問5　問6

3

問1　問2　問3

問4　問5

〔理　科〕50点(学校配点)

1　各2点×8<問5は完答>　2　問1　3点　問2　2点　問3　3点　問4　泡…3点，様子…2点　問5，問6　各3点×2　3　各3点×5<問4は完答>

二〇二二年度　開智未来中学校

国語解答用紙　第一回

番号　　氏名　　評点　/100

一

問一
問二
問三
重力式コンクリートダムに働くおもな力
堆砂圧(泥圧)
基礎岩盤
問四
問五　①　②　③
問六　1　2

二

問一
問二
問三
問四
問五　傍線部⑤　傍線部⑥
問六　60　70

三

問一　(1) 主語　述語　(2) 主語　述語
問二　(1)　(2)
問三　(1)　(2)
問四
問五　(1)　(2)　(3)　(4)　(5)　(6)

（注）この解答用紙は実物を縮小してあります。B５→A３(163%)に拡大コピーすると、ほぼ実物大の解答欄になります。

〔国　語〕100点(学校配点)

一　問１　４点　問２　５点　問３　６点　問４, 問５　各３点×４　問６　各４点×２　二　問１　４点<完答>　問２　６点　問３　４点　問４　７点　問５　各３点×２　問６　８点　三　各２点×15